L'ISLAM DANS SA PREMIÈRE GRANDEUR

(VIIIe-XIe SIÈCLE)

Dans la même collection

J.-P. PERONCEL-HUGOS
Le Radeau de Mahomet

MAURICE LOMBARD

L'ISLAM DANS SA PREMIÈRE GRANDEUR

(VIIIe-XIe SIÈCLE)

Préface de Hichem Djaït
Professeur à l'Université de Tunis

Ouvrage publié avec le concours du
Centre National de la Recherche Scientifique

FLAMMARION

AVERTISSEMENT
A LA PREMIÈRE ÉDITION

Ce livre est un ouvrage posthume. On y trouvera une partie des idées que Maurice Lombard professa à la VIe Section de l'École Pratique des Hautes Études et à l'École Normale Supérieure de 1957 à 1960.

Le manuscrit a été mis en état pour l'impression à partir d'un texte laissé par lui. Les cartes et schémas ont tous été exécutés d'après ses croquis par le Laboratoire de Cartographie de la VIe Section de l'École Pratique des Hautes Études.

Il s'agit d'une œuvre dont Maurice Lombard n'a pas pu voir la forme définitive. Le lecteur voudra bien s'en souvenir.

PRÉFACE

Voilà un livre enthousiasmant autant qu'émouvant. Enthousiasmant parce qu'il réconcilie l'intelligence avec l'histoire, par la précision du savoir, l'ampleur des vues, le souci profond de vérité, la sobriété de l'écriture enfin. Émouvant parce que son auteur ne l'a pas vu sous sa forme achevée et que, ouvrage posthume, il doit le jour à l'admiration de quelques élèves et collègues de Maurice Lombard, mort prématurément en 1965. Ce livre est donc la recension d'un cours, à l'instar de nombreuses œuvres du passé, en particulier de l'Islam, qui ont commencé par être un enseignement avant de devenir des ouvrages classiques.

L'Islam dans sa première grandeur doit être relié aux autres ouvrages posthumes de Lombard dont il inaugure la série. Avec eux, avec surtout *Espaces et réseaux du haut Moyen Age*, il forme un ensemble cohérent, expression d'une seule et interminable recherche. A quoi visait cette recherche? A approfondir notre connaissance de cette période intercalaire entre le monde antique et le monde moderne autant qu'à en élargir le champ. Partant de problèmes très circonscrits, tels ceux de la monnaie, des routes, du bois, de la chasse, des métaux, Lombard a élaboré une vision très ample de la dynamique historique où viennent s'enclencher toutes les grandes aires de civilisation. Lombard historien des techniques et des échanges? Lombard penseur écologique? Ou peut-être ingénieur des civilisations, s'acharnant à leur bâtir des ponts, à leur baliser des routes, à les faire se joindre sans se confondre? Si manifeste est son émerveillement devant la tâche des hommes à dompter une nature sauvage qu'on se prend de nostalgie pour un temps où le rapport de l'homme à la terre n'était ni celui de l'animal impuissant ni celui de l'animal prédateur qu'il est devenu. Les différences étaient assez grandes entre les sociétés pour que se construise une histoire et là où arrivait à s'implanter un îlot de haute civilisation, il était assis sur un gigantesque travail, toujours menacé et toujours fragile. Telle me semble l'inspiration fondamentale de Lombard par quoi il réussit à faire passer un souffle, une âme, et qui lui confère l'estampille du génie, si rare en matière d'histoire.

Lombard est donc un historien mondial, spécialisé si l'on peut dire dans les lignes de jonction entre aires mais aussi, verticalement, entre périodes historiques traditionnellement distinctes. Son sens de l'espace l'y habilite autant que le caractère universel de son information, d'où une œuvre transcontinentale et transchronique. Il bondit de Verdun à Baṣra et à Balkh, mais aussi des Achéménides aux Samanides. Cette orientation multiforme, tentaculaire presque, de l'œuvre de Lombard, on la retrouve dans cet ouvrage-ci. Avec cette différence capitale que le monde musulman, sujet toujours privilégié dans ses autres ouvrages mais non exclusif, est étudié ici pour lui-même et en lui-même. Animant ce haut Moyen Age qu'une histoire européocentriste a figé, il a déplacé les lumières de l'investigation vers ce qui en était alors le centre : l'immense domaine recouvert par la conquête arabe. Et il en dresse l'inventaire, négligeant l'histoire événementielle, se concentrant au contraire sur l'analyse des structures profondes.

Cet Islam, que la tradition occidentale de controverse et d'hostilité a souvent présenté comme une puissance du particularisme, s'opposant de toute la force de son altérité à ce qu'il y a de plus familier à l'Occident, Lombard le restitue à sa vérité de continuateur de l'ancien Orient dont il aura soudé les aires disparates, l'unifiant et le rajeunissant tout à la fois. Les contrées qui ont composé le domaine islamique, ce n'était rien de moins que l'Égypte, la Syrie-Palestine, la Mésopotamie, la Perse, la Transoxiane, terres de vieille et haute civilisation, marquées par le passage de l'hellénisme, ralliées à de grandes religions issues d'elles, christianisme, zoroastrisme, bouddhisme. Sociétés agraires, commerçantes, urbanisées, que l'État islamique va ressouder en un immense complexe. Élargi, revigoré par des forces jeunes, l'Orient islamique, dans son effort d'auto-construction pendant trois siècles, devient un creuset civilisateur et le carrefour fondamental de tout l'*oekuméné*.

Il fallait une vaste culture de géographie historique mais aussi un doigté dans la manière d'interroger les sources pour faire surgir ce domaine spatial de l'Islam, décomposé en ses multiples pays, sans tomber dans la plate description, sans succomber aussi à la phraséologie abstraite des pseudo-oppositions entre monde nomade et monde sédentaire, villes et campagnes, façades maritimes et déserts. C'est bien un monde islamique réel que nous campe l'auteur, tableau où, inlassablement, demeure présent le sens historique. L'Arabie d'abord, vidée de ses habitants, contribuant si peu à la prospérité de l'Islam sur le plan matériel, mais berceau, monde des racines, et en tout premier lieu siège du pèlerinage qui se frayait ses routes de tous les confins de l'Islam. Voici l'Égypte, saisie à son moment fatimide, avec ses deux grandes productions du lin et du blé, nourrissant de son annone ininterrompu La Mecque et non plus Bagdad, accueillant la canne à sucre puis le coton, ruche dense où s'étirait la congruence de l'inépuisable réservoir des fellahs : « Rue de ville, long ruban au bord du Nil ».

Voici aussi le couple Syrie-Mésopotamie, cœur du grand Califat, chapelet d'oasis fertiles constamment menacées par la désertification : monde sémitisé, avec une pointe d'iranisation pour l'Irak. Terres de cultures céréalières irriguées par l'Euphrate et le Tigre, activité « hydraulique » par excellence et bientôt économie esclavagiste de plantation dans les marais des *Baṭā'iḥ* propriétés d'al-Ahwāz. L'auteur procède par touches, référant en sous-entendu à tout le cortège des sources arabes, géographes, chroniqueurs, juristes, leur conférant une pleine signification non seulement par l'usage de la carte mais aussi parce qu'il sait lier des informations disparates. Au-delà de cette zone des isthmes, se profilent, à l'est, le monde iranien avec ses prolongements en Asie centrale et en Inde, et à l'ouest, l'Afrique du Nord, elle-même doublement projetée vers l'Afrique soudanaise et l'Europe. « L'Iran est un immense pays de déserts salins ou de steppes arides, de montagnes dénudées, avec quelques points fertiles, oasis où s'épanouissent les cultures jardinées et la vie urbaine. » L'Iran, pièce fondamentale de l'édifice islamique, le pendant de l'Arabie, le pôle second d'une civilisation arabo-islamique qu'on serait tenté d'appeler arabo-iranienne! L'auteur le décompose en ses pays divers, Azerbaïdjan, Fārs, Khūzistān (ancienne Susiane), Jibāl (ancienne Médie), déserts du Kirmān et du Sistān, surtout Khurāsān, terrain neuf qui, avec l'Islam, joue désormais le premier rôle. En cette Perse millénaire, restée profondément elle-même, viennent se fondre tous les appels du dehors. A sa porte se pressent les Barbares d'Asie centrale et des steppes eurasiatiques. Par elle, l'Islam subit les influences de l'Inde et de la Chine.

Tout cela fait que l'Islam, sous sa forme classique, restait davantage axé sur sa profondeur asiatique continentale que sur sa façade méditerranéenne. Car l'Occident musulman faisait alors figure de monde neuf, important certes par ses rapports avec l'Europe chrétienne et l'Afrique noire, diversifié lui aussi, mais fondamentalement périphérique. Comment, en l'espace de quelques siècles, tant de contrées diverses ont-elles pu sécréter une civilisation commune au cachet si évidemment distinctif? Il manque à l'ouvrage de Lombard la dimension spirituelle, une réflexion sur le projet culturel de l'Islam et l'étude du rôle formateur de l'État. Mais telle n'était pas son intention. Attelé à la recherche, non pas du principe unificateur, mais des forces qui agissent à la base, il les perçoit dans le réseau urbain, dans le nœud des routes, les communautés marchandes marginales, dans les notions de production et de consommation. Il établit les connexions, traque les continuités, saisit les circuits de l'échange. Au sein même du domaine islamique, cela va de soi, mais aussi entre l'Islam, plaque tournante cruciale, et ses autres partenaires mondiaux. Car l'Islam n'était pas seul. Mais il était le seul à être en contact avec tous les autres, parce qu'ouvert aux échanges, parce que dévoreur de produits très divers, parce qu'enfin il exerçait une hégémonie de fait par la puissance de sa monnaie. A lire Lombard, on garde l'impression que le domaine islamique entraînait toute l'économie mondiale, que tous les peuples marginalisés jusque-là par l'histoire s'y sont engouffrés par un contact quelconque avec lui. A travers l'histoire, vue de l'intérieur, des structures matérielles de l'Islam, à travers l'inventaire des ressources et de l'activité créatrice de cette civilisation, Lombard effectue tout un travail de mise en relation, au niveau du commerce comme à celui des techniques. Il nous convie à voyager à travers les passes du Taurus et de Derbend, à naviguer sur l'Euphrate et sur la Volga... Il nous fait suivre à la trace le cheminement du coton, du riz, de la canne à sucre, de l'oranger, du papier, de la soie et jusqu'aux modes musicaux. Gigantesque transfert des hommes et des techniques, qui surclasse en dimensions et en acquis nouveaux tout ce qu'a pu réaliser l'Antiquité méditerranéenne classique. Le monde s'unifie autant que se confirme la maîtrise de l'homme sur la nature. Au-delà de la pulvérisation de la notion de Moyen Age comme parenthèse ou chute, absurde à l'échelle mondiale, ce qui ressort dans cette persistante pensée de la relation, c'est beaucoup moins l'idée de grandeur de l'Islam premier que celle d'une civilisation dynamique et ouverte, suscitatrice de vie et d'histoire... Moment privilégié de l'histoire? Ou bien expansion naturelle des choses par la seule coulée du temps? En tout cas, sûrement primat de l'échange sur la fermeture, de la continuité sur la discontinuité et, au bout de cela, déplacement des centres moteurs, inversion des flux. Lombard ne théorise pas, fort heureusement, mais il suggère et donne à réfléchir. A ses yeux, l'Islam était condamné parce que se déployant dans une aire usée, sur une terre percluse d'histoire, manquant dramatiquement de matières premières. Son rôle va se terminer vers 1050, quand les hordes barbares se seront abattues sur ses belles cités. L'Occident prendra la relève, mais il doit son ascension à cet Islam historisant et médiateur. Était-il loin de croire que les foyers de haute tension civilisatrice voguent à la dérive, instables, migrants, en un mot nomades et volages? Le livre de Lombard, de par l'ampleur des problèmes soulevés, appelle questions et critiques.

L'Islam classique, dernière incarnation de l'Ancien Monde? Certes. Mais outre que Lombard a trop tendance à insister sur le caractère synthétique de la civilisation islamique, on s'interroge maintenant de plus en plus sur la notion de déclin de l'Islam post-classique, soit celui d'après 1050. Attentif aux continuités, notre auteur s'expose aussi à noyer l'originalité de l'impulsion islamique autant qu'à minimiser le rôle des Arabes dans la construction du domaine califal. En fait, la conquête arabe du VIIe siècle a été un phénomène arabe pur planifié par un État organisé, l'État médinois puis omayyade. Bien loin de s'être fondus dans les peuples conquis, les Arabes ont maintenu leur identité, posé les fondements de l'État islamique modèle, diffusé leur langue et leur religion. Rectification majeure à apporter au tableau de Lombard. D'un autre côté, la décadence du noyau central irako-syro-iranien de l'Islam est-elle imputable à la fragilité écologique du terrain, à celle des institutions ou plus vraisemblablement aux invasions barbares? Mais le paradoxe est que ces Barbares, Turcs et Mongols en particulier, ont adopté l'Islam et sa civilisation pour bâtir de nouveaux Empires non moins puissants que les premiers. Si bien qu'un Hodgson *(The Venture of Islam)* se demande si l'apogée islamique ne se situe pas après 1300. Il est vrai qu'il s'agit d'islams éclatés et qu'à la civilisation islamique unifiée allaient succéder des aires islamo-nationales différenciées. Les centres de gravité se déplacent, les lignes du commerce aussi. Mais si la première grandeur reste inégalable, d'autres grandeurs allaient suivre qu'exprime puissamment l'art des Mogols de l'Inde comme celui des mosquées d'Istanboul. C'est ici que l'effort de Lombard demanderait à être poursuivi par une descente dans le temps et complété par une recherche culturelle et spirituelle, selon sa méthode, qui est celle du réalisme le plus patient joint à la force de la vision.

N'oublions pas que le travail présenté ici a été conçu il y a plus de vingt ans, à un moment où l'histoire de l'Islam, disons-le franchement mais non sans quelque injustice (1), n'existait pas. Il y avait alors une philologie et une islamologie, mais d'histoire point, ou presque. Rien d'étonnant donc qu'il y ait des points à rectifier, des idées à réexaminer ou des généralisations contestables. Mais, dans l'ensemble, la recherche a confirmé l'essentiel de ce qu'a, de manière fulgurante, senti et exposé Lombard dans son œuvre de pionnier. Quant à la recherche de demain, elle pourrait s'en inspirer dans maints domaines : étude de l'urbanisation, des sociétés, des routes, des formes de la production. Mieux encore : le travail de Lombard, livré maintenant au public, déjà traduit en arabe, signifie la fin d'un certain orientalisme, l'annexion du domaine de l'Islam à la science historique. Il somme les Musulmans de partir à la recherche de leur passé, qu'ils ignorent, et les Occidentaux d'intégrer l'Islam dans le champ du savoir authentique et sérieux.

On sait que Maurice Lombard est mort méconnu et presque inconnu. Si celui dont Fernand Braudel disait qu'il « était le plus doué, le plus brillant historien de notre génération, le seul qui fût incontestablement de la classe d'un Marc Bloch » avait mis tout le poids de son génie dans l'exploration de sa civilisation, il aurait atteint à la célébrité de Bloch ou de Febvre. Mais la voie qu'il s'est choisie était la plus difficile : celle des navigateurs solitaires, des explorateurs de contrées lointaines, des fondateurs. Prenant le risque de s'aventurer dans un domaine jusque-là réservé aux études religieuses et qu'il a voulu ouvrir à l'histoire vraie, il ne pouvait que se condamner à la solitude. Le résultat est là cependant qui est de réintégrer l'Islam dans l'historicité universelle et peut-être dans la conscience historique moderne. Comment et où a-t-il trouvé la force de transcender les préjugés de son temps? Car l'Islam était à terre, alors. Et Lombard n'y est pas allé, par démarche mystique, à la poursuite de sa vérité intérieure, mais par passion de connaître. A ce titre, il prend place parmi les quelques Occidentaux, espèce aujourd'hui en voie de disparition,

1. A l'égard d'hommes comme Wellhausen, Gibb, Massignon, Claude Cahen, J. Sauvaget.

soucieux d'universalité autant que de vérité, tels Toynbee ou Joseph Needham, loin du provincialisme sous lequel étouffent les œuvres les plus valables d'Occident.

Si *L'Islam dans sa première grandeur* réussissait à pénétrer dans de larges cercles de lecteurs, à devenir un classique de l'histoire, il pourrait en résulter un vrai changement de perspective dans la perception de l'histoire mondiale. C'est un livre important, à lire et à méditer. C'est une œuvre d'une exceptionnelle richesse.

Hichem DJAÏT.

PRÉSENTATION ET MISE EN PERSPECTIVE

Dans tous les domaines, sous tous ses aspects, le haut Moyen Age — de la fondation de Constantinople, au IVe siècle, jusqu'au grand mouvement des Croisades, à partir du XIe siècle — est une période orientale de l'histoire. Ceci est surtout vrai pour les trois siècles qui vont du milieu du VIIIe au milieu du XIe, et qui correspondent à l'apogée du monde musulman. C'est dans l'Orient musulman que se trouvent alors les centres moteurs de la vie économique et culturelle; l'Occident n'offre que les espaces vides et réceptifs d'une aire d'où l'activité commerciale et intellectuelle s'est retirée depuis la décadence de Rome et les invasions barbares.

Mais, saisir l'économie du monde musulman à son apogée exige un regard en arrière, vers l'époque de la conquête (milieu du VIIe-milieu du VIIIe siècle). C'est alors que le monde musulman prend ses visages essentiels.

Le temps des conquêtes

Ces conquêtes sont, d'abord, le fait des Arabes d'Arabie, chameliers bédouins qui constitueront la première force militaire de l'Islam, sous la direction des chefs qurayshites de La Mecque, eux-mêmes citadins commerçants et armateurs des grandes caravanes. Hors du désert et des zones de pâturage de la péninsule arabique, les Arabes viseront les pays du Croissant fertile : Mésopotamie, Syrie, Égypte.

Mais, à côté de cet élément arabe, les armées de l'Islam s'ouvriront aux contingents levés parmi les populations subjuguées, contingents qui prolongeront le mouvement initial : c'est ainsi que les Iraniens pousseront vers l'Asie centrale, les Syro-Égyptiens vers l'Afrique du Nord, les Berbères d'Afrique du Nord, à leur tour, vers l'Espagne et la Sicile.

Ces envahisseurs, arabes ou non-arabes, ne constitueront jamais qu'une minorité en pays occupé. Leur rôle dans l'histoire a été de construire un vaste domaine religieux et politique, d'unir en un grand Empire des territoires disparates et des peuples divers, puis de s'évanouir, de se fondre dans les vieilles populations qu'ils ont soumises. Sous le voile du Califat et de l'Islam les anciennes sociétés de l'Orient classique continuent, sans hiatus, leur activité. Les Arabes, sortant de leur désert, s'installent dans des régions à peuplement dense : Mésopotamie, Iran, Égypte, pays d'oasis ou de grandes villes, aux vieilles populations sédentaires et aux antiques traditions historiques. Un vieux passé urbain s'est profondément enraciné dans ces pays d'Orient, porteurs de quelques-unes des plus anciennes civilisations du monde.

L'élément arabe s'est limité ici à une seule vague d'envahisseurs, partis d'un désert et non d'un de ces hinterlands de forêts aux clairières cultivées (Europe centrale) ou de steppes à pâturages (Asie), qui ont toujours constitué le réservoir des envahisseurs barbares dont les vagues successives sont venues s'installer dans un Occident rural, forestier et peu peuplé. Ici, une poignée de conquérants s'absorbe rapidement, se fond dans des foules urbaines de civilisation supérieure. Les Arabes s'installent dans les villes ou dans des camps situés en face d'elles, eux-mêmes germes de villes futures : Kūfa, Fusṭāṭ, Kairouan. Ce phénomène s'explique par la nécessité de rester groupé, par le goût du marchand arabe citadin et celui du Bédouin nomade pour la ville, goûts conjugués à l'horreur de la charrue et de la sédentarisation agricole. Tous ces gens-là désirent, en propre, jouir des plaisirs de la ville. Les irréductibles seront promptement rejetés au désert ou cantonnés dans certaines régions steppiques : l'exemple le meilleur en sera celui des Bédouins hilaliens, qui glisseront du désert arabique au Sinaï, puis du Sinaï vers la Cyrénaïque et vers le Maghreb.

Sous l'invasion arabe se maintiennent les vieux peuples de l'Orient classique : Araméens, Perses, Égyptiens. Quel a donc été, face à ces peuples, le rôle des conquérants?

Politiquement, la conquête s'est traduite par la construction d'un vaste domaine, l'État islamique, symbolisé par le Califat; religieusement, elle a implanté l'Islam, religion issue de la révélation coranique transmise à Mahomet; linguistiquement, elle a entraîné l'extension de la langue arabe; économiquement, enfin, l'union en un vaste ensemble de territoires disparates a été la conséquence fondamentale de ce phénomène historique. Mais, la conquête achevée, les Arabes se sont évanouis, fondus dans les vieilles populations préexistantes : iranienne, sémitique, égyptienne, berbère, ibérique. Il en sera de même lors de la deuxième phase et l'on a souligné la faiblesse des effectifs des contingents syriens et du peuplement berbère dans l'Espagne musulmane du xe siècle [1].

Comment expliquer la facilité et la rapidité d'une conquête effectuée par un si petit nombre de conquérants? Les Arabes avaient en fait toutes chances d'être accueillis comme des libérateurs par les vieilles populations du monde sémitique de Syrie et de Mésopotamie et par les Égyptiens. Outre la parenté ethnique et linguistique qui liait certains d'entre eux aux Arabes, ces peuples étaient soumis depuis longtemps à Rome puis à Byzance à l'ouest, à l'Empire perse sassanide à l'est. Ils étaient en état de révolte permanente contre les administrations de Constantinople et de Ctésiphon; révolte, comme toujours en Orient, à coloration religieuse et à fond social. Le domaine byzantin est secoué par des hérésies; le nestorianisme et le monophysisme surtout s'opposent à l'orthodoxie dirigeante. Dans le domaine sassanide se développent le manichéisme, le judaïsme et le christianisme, toutes confessions dirigées contre la religion officielle, le mazdéisme.

Or, les tendances démocratiques, égalitaires et cosmopolites du message islamique répondaient à ces mouve-

1. E. Levi-Provençal, *L'Espagne musulmane au Xe siècle. Institutions et vie sociale.* Paris, 1932, pp. 8 et suiv.

ments de révolte sociale et religieuse. D'où, partiellement du moins, la facilité de la conquête. Le souci d'ordre et de paix pousse aussi les populations citadines à se rallier au conquérant, dont elles attendent une protection contre l'anarchie et les déprédations des nomades. La seule résistance opiniâtre viendra finalement des Berbères qui, comme ils s'étaient jadis soulevés face à Carthage et face à Rome, et comme ils se soulèveront plus tard face aux Turcs, resteront toujours, face à la domination musulmane, en état de résistance ouverte ou larvée.

Les rapports avec les peuples soumis ont été, dans tous les cas, facilités par la tolérance des envahisseurs, gens assez indifférents religieusement, voire sceptiques. Aussi pas de persécutions, pas de conversions forcées. La seule exigence manifestée par les vainqueurs est d'ordre fiscal : un traité de capitulation en bonne et due forme, passé avec les autorités religieuses, garantit, en échange de la levée de l'impôt par les notables des différentes communautés, la liberté du culte et la poursuite de l'activité économique.

La conquête a été si rapide qu'il n'y a pas eu hiatus, coupure, mais bien continuation de l'état préexistant, dans tous les domaines : institutions, rouages et personnel administratifs, procédures, bureaux, impôts et, enfin, monnaies. Jusqu'au VIIIe siècle continueront à circuler les deux monnaies fondamentales, *direm* d'argent sassanide et *denarios* d'or byzantin. Sur le plan économique, les villes et les réseaux commerciaux — ces structures essentielles — subsistent sans changement. L'annone d'Égypte, impôt en blé, dirigé d'abord vers Rome, puis vers Constantinople lors du transfert du pouvoir impérial dans cette ville, ne sera pas supprimé par les autorités musulmanes, mais simplement détourné vers les villes saintes d'Arabie, par la mer Rouge, puis vers Damas, capitale du califat umayyade. L'impôt, lui aussi, fut conservé, mais au profit de la communauté musulmane. L'imposition des seuls non-Musulmans fut ainsi un des aspects économiques de la conquête, jusqu'à ce que le califat, menacé de perdre, par le jeu des conversions, une matière imposable de plus en plus importante, institue un impôt foncier commun aux Musulmans et aux non-Musulmans.

La conquête ne s'est pas non plus traduite par des

destructions. Il n'y a pas eu de villes brûlées ou mises à sac, la seule exception notable étant le pillage des palais sassanides riches d'or. Donc, pas de désorganisation : les populations soumises fournirent tout naturellement les cadres de l'administration, l'outillage mental de peuples cultivés. Les nouveaux convertis chrétiens, juifs ou perses, ces *mawālī* (clients) comme on les appelle alors, vont jouer un rôle décisif dans l'élaboration de cette civilisation syncrétique qu'est la civilisation « musulmane ». Même dans la codification de la grammaire arabe, même dans l'établissement du texte définitif du Coran, interviendront les non-Arabes, fils des vieux peuples de l'Orient rompus aux techniques intellectuelles.

L'Orient musulman, c'est-à-dire les anciens territoires sassanides (Mésopotamie et Iran) et byzantins (Syrie et Égypte), se comporte ainsi comme le creuset d'une civilisation de synthèse qui s'étendra ensuite sur l'ensemble du domaine de l'Islam : du côté oriental, vers l'Asie centrale, du côté occidental, vers l'*Ifrīqiya* (Tunisie et Est algérien), le *Maghrib al-aqsā* (Extrême-Occident), la Berbérie, l'Espagne et la Sicile. D'où, pour la partie orientale de ce monde, les anciens territoires byzantins et sassanides, un mouvement de continuité, mais renforcé, un essor, si l'on préfère, et pour la partie occidentale, un véritable renouveau. Contrairement, en effet, à la célèbre thèse de H. Pirenne [1], c'est, pensons-nous, grâce à la conquête musulmane que l'Occident a repris contact avec les civilisations orientales et, à travers elles, avec les grands mouvements mondiaux de commerce et de culture. Alors que les grandes invasions barbares des IVe et Ve siècles avaient entraîné la régression économique de l'Occident mérovingien puis carolingien, la création du nouvel empire islamique entraîna, pour ce même Occident, un étonnant développement. Si les invasions germaniques ont précipité le déclin de l'Occident, les invasions musulmanes ont provoqué la relance de sa civilisation. Bref, le problème,

1. Cf. H. PIRENNE, *Mahomet et Charlemagne*. 4e éd., Paris-Bruxelles, 1937, et les articles réunis et publiés par les soins de P. E. HÜBINGER sous le titre : *Bedeutung und Rolle des Islam beim Übergang vom Altertum zum Mittelalter* (Wege der Forschung, 202) Darmstadt, 1968.

posé en Occident à propos de l'arrivée des Barbares, de la continuité ou de la régression économique, doit être tranché, dans le cas de la conquête arabe et sur l'ensemble du domaine musulman, par l'affirmation, non seulement de toute absence de coupure, mais plus encore, d'un prodigieux essor.

Islamisation. Arabisation. Sémitisation

Trois problèmes doivent être posés nettement et séparément : islamisation, arabisation, sémitisation.

L'islamisation c'est la conversion des anciennes populations à la nouvelle religion, l'Islam, conversion favorisée par les avantages fiscaux que retiraient les nouveaux convertis de leur ralliement : la suppression de la *jizya* ou capitation.

L'arabisation doit se comprendre uniquement dans le sens linguistique. Il n'y a pas eu d'infusion notable de sang « arabe ». Très peu de traditions proprement « arabes » se sont implantées dans les pays conquis. Ce que l'on appelle souvent à tort l'arabisation, c'est la sémitisation, l'orientalisation, c'est-à-dire l'adoption d'un ensemble de concepts de morale, de tabous, de cosmogonies, de cadres mentaux et de pratiques, qui est celui des populations sémitiques (ou, mieux, sémitisées) de Syrie-Mésopotamie, et surtout de la partie de ces populations qui en est la partie motrice, pilote : les populations urbaines, sur lesquelles se sont accumulées les strates de toutes les vieilles civilisations depuis l'antiquité la plus reculée, civilisations qui leur ont communiqué la finesse et le raffinement, les techniques intellectuelles et commerciales, le besoin d'un ordre solidement établi, mais aussi le manque de « vertus guerrières » — si général parmi les populations de la basse Antiquité — et qui nécessite l'appel aux mercenaires. Les conquêtes musulmanes, ce sont d'abord les batailles remportées par les Bédouins d'Arabie sortant de leurs déserts par des routes déjà nettement tracées et fonçant sur les agglomérations grouillantes du pourtour, noyaux de citadins avec, pour subvenir à leurs besoins, un cercle de fellahs. Par la suite, elles seront le fait des Berbères, nomades Ṣanhāja ou solides montagnards Kutāma, et, plus tard, le fait des Turcs, des Kurdes, des Daylémites. C'est dans ces réservoirs de guerriers mercenaires que l'Islam a puisé sa force militaire.

La sémitisation, c'est tout autre chose : c'est la civilisation urbaine du vieil Orient syncrétique — empire perse puis royaumes hellénistiques —, diffusée hors du domaine sémitique par plusieurs canaux et par plusieurs moyens. Tout d'abord par le truchement de la langue arabe, langue religieuse du Coran, langue de gouvernement, langue officielle et de bureau, langue du grand commerce et des échanges lointains, langue de civilisation littéraire et scientifique. Les pensées grecque, iranienne, indienne, chinoise, nous ont été transmises en grande partie par des traductions en arabe, c'est-à-dire par un instrument sémitique. Sémitisation aussi par les routes de la diaspora commerciale levantine, depuis la région des isthmes, grâce, en somme, à la dispersion, à la migration de petits effectifs et à la constitution de communautés religieuses aux points stratégiques du grand commerce. Ces petits groupes de pionniers se gonflent peu à peu grâce à de nouveaux arrivants. En même temps, ils prolifèrent, poussent vers l'avant, prospectent, établissent de nouveaux centres tout en conservant à l'arrière des positions de repli assuré avec lesquelles ils maintiennent des liens plus ou moins lâches, parfois rompus par des schismes, parfois renforcés par des regroupements ou leur rattachement à un même centre. Ainsi naissent les communautés juives dont la langue écrite est l'hébreu ou l'araméen, la langue parlée l'arabe, et les communautés nestoriennes dont la langue écrite est le syriaque et la langue parlée l'arabe.

Notons enfin que les trois processus que nous venons d'analyser brièvement : islamisation (religion), arabisation (langue), sémitisation ou orientalisation (civilisation) apparaissent et se développent d'abord dans les villes. Le milieu urbain leur est favorable grâce à une certaine harmonie préétablie, et de là, s'opère un rayonnement en tache d'huile vers les campagnes environnantes. Or, le monde musulman, du VIIIe au XIe siècle, est le centre d'un prodigieux mouvement urbain. Les régions où la vie urbaine est la plus intense seront les premières et les plus profondément touchées. Les autres resteront longtemps en marge ou en dehors du mouvement; certaines ne seront même jamais atteintes : ainsi, en Afrique du Nord, il y aura opposition entre les villes arabophones, orientalisées, et les massifs berbérophones, couverts à peine d'une couche très superficielle d'islamisation.

Les espaces conquis : le monde musulman

L'extension géographique des conquêtes de l'Asie centrale à l'Espagne englobe dans le domaine musulman — à l'intérieur de ses limites ou dans ses zones d'influence — les territoires situés au cœur de l'Ancien Monde. Ces territoires étaient alors les plus importants économiquement, par leurs productions, agricoles, industrielles ou minières, mais aussi par leur organisation commerciale : équipements portuaires et réseaux caravaniers, et enfin par leurs populations actives. Ces ressources, ils les mettent désormais à la disposition de circuits commerciaux élargis et d'activités économiques dilatées.

Pays aux sols les plus fertiles : Mésopotamie et Égypte, vieux pays d'oasis et d'irrigation, mais aussi grandes plaines d'Afrique du Nord, productrices de blé et d'huile et Andalousie. Pays miniers : groupe Caucase-Arménie, Afrique du Nord et Espagne. A cette production directe, le monde musulman ajoute le contrôle des routes menant aux principales mines d'or du monde : Afrique sud-orientale, Soudan, Asie centrale. Centres d'industries artisanales développées : Iran, Mésopotamie, Syrie et Delta égyptien.

Grands ports qui offrent au monde musulman leurs navires, leurs chantiers de construction, leurs populations maritimes. Ici, trois vastes ensembles : la navigation du golfe Persique et de la mer Rouge, ouverte, par les marins arabes et persans, vers l'océan Indien et complétée par le système de batellerie Euphrate-Tigre; les ports du complexe syro-égyptien, avec, au premier rang, Alexandrie prolongée par la batellerie du Nil; enfin, les ports des détroits de Sicile et de Gibraltar et, en annexe, la batellerie du Guadalquivir. Cités caravanières avec leur organisation de transports qui commandent les routes de Mésopotamie (vers la

Syrie, à l'ouest, vers l'Iran et l'Asie centrale), d'Arabie, et les routes berbères du commerce transsaharien : système qui suppose un réseau caravanier avec ses bêtes de somme (chameaux, dromadaires, chevaux, mulets, ânes) et tout un personnel spécialisé de convoyeurs, de guides, de marchands et d'armateurs de caravanes. Populations commerçantes d'Orient, traditionnellement maîtresses du commerce mondial, alors désignées par le terme de *Syri* (« Levantins »), successeurs des Phéniciens.

Stocks d'or, enfin, provenant des palais sassanides et des églises byzantines et qui viennent renforcer la puissance économique du monde musulman qu'assure par ailleurs le monopole du transit entre l'Extrême-Orient, l'océan Indien et l'Occident, d'une part, entre l'Afrique centrale et la Méditerranée, de l'autre. L'Islam occupe ainsi une position-clé, à l'intersection des grandes routes du commerce du temps. Une seule route lui échappe : celle des steppes qui mène de l'Extrême-Orient à la Mongolie, à l'Asie centrale et, de là, jusqu'aux plaines hongroises : route nomade, route de rocade au nord des vieilles civilisations asiatiques et méditerranéennes. De même, un seul grand centre commercial reste en dehors du domaine musulman : Byzance.

Ainsi apparaît la valeur de position du monde musulman, au centre de l'Ancien Monde. L'Islam n'est pas une civilisation soudain tombée d'une autre planète, mais il fait étroitement corps avec l'histoire de toutes les aires qui entouraient son berceau et sur lesquelles il s'est plus ou moins répandu. Du côté du monde noir, l'avènement de l'Islam, depuis le Soudan jusqu'à la côte orientale d'Afrique, sera un des traits majeurs de l'histoire de l'Afrique moderne. Du côté de l'océan Indien, l'islamisation gagnera jusqu'à l'Indonésie. En Asie centrale, le monde turc et la Chine subiront, eux aussi, le même impact : la première poussée musulmane se traduira par l'islamisation des Turcs, qui seront eux-mêmes à l'origine d'un Islam chinois groupant aujourd'hui, peut-être, plus de trente millions d'hommes. Enfin, du côté de Byzance et de l'Occident chrétien, l'Islam cheminera sur les routes menant de la Méditerranée à l'Europe centrale et jusqu'aux pays de la Baltique : nouvelle source de rencontres et d'interférences, si l'on songe à l'expansion scandinave qui vise, de son côté, les pays de la mer Noire et de la Caspienne.

Tous ces pays constituent pour l'Islam autant d'horizons économiques à prospecter. En tous, il laissera sa marque, soit religieuse sous la forme de l'islamisation, soit commerciale comme en témoignent les trouvailles de monnaies. Et de tous ces horizons, il importera les marchandises les plus diverses, sources de très actifs courants d'échanges.

Le centre du monde musulman se situe dans la région des isthmes, entre golfe Persique, mer Rouge, Méditerranée, mer Noire et Caspienne. Il est ainsi placé à la soudure de deux grands domaines économiques : celui de l'océan Indien et celui de la Méditerranée. Réunis à l'époque hellénistique, puis séparés en deux mondes rivaux, romano-byzantin et parthico-sassanide, ces deux domaines vont se fondre à nouveau grâce à la conquête musulmane, en un nouvel et immense domaine économiquement unifié.

Cette unité reposera sur de larges relations commerciales, par routes caravanières et maritimes, sur une monnaie prédominante, le dinar musulman, sur une langue commerciale internationale, l'arabe, mais elle sera facilitée aussi par l'avènement d'un nouveau monde perméable au passage des techniques, favorable à la confrontation entre procédés byzantins et orientaux et à la diffusion de ceux-ci à travers le monde musulman.

Enfin, l'unité évoquée plus haut sera facilitée par la réintroduction dans le commerce mondial des grands marchés de consommation de la Méditerranée occidentale, sous la forme de villes nouvelles (Kairouan, Tunis, Fès) ou ranimées (Séville, Cordoue, Palerme). Ces nouveaux grands centres urbains de l'Occident musulman vont se trouver en liaison étroite avec leurs correspondants orientaux, vieilles créations hellénistiques, comme Alexandrie ou Antioche, ou bien créations nouvelles, comme Le Caire ou Bagdad.

Ce dernier fait est fondamental : en effet, l'institution ou la relance d'un réseau urbain va donner au nouveau monde de l'Islam son armature économique, sociale et culturelle. Tout un réseau de relations va se tendre de ville à ville, celles-ci étant, une fois de plus, les points forts, les centres moteurs de la vie économique. La primauté de la ville dans le monde musulman du VIIIe au XIe siècle est une constante majeure de l'époque étudiée ici. De Samarqand à Cordoue, la civilisation musulmane est une civilisation urbaine remarquablement une, avec une large circulation des hommes, des marchandises et des idées, civilisation syncrétique qui se surimpose sur le vieux fond régional, rural ou nomade.

Le monde musulman se présente ainsi comme une série d'îlots urbains reliés entre eux par des lignes commerciales. A cette belle ordonnance urbaine, les crises, les troubles, les invasions de la deuxième moitié du XIe siècle, vont porter un coup fatal. Elles vont rompre les grands courants commerciaux et, par là même, causer le déclin des villes. Le monde musulman ne sera plus un, mais divisé : il y aura un Islam turc, un Islam persan, un Islam syrien, un Islam égyptien, un Islam maghrébin. On assistera alors à la rupture de *la* civilisation musulmane et à la résurgence des particularismes régionaux, incarnés dans *des* civilisations musulmanes.

***

Notre propos sera donc de présenter d'abord le monde musulman « pays par pays ». Nous étudierons les uns et les autres tant du point de vue géographique : conditions naturelles, cadre physique et humain, que du point de vue économique et social : héritages des civilisations passées, prolongées sur le sol même où elles se sont développées par les mêmes populations et avec les mêmes techniques, les mêmes cadres mentaux, souvent les mêmes croyances, infléchies plus ou moins par de nouveaux facteurs. Après la période du califat œcuménique, califat umayyade qui se termine justement au milieu du VIIIe siècle, les particularismes resurgissent et se concrétisent dans des États, des dynasties qu'on pourrait dire plus ou moins « nationales », à condition de ne pas donner à ce dernier mot un sens trop moderne : Umayyades d'Espagne, Tulunides et Fatimides d'Égypte, Tahirides et Samanides d'Iran oriental.

C'est ce mouvement de redifférenciation qu'on a appelé — à tort croyons-nous — « le démembrement du califat abbasside » et qu'il vaudrait mieux appeler la construction du monde musulman, le passage du Califat *(Khilāfa)* au *Bilād al-Islām.*

PREMIÈRE PARTIE

LES TERRAINS DE L'ISLAM ESPACES ET RÉSEAUX

Chapitre I
LA RÉGION DES ISTHMES

Les premiers pays à considérer sont l'Arabie, point de départ désertique de l'Islam, puis les régions tout d'abord subjuguées par la conquête : l'Égypte, la Syrie et la Mésopotamie.

ARABIE

Pour comprendre le rôle à la fois positif et négatif de l'Arabie dans le monde musulman, il faut évoquer les éléments humains pré-islamiques et les replacer dans leur cadre géographique d'oasis et de déserts, ceux-ci servant plus ou moins de pâturages. Dans les oasis du nord-ouest, comme Yathrib (Médine), vivent les cultivateurs sédentaires, parmi lesquels Mahomet recruta ses premiers fidèles, ceux qui constitueront tout d'abord ses troupes : les *Ansār* ou « compagnons ». Viennent ensuite les citadins de La Mecque, de Tā'if et de Djeddah, les Qurayshites, banquiers, maîtres du commerce caravanier, et les commerçants par mer des ports du sud, du Yémen et de l'Oman. Enfin les Bédouins vivant dans la partie habitable du désert central, éleveurs et transporteurs, personnel des caravanes, tous animés de vertus guerrières.

Les *Anṣār* furent vite évincés par la riche bourgeoisie mecquoise lorsque celle-ci, voyant l'intérêt de la nouvelle religion pour son commerce, s'intégra dans les cadres de l'Islam. Le clan le plus puissant, celui des Umayyades,

Qurayshites de première date, s'appuie, pour la conquête, sur la force guerrière des Bédouins qu'il arme et auxquels il abandonne le butin, mais qui lui permettent d'assurer son pouvoir politique jusqu'à Damas d'où il domine les terminus commerciaux. Ainsi l'Arabie centrale (Hedjaz et Najd) se vide de ses habitants et de sa puissance économique. Les Bédouins se fondent progressivement dans les vieilles civilisations urbaines d'Orient où les scribes indigènes des *dīwān* qui continuent à écrire en pehlvi et en grec, sont les maîtres politiques.

Sous les Umayyades, il y a encore quelques allées et venues entre les pays nouvellement conquis et l'Arabie. Les Bédouins irréductibles sont refoulés dans le désert. Au début du VIIIe siècle, les Banū Hilāl et les Banū Sulaym sont déportés par 'Abd al-Malik dans l'isthme de Suez où ils servent de convoyeurs et mènent une vie nomade et pillarde. Au milieu du XIe siècle, leurs descendants seront lancés sur l'Ifrīqiya par les Fatimides. Les califes umayyades conservent cependant des liens affectifs avec le désert arabe, par leur entourage et à cause de l'attrait exercé par la poésie arabe anté-islamique qui dépeint la vie du désert. Ils ont un palais de pierre, mais aussi un palais de toile, où ils font de fréquents séjours, dans le désert de Syrie ou Bādiya. Ces liens vont être rompus avec l'arrivée des Abbassides et de leurs nouveaux compagnons, les Khorassaniens, venus de l'est de l'Iran.

A partir du VIIIe siècle, c'est l'atonie politique de l'Arabie, province oubliée par la nouvelle dynastie. Même chose sur le plan commercial : La Mecque et Médine ne sont plus désormais les centres du grand commerce caravanier. La région a perdu son rôle d'intermédiaire, sa position de plaque tournante du fait des conquêtes et de la prise des terminus caravaniers des Byzantins et des Sassanides, en Syrie et en Mésopotamie. Maîtres de la route de la mer Rouge et de celle du golfe Persique, les califes, à partir du VIIIe siècle, abandonnent la voie continentale médiane d'Arabie. Sous les Umayyades, le blé d'Égypte était encore déchargé dans le port de Djeddah, mais la péninsule arabique devient peu à peu un poids mort; à l'époque abbasside, elle se trouve isolée. Le blé égyptien ne va plus vers les villes saintes du Hedjaz, il est désormais détourné vers la Mésopotamie et Bagdad et, par les voies de circum-navigation de la mer Rouge et du golfe Persique, il est porté jusqu'au port de Basra. Cependant, et malgré ce bilan négatif, une activité périphérique liée aux grandes routes se maintient.

Il est notamment un domaine dans lequel l'Arabie garde un rôle positif; elle reste le pôle religieux de l'Islam, avec ses villes saintes, La Mecque et le sanctuaire de la Ka'ba, Médine et le tombeau du Prophète. Par l'étoile des routes, qui convergent vers La Mecque, sont venus d'Égypte, de Syrie, de Mésopotamie, de l'océan Indien, d'Abyssinie, des courants d'idées fort différents : mazdéisme, judaïsme, christianisme oriental, bouddhisme, fétichisme nègre dont le Coran a subi les influences. Par ces mêmes routes est partie la conquête. Elles amènent maintenant les pèlerins vers les villes saintes de l'Islam. Pour le pèlerinage (*Ḥajj*) accourent les populations du Maghreb par Le Caire et l'isthme de Suez, celles d'Iran par Bagdad et Kūfa et celles du Yémen et d'Oman. Ce vaste mouvement de pèlerins va créer un nouveau réseau routier et des courants économiques particuliers : commerce en vue du pèlerinage, pour assurer la nourriture et le transport des fidèles, la fourniture de l''*iḥrām*, cette grande pièce d'étoffe sans couture, qui sert de vêtement rituel aux pèlerins, la vente de souvenirs pieux, plus ou moins précieux, comme les turquoises taillées sur place; mais aussi commerce effectué par les pèlerins eux-mêmes, qui profitent du *Hajj* pour faire leurs affaires à la grande foire près de La Mecque, au mois de Muharram. Un gouverneur y représente le calife et lève les taxes. C'est là l'exploitation fiscale par le gouvernement du pèlerinage que les Bédouins, quant à eux, exploitent économiquement. C'est le côté positif du rôle de l'Arabie qui ne connaît pas d'exploitation politique. L'autorité spirituelle n'est pas là : le calife, chef religieux, réside à Bagdad ou au Caire. Les villes du Hedjaz ne sont que des lieux saints.

Un autre trait positif de l'Arabie est son importance dans le commerce des esclaves venus d'Abyssinie, Somalis et Bantous (Zanj). L'importation des esclaves noirs dans les ports arabes, qui avait commencé dès avant l'Islam, continue. Au début du IXe siècle est créée au Yémen la ville de Zabīd, grand marché aux esclaves noirs, sous la dynastie des Ziyadides (819-xe siècle). Médine devient un centre d'éducation pour les esclaves de haut prix, chanteurs, musiciens, danseuses, dont certains acquirent une grande renommée, telle Ishrāq la lettrée. Des esclaves slaves et indiens sont même envoyés à cette école de Médine pour y apprendre le « chant médinois » très en honneur à la cour des Abbassides. Il s'agit d'un chant rythmé par le *qaḍīb* ou baguette de bois, sorte de musique à percussion qui se propagera dans tout le monde musulman, et, par l'intermédiaire du chant andalou, aboutira au *cantus mensurabilis* d'Occident.

Enfin, les premiers développements de l'élevage du cheval arabe, par croisement du cheval berbère et du cheval iranien, prennent place sur les hauts plateaux du Najd, en climat favorable.

Le rôle de l'Arabie à l'époque musulmane se résume donc en quelques traits : elle n'est plus une grande voie de transit et ne participe plus que par ses bords au grand commerce mondial. Elle a son circuit commercial propre, par les routes de pèlerinage aux villes saintes; elle est un centre de redistribution et d'éducation des esclaves; enfin elle est un centre d'élevage du cheval arabe pur sang, au pedigree de cinq générations.

ÉGYPTE

On a dit de l'Égypte qu'elle était un don du Nil; il faudrait ajouter : et l'œuvre du fellah. Le cadre géographique s'avère là particulièrement important. La vallée du Nil voit le travail incessant des agriculteurs qui construisent et entretiennent un immense système d'irrigation qui nécessite un ensemble de servitudes collectives, des règlements très précis, des corvées, une mobilisation continuelle de la main-d'œuvre. Ce système de réquisition, les « liturgies » de l'époque byzantine, va se perpétuer après la conquête musulmane. Les papyrus d'Aphrodito ont conservé de très nombreuses lettres de réquisition qui font appel à une main-d'œuvre mobile de paysans, masse corvéable et toujours utilisable.

Les deux grandes productions du pays sont le blé et le

lin. L'Égypte, un des greniers du monde antique, envoie désormais son blé vers les villes saintes musulmanes et vers Bagdad. Le lin dont la qualité est déjà vantée par Pline, conserve son renom. Notons que le coton, qui croît en Syrie, n'apparaît pas en Égypte avant le IXe siècle, c'est-à-dire longtemps après l'introduction de la culture de la canne à sucre dans la vallée du Nil.

Extraordinaire, la densité de la population le long du fleuve frappe tous les voyageurs du haut Moyen Age. C'est une « rue de villes », dit l'un d'eux, un long ruban au bord du Nil. Les vieux centres urbains prolifèrent : les nouvelles villes sont créées en progression continue, telles — pour le seul site du Caire — Fusṭāṭ (VIIe siècle), al-'Askar (VIIIe siècle), al-Qaṭā'i' (IXe siècle), al-Qāhira (Xe siècle); la ville connaîtra son apogée à la fin du Xe siècle, avec environ 500 000 habitants. Mais il y a d'autres agglomérations populeuses le long du fleuve : Qūṣ, Qifṭ, Assouan (100 000 habitants environ) à la première cataracte.

Le Nil forme l'artère maîtresse doublée depuis le delta jusqu'à Assouan par une levée de terre continue, le « Mur de la Vieille », route des caravanes, où passent, en chaussée, les convois à dos d'ânes ou de chameaux. La grande voie demeure bien sûr le Nil lui-même avec son énorme et active batellerie, autant de barques disent les contemporains qu'à Bagdad et à Baṣra réunies. Ce sont d'anciennes barques à voile carrée ou de nouvelles, à voile triangulaire, dite « latine », qui apparaît au IXe siècle et permet de prendre le vent au plus près, ce qui est fort important pour la navigation fluviale.

Cette batellerie du Nil ainsi que les navires des ports des façades méditerranéenne et érythréenne, nécessitent pour la construction navale d'immenses quantités de bois. L'Égypte byzantine avait deux arsenaux : l'un à Alexandrie pour la flotte de Méditerranée, et l'autre à Clysma pour celle de la mer Rouge. L'époque musulmane en connaîtra huit : les deux précédents, trois à Fusṭāṭ (île de Rōḍa, Fusṭāṭ et al-Maks au nord) un à Damiette, un à Rosette et un à aṣ-Ṣāliḥiyya sur la branche orientale du Nil. Gros besoins en bois pour les chantiers navals, mais aussi pour la construction urbaine, et pour servir de combustible aux industries du feu : verrerie, céramique et surtout chaudières à jus de canne à sucre; le clairçage du sucre est réalisé en Égypte, vieux centre d'alchimie hellénistique. A ses besoins en bois accrus sans cesse, l'Égypte ne peut suffire. Tous ses arbres, y compris les palmiers, sont cadastrés. Un monopole réserve à la flotte tout tronc ou pièce de bois susceptible de servir à la construction navale. Mais il faut faire appel

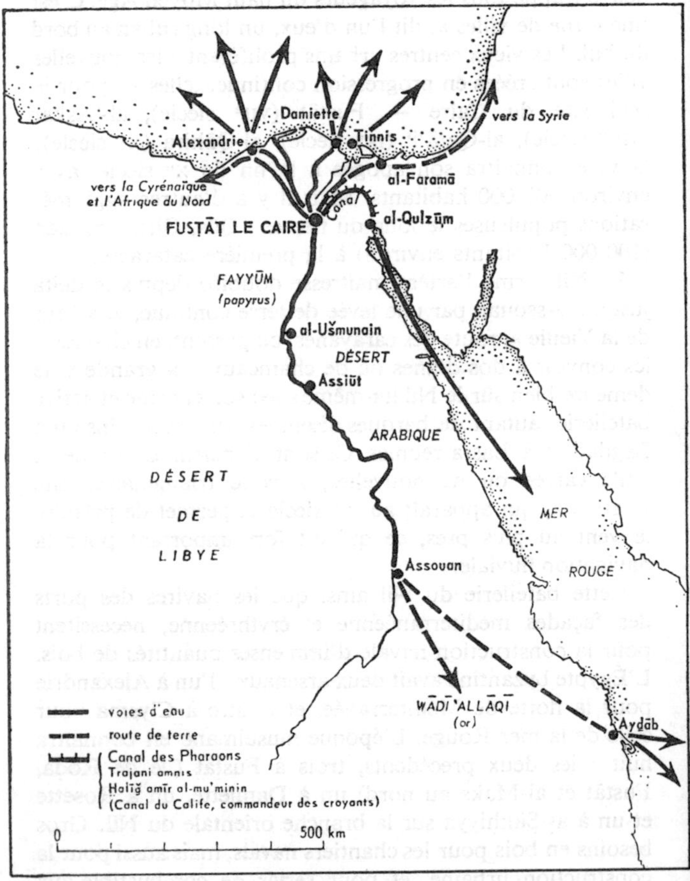

1. — Le terrain égyptien.

obligatoirement au commerce lointain : teck de l'Inde par la voie de la mer Rouge et bois du fond de l'Adriatique grâce au commerce de contrebande vénitien.

La civilisation égyptienne, dépourvue de bois, manque aussi de fer et doit faire appel pour s'armer à la fois aux épées de l'Inde et aux épées franques, dites de « Firanja ». Étroitement subordonnée aux communications avec d'autres domaines, elle est une civilisation de conjoncture : elle n'aurait pas vécu sans ses ressources en or, car le bois et le fer étaient alors essentiels à toute civilisation urbaine.

La population de l'Égypte est essentiellement composée de coptes, *qibṭi*, du mot grec *Ægyptios*. Le vieux mot égyptien est *Miṣr*, en hébreu *Miṣraim*. Au Moyen Age, on dit *Bilād Miṣr* pour l'Égypte et *Miṣr* pour désigner la capitale. Les types physiques y sont d'une stabilité remarquable. Il suffit, pour le constater, de comparer les types actuels aux représentations des hypogées pharaoniques et qui ne connaît l'anecdote du « cheikh al-balad »? La langue est l'ancien égyptien, hiéroglyphique, puis hiératique, démotique et enfin copte. L'alphabet est le grec déformé avec l'addition de quelques signes. La population égyptienne forme bloc. L'élément grec était cantonné à Alexandrie surtout, ville extérieure, comme collée à l'Égypte. Lorsque celle-ci fut prise par les troupes arabes, en 643, la garnison et les principales familles grecques prirent la fuite. Il y eut donc disparition de cet élément surajouté. En revanche, de fortes colonies juives, ni assimilées, ni mêlées à la population copte, se maintinrent à Alexandrie, à Bilbays sur la branche orientale du delta, point d'arrivée de la route de Syrie, à Assouan, dans l'île d'Éléphantine, au départ des routes caravanières vers la Nubie, l'Éthiopie et la mer Rouge, aux termes de la navigation du Nil, ainsi qu'à Fusṭāṭ.

De même, il n'y eut pas hiatus dans l'activité de la population égyptienne, économiquement et même religieusement parlant. Les nombreuses conversions à l'Islam avaient souvent pour but de se soustraire à la fiscalité qui frappait durement les non-Musulmans, c'est-à-dire au paiement de la capitation ou *jizya*. Dans la seconde moitié du VIIe siècle, sous Mu'āwiya, celle-ci ne rapportait pas moins de cinq millions de dinars, puis sous Hārūn ar-Rashīd, au début du IXe siècle, quatre millions et peu après trois millions seulement. De même l'Égypte passera sans trop de heurts de l'Islam sunnite à l'Islam 'alide (chiite) des Fatimides.

L'élément de fond copte fut peu modifié par l'apport arabe, au total une poignée d'envahisseurs d'ailleurs accueillis en libérateurs par tout le monde levantin qui éprouva alors un sentiment de soulagement, de renouveau. Les peuples soumis à Byzance étaient en révolte contre l'administration, révolte qui avait pris en Égypte comme en Syrie une coloration religieuse : hérésie monophysite s'opposant à l'orthodoxie byzantine. Leur sentiment national était en quelque sorte négatif. « Ce ne fut pas un léger avantage pour nous, écrira Michel le Syrien, que d'être délivré de la cruauté des Romains, de leur méchanceté, de leur colère, de leur zèle cruel vis-à-vis de nous, et de nous trouver au repos. » Au vrai, il n'y eut pas en Égypte de résistance « nationale » au califat. La révolte des Coptes du Delta contre al-Ma'mūn (829-830) fut provoquée par des questions fiscales et s'inscrit parmi les grands mouvements sociaux causés par les nouvelles conditions économiques qui s'affirmèrent alors dans le monde musulman.

L'Égypte, pays de très vieille civilisation dont le matériel humain reste presque inchangé, passe donc sous la domination musulmane, avec ses insuffisances en bois et en fer, mais aussi ses productions agricoles d'importance mondiale : blé, lin et papyrus; elle apporte ses techniques propres de tissage, de tapisserie, et, jusqu'à la généralisation de l'usage du papier au IXe siècle, de fabrication du papyrus; elle offre, enfin et surtout, l'or recélé en quantité considérable dans les anciennes tombes pharaoniques qui, récupéré et lancé à nouveau sur le circuit monétaire, servira à frapper les beaux dinars égyptiens dont trois vaudront d'après Nāṣir-i-Khusraw, au début du XIe siècle, trois dinars et demi de Nīshāpūr [1].

1. NĀṢIR-I-KHUSRAW, *Safernamè*. Trad. Ch. Schefer, *Safer Nameh. Relation du voyage de Nassiri Khosrau en Syrie, en Palestine, en Égypte, en Arabie et en Perse pendant les années de l'Hégire 437-444 (1035-1042)*. Paris, 1881, p. 152.

MÉSOPOTAMIE ET SYRIE

La région qui s'étend en arc de cercle au nord du désert arabe et qui correspond à la Syrie et à la Mésopotamie est souvent désignée sous le nom « Croissant fertile ». Ce n'est pas une zone homogène, mais, en réalité, une série d'oasis séparées par des plateaux rocailleux ou des steppes sèches tournant souvent au désert, entre le rebord du plateau anatolien (Taurus et anti-Taurus), le rebord du plateau iranien (Zagros et Luristan) et la mer (façade Syrie-Palestine); oasis plus ou moins étendues, prospérant grâce aux irrigations et nécessitant des travaux immenses. Sans un entretien constant, le sol retourne rapidement au marais ou à la steppe désertique; c'est ce qui se produit dans les périodes d'insécurité et, sur ces ruines, le nomadisme reprend alors ses droits.

A l'époque qui nous occupe, la Basse-Mésopotamie est en plein rendement à la suite des longs travaux exécutés jusqu'à l'époque sassanide. Les cultures gagnent grâce aux zones nouvellement irriguées et drainées, en particulier en bordure des grands marais (al-Baṭā'iḥ) où se perd l'Euphrate, au sud de Kūfa, et qui constituent actuellement encore une mer de roseaux. C'est dans cette zone marécageuse que les Zoṭṭs furent déportés avec leurs buffles depuis les bords de l'Indus; ils y séjournèrent quelques temps avant de s'insurger et d'être transférés en Syrie et dans les marches anatoliennes (VIIIe siècle). C'est là aussi que se réfugièrent, au IXe siècle, les esclaves noirs *(Zanj)* révoltés et qu'ils résistèrent sur des barques plates et dans des huttes dissimulées au milieu des roseaux. Le gouvernement poursuit une politique de colonisation intérieure préconisée par les juristes de l'époque abbasside tel Abū Yūsuf Ya'qūb (mort en 798). Il accorde le droit de propriété et l'exemption d'impôt à tout pionnier qui met en valeur la « terre morte » *arḍ mawāt*, d'où une extension des irrigations, une mise en culture des terres conquises, notamment celles du Sawād, composées d'alluvions amenées par le fleuve, terres noires fertiles qui se couvrent des cultures vivrières nécessaires à l'alimentation des populations concentrées dans les villes.

La Basse-Mésopotamie, centre du califat abbasside, connaît alors un extraordinaire essor urbain. Parmi ses métropoles : Bagdad, Basra, Kūfa, Wāsit, Sāmarrā, certaines comptent des centaines de milliers d'habitants. Les terres du Sawād, grâce à leur fécondité, mais aussi, comme en Égypte, grâce au travail inlassable des fellahs,

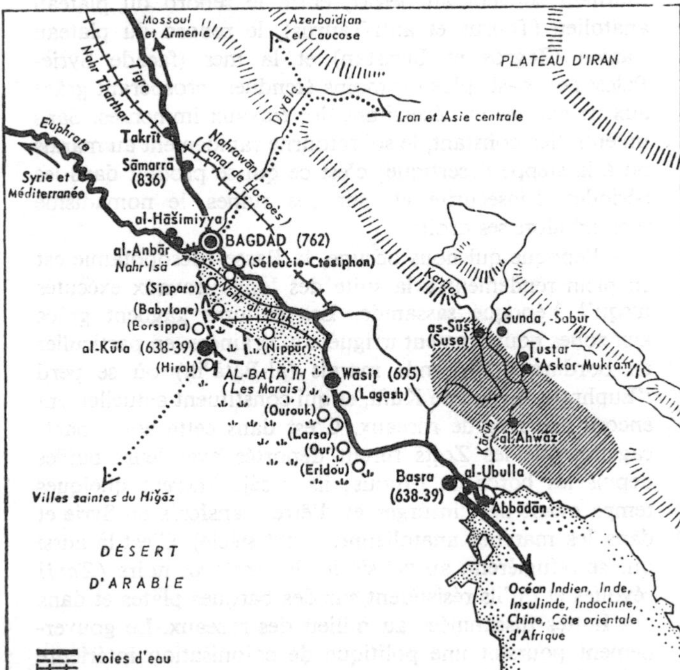

2. — Le terrain mésopotamien.

cultivateurs et irrigateurs, permettent, en partie, de pourvoir à la nourriture de ces agglomérations énormes : palmiers, blé, orge, et aussi riz, connu dès l'époque sassanide et qui sera introduit à l'époque musulmane dans le bassin méditerranéen. Il faut cependant faire aussi appel aux denrées lointaines : au blé d'Égypte, à la farine de Syrie.

Mais, nous l'avons dit, l'oasis mésopotamienne n'est pas continue. Elle se décompose en plusieurs régions aux caractéristiques différentes. Et, tout d'abord, le Khūzistān, ancienne Susiane, partie sud-est de la Basse-Mésopotamie, comprenant les bassins du Kārūn et de la Karkha où les Sassanides avaient déjà fait exécuter de gros travaux, digues de retenue et canaux d'irrigation navigables. Dès la fin de l'époque sassanide, c'est la grande région de culture de la canne à sucre, plante venue de l'Inde et qui progressera largement vers l'ouest à l'époque musulmane. Pour tout l'Orient musulman le gros fournisseur de sucre fut toujours le Khūzistān : sucre brun non blanchi, notre cassonade, ou, après les progrès de la technique en Égypte, sucre transparent : *qand* (d'où notre candi). La main-d'œuvre des plantations était composée surtout d'esclaves Zanj, Bantous de la côte orientale d'Afrique, qui, par l'Arabie du sud, l'Oman et la côte iranienne Mekrān-Kirmān, arrivaient jusqu'au Khūzistān.

Vient ensuite le Sawād, entre les marais (al-Baṭā'iḥ) et une ligne allant de Takrīt à Hīt, couvert de champs de blé, d'orge, de riz et de dattiers. Enfin, la Haute-Mésopotamie (Jazīra) comprend un chapelet d'oasis le long du Tigre (Mossoul, Āmid-Diyār Bakr) et la région du Khābūr jusqu'au coude de l'Euphrate. C'est aujourd'hui une steppe désolée, parcourue par des nomades pasteurs; elle comptait alors de vastes établissements de sédentaires. Pour les géographes arabes, la grande spécialité de al-Jazīra était le coton du Khābūr, qui était exporté vers Mossoul (« mousseline » de coton), vers Bagdad (travail en soie de couleur sur coton ou étoffe *baghdādī*) ou vers Akhlāṭ et les autres centres textiles arméniens. Ces cultures de coton étaient irriguées grâce à des canaux souterrains *(qanāt)* dont le système avait été emprunté à l'Asie centrale. Une fois levé l'obstacle de la frontière entre Empires byzantin et sassanide, grâce à l'établissement du grand domaine unifié du monde musulman, le coton fut acclimaté dans le nord puis dans le sud de la Syrie. Cette dernière région devint au Moyen Age le principal fournisseur de coton pour l'ensemble du monde méditerranéen.

Du coude de l'Euphrate aux reliefs de Syrie, le passage — ce que l'on pourrait appeler l'articulation Mésopotamie-Syrie — se fait aisément selon un grand plan incliné couvert de steppes à pâturages; vers le sud l'aspect devient plus désertique (Bādiyat ash-Shām), mais l'élevage reste toujours possible, grâce à la transhumance entre les bords de la Bādiya (l'été) et le centre (pendant l'hiver); on y élève des chameaux et des chevaux pour le transport. Cette région s'affirme comme une véritable plaque tournante où s'opèrent des contacts multiples et d'où part un réseau de routes en éventail. C'est là qu'arrivent la route maritime et fluviale qui, de l'océan Indien par le Tigre, puis l'Euphrate, atteint la Syrie du nord et la route continentale qui joint l'Iran et Bagdad par le coude de l'Euphrate à cette même Syrie [1].

La Syrie, comme la Mésopotamie, est composée d'une série d'oasis riches et fertiles, formées d'alluvions arrachées aux blocs rocailleux des reliefs par l'érosion des pluies torrentielles qui ravinent et déforestent les pentes. En Cilicie, grâce aux irrigations, les cultures tropicales sont possibles : canne à sucre et coton. Dans les Biqā', (la « Boquée » des Croisés) pousse le blé. Dans le Ghawr (« le creux »), fossé d'effondrement où s'alignent des lacs, le Jourdain et la mer Morte, on trouve à nouveau des cultures tropicales : canne à sucre, coton, riz enfin, introduit à l'époque musulmane. L'oasis de Damas, arrosée des eaux qui descendent de l'Anti-Liban et de l'Hermon, est un vaste jardin, la Ghūṭa, sorte de verger planté de noyers, d'oliviers, de figuiers et autres arbres fruitiers. Au Moyen Age, les confitures de Damas jouirent d'une renommée mondiale: elles étaient faites de fruits damasquins et de sucre syrien. De même, sur la côte, s'échelonne une série d'oasis jardinées, de dimensions minuscules, car les blocs faillés tombent à pic sur la mer. C'est une sorte de trottoir de plaines littorales souvent interrompues par l'avancée de la

1. V. les cartes de R. Dussaud, *Topographie historique de la Syrie antique et médiévale*. Paris, 1927.

montagne. Des ports s'y abritent — les « échelles du Levant » — fréquentés successivement par les marines phénicienne, hellénistique, romaine, byzantine, puis musulmane dont les arsenaux utilisent les bois de la Syrie du nord et du Liban. C'est la façade méditerranéenne des pays du golfe Persique.

Du point de vue démographique, les populations de la Syrie et de la Mésopotamie sont comme le prolongement des Sémites d'Arabie — monde sémitisé, cependant, plus que sémitique, à la fois par les mœurs, la langue et les cadres mentaux. Elles constituent la frange extérieure du monde arabe, le creuset où sont venus se fondre les Sémites sortis d'Arabie en plusieurs vagues, la dernière correspondant à la conquête du VIIe siècle; on y trouve côte à côte les vieilles populations non aryennes, les nouveaux venus aryens descendus du demi-cercle montagneux du nord (Asie Mineure, Arménie, Iran), toutes les races, enfin, de l'Asie et de l'Afrique, car c'est un pays ouvert, une zone de passage exerçant une forte attraction par ses grandes villes, lieu d'une très ancienne civilisation urbaine, exogame et polygame, faisant appel aux esclaves et aux mercenaires de toute couleur et de toute langue : noirs, turcs, slaves. Le fond est donc sémite mais des apports nombreux et incessants ont été absorbés, assimilés, et le brassage de races s'accentue à l'époque musulmane.

La langue en demeure le grand facteur et, ici, il faut noter tout de suite la facilité de passer d'une langue sémitique à une autre, en raison du principe de la racine trilitère qui se conserve souvent, même quand la vocalisation est différente.

Les *Syri* du haut Moyen Age, qui s'étaient vu interdire l'horizon oriental de leurs activités par le « mur » sassanide et qui s'étaient tournés vers l'Occident barbare jusqu'à épuisement de ses réserves d'or, se voient ouvrir à nouveau à l'est le grand champ économique sous domination unique qu'est le monde musulman. La diaspora reprend vers la Mésopotamie. Ici, comme dans l'océan Indien, Jacobites et Nestoriens entrent en concurrence. Le monde araméen est ressoudé du golfe Persique à la Méditerranée et projette au loin vers l'est et vers l'ouest de puissants réseaux de communautés qui se compénètrent, cellules à action tout à la fois économique et culturelle.

Rapprochement qui ne se fit point cependant sans heurt ni sans rivalité et lutte entre la partie syrienne et la partie mésopotamienne.

La capitale du califat umayyade est Damas, en bordure de la Bādiyat ash-Shām. Des révoltes incessantes soulèvent la Mésopotamie à Kūfa, à Baṣra. Le dernier prince de cette dynastie, Marwān II (744-750), a l'intention de transporter la capitale de Damas à Harrān, en Haute-Mésopotamie, à cheval sur l'Aramée syrienne et l'Aramée babylonienne. Lors du triomphe des Abbassides, il n'est pas question de choisir pour capitale Damas où résident les derniers tenants des Umayyades. Les influences iraniennes, les troupes khorassaniennes, les conseillers venus de l'Iran oriental, les Barmécides, font pencher la décision en faveur de la Mésopotamie, au débouché de l'Iran, terrain araméen mais où se sont déjà implantées, à l'époque sassanide, certaines traditions iraniennes. Après quelques essais de fondation, tous en Mésopotamie, notamment par le premier calife abbasside Abū l-'Abbās as-Saffāḥ, près d'Anbār, là où le Nahr 'Īsā débouche dans l'Euphrate, le second calife abbasside al-Manṣūr fonde Bagdad à l'autre extrémité du Nahr 'Īsā, là où il débouche dans le Tigre. L'emplacement n'est alors occupé que par quelques villages et un monastère nestorien. La population est importée des quatre coins de l'empire musulman, mais le fond est araméen. Par le Nahr 'Īsā et l'Euphrate, par la route qui de Bālis, le « port des Syriens », gagne Antioche, Damas et Jérusalem, la jonction est faite des deux centres du monde musulman, la Mésopotamie et la Syrie.

Chapitre II

LE MONDE IRANIEN

Au sortir du monde sémitique parlant arabe et araméen et qui a vu la rapide victoire de l'arabe, au sortir de cette région des isthmes qui a connu, de tout temps, la lutte entre les routes du golfe Persique et celles de la mer Rouge — lutte qui rebondit au xxe siècle entre Égypte-Syrie et Iraq-Jordanie —, le plateau iranien apparaît comme un autre monde, habité par d'autres peuples, parlant une autre langue, vivant sur une toute autre civilisation.

ÉVOLUTION DU ROLE DE L'IRAN

Durant l'époque sassanide, l'Iran n'avait fait qu'un avec la Mésopotamie. La capitale du nouvel empire était à Séleucie-Ctésiphon en terrain araméen, mais de nombreux échanges (alphabet, vocabulaire, techniques, idées) avaient déjà eu lieu entre les deux régions. La conquête arabe fut une chevauchée rapide à la poursuite du dernier souverain sassanide, le long de la grande route Mésopotamie-Iran-Asie centrale. Après l'occupation des cols et des défilés du Zagros, ce fut la prise des villes-oasis qui jalonnent la route caravanière qui suit la vallée de la Diyālā, la bataille de Nihāvend, en 642, et l'assassinat du dernier sassanide Yazdajird III, à Marw, en 652.

La période du califat umayyade vit l'implantation des nouveaux conquérants, véritable colonisation militaire effectuée par les *muqātila* corps organisés militairement, qui s'établirent au début dans des quartiers construits à côté des villes anciennes, véritables petites villes juxtaposées, avec leur forteresse, leur mosquée, leur marché. Ainsi se trouvent constituées des agglomérations doubles comprenant : la ville iranienne, vieille ville indigène avec ses quatre portes (en persan, *shahristān;* en arabe, *madīna*) et à côté le faubourg neuf (en persan, *bīrūn;* en arabe *rabaḍ*) qui est la ville du conquérant. Cette jumellisation des cités est parfaitement nette, surtout dans le Khurāsān et dans le Mā warā' an-Nahr, à Marw, Bukhārā, Samarqand; ce parti-pris de ségrégation aboutit même à la dissociation, comme à Balkh où une seconde ville, Barūqān, s'élève à quelques kilomètres de l'ancienne.

Les premiers partisans de la dynastie abbasside et les conseillers de ses premiers califes, au milieu du VIIIe siècle, vinrent de l'Iran du nord-est, du Khurāsān et du Mā warā' an-Nahr. C'est la fin de la colonisation militaire; un mouvement s'ébauche en sens inverse. L'Iran devient un centre puissant de diffusion d'influences qui se font sentir à travers tout l'Orient musulman. La langue perse resurgit, ainsi que la littérature persane : à la fin du Xe-XIe siècle Firdawsī écrit son *Livre des rois (Shāhnāmè)*. Il y a même un effort de « persanisation » par la langue chez les Turcs d'Asie centrale et de l'Inde, qui se prolongera jusqu'à l'époque des grands Mogols.

Ce processus d'iranisation des conquérants sémites se marque dans le plan urbain. C'est la fin de la ségrégation et la fusion des deux centres naguère juxtaposés. Le *shahristān* redevient le centre du gouvernement, centre administratif (palais du gouverneur, bureaux), économique (marchés, souks) et religieux (grande mosquée). Tout autour, et sous la dépendance de ce vieux centre qui s'est comme retrouvé, se construisent de nouveaux faubourgs populeux. Les dynasties d'émirs, plus ou moins indépendants de Bagdad, deviennent, avec leur cour brillante, autant de foyers d'iranisation. On peut dès lors parler d'une véritable « diaspora » iranienne le long des routes caravanières, vers l'ouest, vers l'est et vers le sud.

LES PAYS

L'Iran est un immense pays de déserts salins ou de steppes arides, de montagnes dénudées, avec quelques points fertiles, oasis où s'épanouissent les cultures jardinées et la vie urbaine. Par opposition à la steppe c'est le *firdaws*, ou « paradis ». Au cœur de l'oasis, la grosse ville entourée de murs s'auréole d'une banlieue cultivée grâce à l'irrigation par un système de canaux *(qanāt)* souterrains, afin d'éviter l'évaporation dans ces pays de soleil torride. L'époque abbasside, continuant les grands travaux de l'époque sassanide, voit un développement considérable des surfaces irriguées, ce qui permet la continuation et l'amplification de l'essor urbain. La technique de ce système iranien d'irrigation gagnera par la route des déserts et des oasis jusqu'au sud-algérien *(foggāra)* et au sud-marocain *(khaṭṭāra)*. Les Touaregs l'appellent « travaux persans » [1].

Ces oasis iraniennes s'égrènent au pied du rebord intérieur des chaînes du pourtour ou au pied de la chaîne centrale en oblique qui divise le pays en deux dépressions désertiques. Les eaux venues de la montagne sont directement et soigneusement captées pour servir à l'habitat périphérique, villes en chapelet qui servent de relais aux routes caravanières. Sur ces routes circulent les grands chameaux à deux bosses de Bactriane, élevés dans la région de Balkh, une des capitales du Khurāsān, et aussi les forts chevaux iraniens, capables de porter les cataphractaires lourdement armés *(asāwira)* si souvent figurés sur les bas-reliefs sassanides. Les éleveurs de chevaux, Kurdes et Lours, occupent le rebord du plateau qui tombe sur la Mésopotamie; Kurdistan et Luristan, terres de nomadisme, sont toujours restés indépendants, face aux grands États administratifs et bureaucratiques de la plaine : Achéménides, Séleucides, Parthes, Sassanides, Califes; contenus par l'organisation policée du bas pays, leurs peuples l'ont continuellement menacé de leurs incursions. C'est ainsi qu'un large tampon de vie pastorale et sauvage s'étendait, et s'étend aujourd'hui encore, entre la plaine de Mésopotamie et le plateau iranien.

Trois brèches s'offraient pour franchir cette zone, trois routes gardées par les forces de l'ordre. D'abord, vers l'Arménie, où les vallées du Tigre et du Bitlis, par Jazīra

1. H. Goblot, « Dans l'ancien Iran. Les techniques de l'eau et la grande histoire », *Annales E.S.C.*, 1963, pp. 499-519.

Ibn'Amr, conduisaient à Bitlis et Akhlāṭ; puis, vers l'Iran, la grande voie qui depuis Bagdad par la vallée de la Diyālā menait à Kirmānshā et à Hamadhān (Ecbatane), et, de là, vers Zanjān et l'Azerbaïdjan, l'Arménie et Trébizonde ou vers l'Arrān, Derbend et Itil; ou encore, après la traversée des Jibāl (les « Montagnes »), jusqu'à Rayy (Téhéran) et de là, par le Khurāsān, vers l'Asie centrale; enfin, un itinéraire menait de Bagdad au Khūzistān (Dizfūl) et au Fārs (Shīrāz).

Un tampon analogue de populations nomades montagnardes et sauvages, Afghans et Baloutches, installées là par les Sassanides depuis l'Asie centrale, bornait l'Iran du côté du sud-est. Là aussi les routes de commerce et de relations civilisées n'étaient qu'étroits rubans gardés par des forteresses : Balkh, Herāt, Qandahār, Ghazna, Kābul.

Il faut donc distinguer, en Iran, le rebord montagneux et les rides centrales peuplées de pasteurs nomades, les dépressions désertiques et la ligne des oasis périphériques qui s'étendent soit à l'intérieur, au pied du rebord montagneux, soit à l'extérieur de celui-ci, les « Iran extérieurs » : Khūzistān, Arrān (Transcaucasie), Ṭabaristān (rivage sud de la Caspienne) ou oasis d'Asie centrale : Mā warā' an-Nahr et Khwārizm (delta de l'Oxus dans la mer d'Aral).

Dans les marches, l'Empire sassanide avait établi quatre grands gouvernements civils ou militaires *(ispehbed)*. C'étaient au nord-ouest l'Azerbaïdjan (Atropatène); au sud-ouest le Fārs (Perside); au sud-est le Sijistān (Sakostène); au nord-est le Khurāsān. Ils correspondaient à quatre grandes directions : la porte de l'Azerbaïdjan ouvrait vers l'Arménie et le Caucase; la porte du Zagros vers la Mésopotamie; la porte de Qandahār vers l'Inde; la porte du Khurāsān vers la steppe touranienne, l'Asie centrale et la Chine. Ces grandes divisions de l'Iran furent conservées sous les Abbassides.

Azerbaïdjan

L'Azerbaïdjan est un pays montagneux qui continue l'Arménie et forme transition vers le plateau iranien, zone de montagnes sèches à l'intérieur, mais distribuant l'humidité aux dépressions, bassins steppiques qui deviennent fertiles aussitôt qu'irrigués. C'est aussi un lieu de passage que traversent les routes vers l'Arménie jusqu'à Trébizonde, vers Hamadhān et la Mésopotamie, vers Rayy et l'Asie centrale. Son rôle commercial est très important. De grandes foires se tiennent à Tabriz. Plus au nord, Bardha'a dans l'Arrān forme la défense avancée de l'Iran à l'ouest par le défilé de Derbend. La Bāb al-Abwāb, la « Porte des portes », s'ouvre dans une muraille aux joints de plomb fondu, dressée contre les incursions des Khazars et des peuples de Turan.

Sud de la Caspienne

Une barrière étroite mais élevée sépare l'Iran du sud de la Caspienne, le massif de l'Elburz, où un volcan superposé aux plissements atteint près de 6 000 mètres à Demavend. Le pied sud de l'Elburz est jalonné par des oasis qui sont autant de relais sur la route qui passe par Zanjān, Qazwīn, Rayy, Dāmghān, Bisṭām. La plus importante est Rayy. Un cours d'eau descend vers la Caspienne, le Kizil Ouzen, traverse la chaîne longée par la route qui, du plateau, conduit au port d'Āmul sur la Caspienne. Rayy est le grand entrepôt au point de départ et d'arrivée des caravanes vers le Khurāsān, vers Bagdad, vers le Fārs. Célèbre par la splendeur de ses céramiques, la ville a une importance considérable. Elle s'éteint au XIIIe siècle après les invasions mongoles et Téhéran, son faubourg, la remplace. Mais, du VIIIe au XIe siècle, elle joue un rôle prépondérant qu'Ibn Khurdādhbeh atteste pour le milieu du IXe siècle. C'est à Rayy que les marchands Rūs, c'est-à-dire slaves et scandinaves, apportent les épées, les fourrures et les esclaves. Ces Rūs ou Majūs dirigent aussi vers le sud des raids destinés au pillage et c'est le cas, en 913 et en 944, contre Bardha'a.

Au nord de l'Elburz s'étend une étroite frange alluviale bordant la Caspienne où ne s'ouvrent, à cause de l'ensablement, que peu de bons ports. Le climat humide, chaud, malsain, fait du Ṭabaristān le « pays de la fièvre ». Même chose dans le Jīlān, le Māzandarān, le Daylem. La végétation exubérante de forêts et de jungles est habitée de tigres et de léopards. Le Daylem reste longtemps un

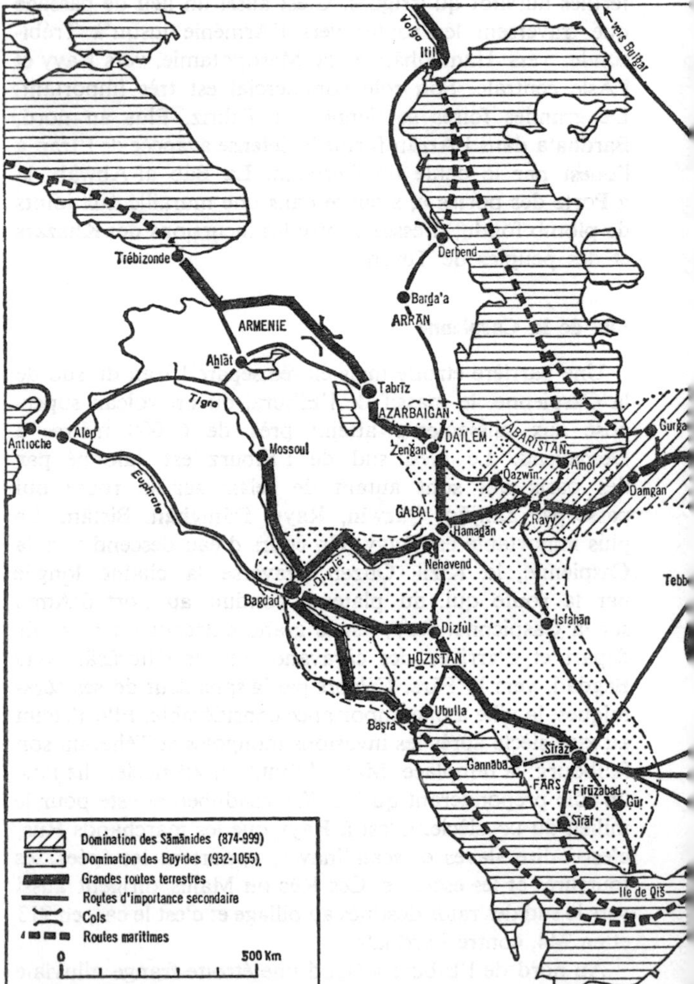
Volga
Itil
vers Bulgar
Trébizonde
Derbend
Barda'a
ARRĀN
ARMENIE
Ahlāt
Tabrīz
AZARBAIGAN
DAILEM
TABARISTĀN
Gurgān
Tigre
Antioche
Alep
Mossoul
Zengān
Qazwin
Āmol
Damgān
Euphrate
ĞABAL
Hamadān
Rayy
Nehavend
Diyalā
Bagdād
Isfahān
Dizfūl
HŪZISTĀN
Ubulla
Başra
Šīrāz
Gannāba
FARS
Fīrūzabad
Gūr
Sīrāf
Ile de Qīš
Domination des Sāmānides (874-999)
Domination des Būyides (932-1055)
Grandes routes terrestres
Routes d'importance secondaire
Cols
Routes maritimes
0
500 Km

3. — Le terr

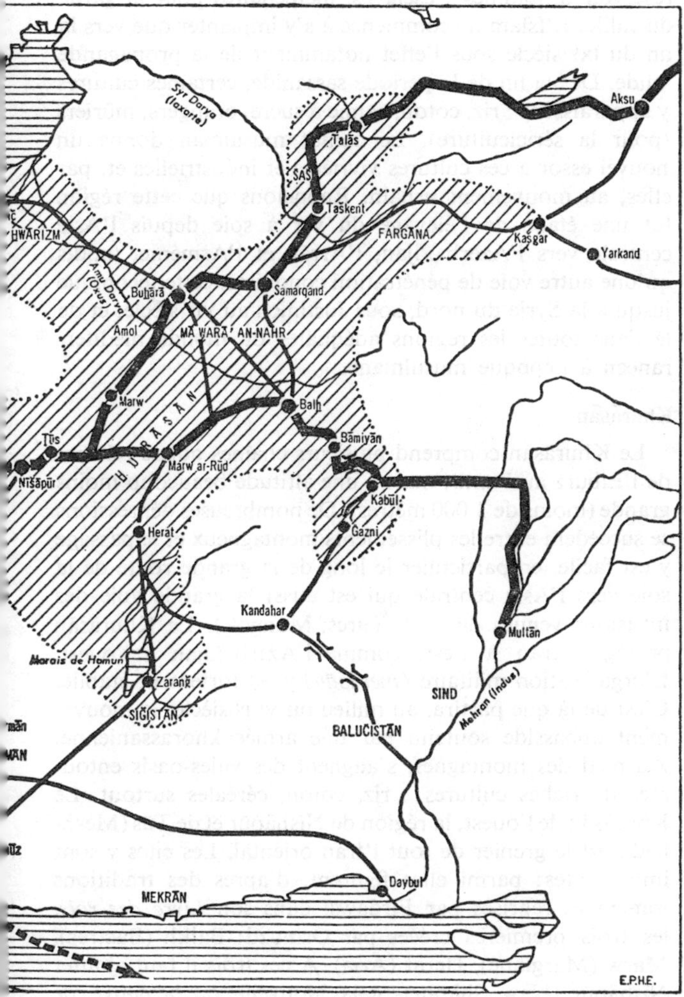
Syr Darya (Iaxarte)
Talās
Aksu
ŠAŠ
Taškent
FARGĀNA
Kašgar
Yarkand
Amu Darya (Oxus)
Buḫārā
Samarqand
Amol
MĀ WARĀ' AN-NAHR
Marw
ḪURĀSĀN
Balḫ
Bāmiyān
Ṭūs
Nīšāpūr
Marw ar-Rūd
Kābul
Herāt
Gaznī
Kandahar
Multān
Marais de Hamun
Zaranǧ
SIǦISTĀN
SIND
Mehran (Indus)
BALUČISTĀN
Daybul
MEKRĀN
E.P.H.E.

ien.

réservoir d'hommes : esclaves, mercenaires pour la garde du calife. L'Islam ne commence à s'y implanter que vers la fin du IXe siècle sous l'effet notamment de la propagande 'alide. Dès la fin de la période sassanide, certaines cultures y apparaissent : riz, coton, canne à sucre, orangers, mûriers (pour la sériciculture). Le califat musulman donne un nouvel essor à ces cultures vivrières et industrielles et, par elles, au mouvement urbain. Rappelons que cette région fut une étape de l'élevage du ver à soie depuis l'Asie centrale vers l'Azerbaïdjan, l'Arrān et l'Arménie, tandis qu'une autre voie de pénétration conduisait cette technique jusqu'à la Syrie du nord, sous Justinien au VIe siècle, et de là dans toutes les régions adéquates du monde méditerranéen à l'époque musulmane.

Khurāsān

Le Khurāsān comprend plusieurs chaînes qui se relaient de l'Elburz au Pamir, mais à une altitude beaucoup moins grande (moins de 3 000 mètres). De nombreuses dépressions se succèdent entre les plissements montagneux et le passage y est facile, en particulier le long de la grande route de la soie vers l'Asie centrale qui est aussi la grande voie des invasions venues de l'est (Turcs, Mongols). Le Khurāsān protège l'Iran à l'est, comme l'Azerbaïdjan à l'ouest. L'organisation militaire *(merzbān)* y est fortement établie. C'est de là que partira, au milieu du VIIIe siècle, le mouvement abbasside soutenu par une armée khorassanienne. Au pied des montagnes, s'alignent des villes-oasis entourées de riches cultures : riz, coton, céréales surtout. Le Khurāsān de l'ouest, la région de Nīshāpūr et de Ṭūs (Meshhed), est le grenier de tout l'Iran oriental. Les cités y sont importantes; parmi elles figurent, d'après des traditions iraniennes reprises par Firdawsī dans son *Livre des rois*, les trois premières créées par Ormuzd; Balkh (Bactres), Marw (Margiane), Herāt (Aria). A ces trois il faut ajouter Nīshāpūr (Naw Shāpūr), « la Nouvelle ou la neuve de Shāpūr ».

Balkh est située face aux passages de l'Oxus (Tirmidh, Kālif) et à « l'au-delà du fleuve » (Mā warā' an-Nahr), et au pied des cols de l'Hindu-Kush (passes de Bāmiyān, Kābul, Peshāwār) qui donnent accès à l'Inde par le Gandhāra et Kāpiça, royaumes gréco-bouddhiques, où se mêlent les influences indiennes et iraniennes. Par là passent, entre l'Iran d'une part, le Turan et l'Inde d'autre part, les routes de commerce, mais aussi d'invasion que suivent les missionnaires et les influences de tout genre. C'est en particulier la grande voie de pénétration du bouddhisme depuis l'Inde et, en sens inverse, la route des pèlerins venus de Chine tel Hiuantsang (629-645). Au col de Bāmiyān, de grands Bouddhas sont sculptés à même la roche. Sur cette route encore, à Balkh, existait une véritable cité monastique bouddhique, le Novaia Viraya ou « Nouveau monastère », sous la direction d'un supérieur ou *paramaka*. Après la conquête musulmane, ce paramaka se convertit à l'Islam et sécularisa les biens de son monastère. Ce fut l'origine de la famille des Barmécides, conseillers des premiers califes abbassides. Des coutumes est-iraniennes, indiennes, chinoises, pénètrent à Bagdad avec eux. Le papier est introduit officiellement dans les bureaux de l'État par Ja'far le Barmécide qui crée la première fabrique de papier à Bagdad, en 794-95, sous Hārūn ar-Rashīd, début d'une longue chaîne de fabriques à travers tout le monde musulman. Le premier papier égyptien est mentionné dès 796.

Marw (Antioche de Margiane), oasis en plein désert, est une importante étape sur la route des caravanes, entre l'Iran et l'Oxus, quelque chose d'équivalent à Palmyre. L'Amu-Darya, le « fleuve d'Āmul », était franchi à Tchardjui (Āmul) dans la direction de Bukhārā et Samarqand.

Nīshāpūr, porte de l'Iran à l'est, comme Tabriz l'est à l'ouest, s'affirme, comme elle, une grande cité commerciale. Après la déflation de Bagdad au XIe siècle, elle est plus importante qu'elle économiquement et plus peuplée. Elle devient la capitale des nouveaux souverains Seljukides. Ruinée par les Mongols au XIIIe siècle, elle n'est plus aujourd'hui qu'une bourgade de 10 000 habitants. Elle a été supplantée par Meshhed (Ṭūs) qui préserve la tombe de l'imam Riḍā, sanctuaire du chiisme persan. La montagne entre Nīshāpūr et Meshhed contient d'importants gisements métallifères : argent et surtout plomb.

Une série de rivières descendent vers l'ouest des Paropamisades, rebord de l'Hindu-Kush, montagnes sèches au pied désertique, et drainent les eaux vers des vallées fertiles. Sur le Harī Rūd, Herāt (Alexandrie d'Asie) est une très grande ville de commerce sur la route semi-circulaire qui passe par Balkh, Marw, Herāt, Qandahār, Ghazna et contourne l'Hindu-Kush occidental pour rejoindre les bassins en aval de Kābul et la vallée de l'Indus. Là aussi la région est importante par ses gisements métallifères, le fer cette fois, qu'on trouve près d'Herāt et qui y est travaillé selon la méthode indienne de l'acier au creuset pour y donner des lingots et des armes destinées à l'exportation.

Sijistān

Le Sijistān (Sistān) comprend deux parties : d'abord le rebord sud de l'Hindu-Kush où passe la route qui joint Qandahār à Herāt, Marw et Balkh, site privilégié pour les grandes communications; Qandahār (Alexandrie d'Aracosie), arrosée par l'eau des montagnes, est le point de départ de la route qui, vers le sud-est, gagne l'Inde et aboutit dans la plaine de Qandābīl, grande région d'élevage de chameaux bactrians. En second lieu, la cuvette désertique autour d'une lagune centrale (Hāmūn) qui permet l'irrigation et où viennent se jeter les bras d'un grand delta continuellement mouvant, où l'habitat s'est perpétuellement déplacé. Là se trouvent de remarquables champs de fouilles recouverts d'alluvions qui ont donné de fructueuses trouvailles. La région est fertile grâce à un vaste réseau de travaux hydrauliques. On y cultive le blé et cette oasis est le grenier à céréales de l'Orient du sud-est. De grands pâturages y permettent l'élevage du zébu indien. Le pays était prospère et peuplé autour de Zaranj, mais, en 1384, Tamerlan détruisit la ville et ruina le réseau hydraulique. Le pays entra aussitôt en régression et l'on aperçoit là combien est fragile une prospérité fondée sur un système d'irrigation qui suppose un travail régulier, obligatoirement collectif et sérieusement contrôlé.

Mekrān

Le Mekrān, à l'extrême sud, en bordure de la mer d'Oman, est un pays désertique et presque impraticable.

Une rangée de crêtes peu franchissables isole de l'arrière-pays les quelques petits ports de pêche, escales sur la côte pour la navigation entre le golfe Persique et l'Inde du nord. Ces oasis côtières, où poussent les palmiers et le coton, jouèrent un rôle important comme étapes du transport de la culture de la canne à sucre d'Inde vers la Mésopotamie. Dans l'intérieur, derrière le rempart montagneux, passe la route qui mène du Fārs à la basse vallée de l'Indus dans une région sèche et peu fréquentée, aux populations farouches (les Baloutches). Cependant les premières armées musulmanes passent par là pour envahir la vallée de l'Indus. Après la conquête du Kirmān et du Sijistān (634-644), une première tentative infructueuse fut dirigée contre Daybul. Mais, en 712, une expédition victorieuse, commandée par Muḥammad al-Qāsim envoyé par Hajjāj, gouverneur umayyade de l'Iraq, emprunte la route du Mekrān jusqu'à Daybul et remonte le Mihrān (Indus) jusqu'à Multān. En 872, le gouvernement du Sind fut réuni à celui que possédait déjà Ya'qūb ibn al-Layth le Saffaride sur le Mā warā' an-Nahr, le Khurāsān, le Sijistān et le Kirmān, groupement qui comprenait par conséquent tout l'Iran oriental, la Transoxiane et le Sind désormais soumis pour un temps à une dynastie à peu près indépendante de Bagdad.

Kirmān

Entre le Mekrān et le Fārs, les plis montagneux qui forment le rebord sud du plateau iranien se pincent et s'abaissent offrant un passage facile vers l'intérieur : le Kirmān, région séparée de l'Oman, angle de la table arabique, par le détroit d'Hormuz parsemé d'îles et site de ports. Kish (Qays) est le grand havre du golfe Persique à partir du XIe siècle surtout, époque où il succède à Sīrāf détruit au début de ce siècle par un terrible tremblement de terre. D'Hormuz partent des routes vers l'arrière-pays, vers Shīrāz et le Fārs, vers Kirmān et au-delà Tabas et Nīshāpūr, vers Zaranj, et au-delà vers Herāt et Balkh. Le XIe siècle est la grande période d'Hormuz et de Nīshāpūr. Pour les Portugais, Aden en 1513, Hormuz en 1515, seront les points stratégiques du commerce de l'océan Indien.

Le Kirmān, la Karamanie de Ptolémée et de Strabon, offre toujours la même disposition d'oasis rangées au pied des longues rides montagneuses qui barrent obliquement le plateau iranien : oasis de zone chaude où les cultures abritées sous les palmiers sont le riz, le henné, l'indigo. Le palmier-dattier avance au nord jusqu'à l'oasis de Ṭabas où l'on compte alors 100 000 palmiers. L'élevage des chameaux s'y pratique, avec la transhumance depuis les pâturages du désert (l'hiver), aux régions plus fraîches des hauteurs (au printemps). Des gisements de minerais à flanc de montagne provoquent une grosse activité artisanale : extraction et travail du fer, du plomb, du cuivre. Les souches de tamaris fournissent le charbon nécessaire à la chaudronnerie et à la production de l'acier indien comme à Herāt. Marco Polo parlera des mines d' « ondanique » (*hindawānī*, acier indien) du Kirmān pour la fabrication des armes [1]. Les centres textiles de la région utilisent la laine des troupeaux et le poil de chèvre. Les tissus sont imprimés à l'aide de blocs de bois gravés, suivant un procédé sino-indien utilisé aussi dans les grands centres voisins du Fārs.

Fārs

Les montagnes du Fārs continuent celles du Zagros, mais s'abaissent et se simplifient. Des vallées longitudinales fermées sont comprises entre des crêtes parallèles que franchissent des cols élevés. Trois régions sont à distinguer dans le Fārs : d'abord, la côte, où règne une chaleur humide, effroyable et malsaine et que borde une grève empestée, encombrée de galets et de sables imprégnés de pétrole. Quelques ports servent d'échelles au commerce du golfe Persique, mal reliés avec l'intérieur : l'île de Kish (Qays), Sīrāf, Jannābā; Sīrāf surtout, grand entrepôt entre la Mésopotamie et l'Inde, centre d'armement important où l'on construit de gros navires marchands avec du bois importé, bois de teck de la côte ouest de l'Inde qui fournira les flottes du golfe Persique, celles du sud de

1. Marco Polo, *The Description of the World*. Ed. et trad. A. C. Moule et P. Pelliot. Londres, 1938, I, p. 118, c. 35.

l'Arabie, de la mer Rouge et en partie les flottes égyptiennes. L'activité prépondérante du port de Sīrāf se place surtout au xe siècle, après celle de Baṣra et avant celle d'Hormuz. Le déplacement des grands centres portuaires du golfe Persique, l'ensemble Baṣra-Ubulla-'Abbadān, puis Sīrāf, puis Hormuz, puis l'île de Kish, est en rapport avec les vicissitudes politiques et économiques, mouvement qarmate, lutte Samanides-Barluks, déclin de Bagdad, montée de Nīshāpūr.

Au-dessus de la côte s'élève le pays des gorges, habité par des nomades montagnards, éleveurs de chevaux et de chameaux et transporteurs caravaniers, mais aussi pasteurs de moutons dont la laine ravitaille les centres textiles du Fārs. Là aussi, les déplacements des troupeaux à la recherche de pâturages sont rythmés par les saisons, de la terre chaude de la côte aux régions fraîches du Fārs proprement dit, par le pays des gorges. Le Fārs se compose de dépressions fermées de haute altitude qui font contraste avec le spectacle désolé qu'offre le plateau par l'aspect paradisiaque de leurs oasis irriguées. Celle de Shīrāz a été chantée par le poète Saadi (Sa'di) dans son *Gulistān* ou *Jardin des Roses*, au XIIIe siècle : jardins frais, plantés de légumes et de fleurs, vergers, vignes produisant des vins renommés et dont les plants transportés et acclimatés en Espagne fourniront le célèbre vin de Jerez. Là ont fleuri dès l'Antiquité reculée les civilisations sédentaires dans les villes de Persépolis, Pasargades. De là, de cette Perside plus strictement iranienne, est parti le premier mouvement d'iranisation du Moyen Age, dirigé par les Sassanides. Le second partira du Khurāsān, de l'Iran oriental, avec les Abbassides, mais sera déjà chargé d'autres apports, indiens et chinois, et moins pur que le précédent.

Le Fārs est surtout un grand centre textile, le plus important de tout le monde musulman avec ceux du Khūzistān et du Delta égyptien. Les vieilles traditions iraniennes s'y perpétuent, notamment la technique de la broderie à l'aiguille enrichie avec des pièces métalliques, des pierres précieuses et des perles, le *sūsanjird*. Mais de nouvelles techniques y ont été importées d'Égypte et d'Arménie à l'époque musulmane : on y fabrique les étoffes *dabīqī* (de Dabīq, en Égypte) et des tapis d' « Armīniya ».

Autour de Shīrāz s'éparpillent une série de petits centres textiles : Fasā, Dārābjird, Fīrūzabād (Jūr, Djour), qui produit aussi une eau de rose dite « jūrī » d'exportation mondiale.

Jibāl

Nous revenons à notre point de départ, le bord du Zagros, par une épaisse région montagneuse de plus de 1 000 kilomètres de long sur 200 kilomètres de large, sorte de bourrelet épais et continu, fait d'énormes rides parallèles, qui porta le nom de province des Jibāl (« les Montagnes ») sous l'empire abbasside. Une seule rivière, la Diyālā, pousse son cours perpendiculairement à l'intérieur de la chaîne dans un ensellement qui joua un rôle important comme voie de communication entre le plateau iranien et la plaine mésopotamienne. Au débouché de cette route naturelle : Bagdad, tête de pont iranienne en pays araméen, comme, avant elle, la Séleucie-Ctésiphon des Sassanides, mais avec plus d'ampleur. La ville ronde s'ouvre par quatre portes dont les noms indiquent les quatre directions principales de ses relations extérieures : au nord-est, la porte du Khurāsān, au sud-est, la porte de Baṣra, au sud-ouest, la porte de Kūfa, au nord-ouest, la porte de Syrie. La route du Khurāsān est la route triomphale parcourue par la nouvelle dynastie des Abbassides. C'est la vieille route historique qui passe par Kirmānshā, Behistūn, Nihāvend où les Musulmans livrèrent contre les troupes perses la bataille décisive qui leur permit de forcer le passage vers Hamadhān (Ecbatane). Après Kirmānshā, elle franchit un défilé, le col de Zagha (2 340 m) puis descend le rebord montagneux vers Hamadhān sur un plateau d'où partent les routes en direction de Rayy et de Zanjān. Des pentes pierreuses, désolées, forment le rebord intérieur de ce puissant bourrelet montagneux. Cependant, quelques oasis apparaissent au débouché des cours d'eau qui descendent de la montagne : Hamadhān, Iṣfāhān, reliées par des routes caravanières avec le Fārs au sud, et au nord, à Rayy et à Hamadhān, toutes deux sur la grande voie Khurāsān-Mésopotamie.

Les Jibāl sont une province d'un intérêt crucial pour les communications du califat abbasside avec l'Iran. Ibn

Khurdādhbeh qui était maître des postes *(ṣāḥib al-barīd)* des Jibāl sous le calife al-Mu'tamid (870-892), a décrit étape par étape dans son *Kitāb al-masālik wal-mamālik (Livre des Routes et des Provinces)* les grandes routes qui rayonnent autour de Bagdad. Le maître des postes était un fonctionnaire important et nécessairement bien renseigné : il contrôlait les courriers officiels, espionnait les autres fonctionnaires et restait en rapport direct avec les bureaux centraux. L'œuvre d'Ibn Khurdādhbeh, compilation à l'usage de ses subordonnés, permet de retracer très exactement le réseau routier d'alors.

LES CONFINS ET LES ROUTES

Le carrefour d'Asie centrale

Le carrefour de l'Asie centrale forme l'arrière-fond de la civilisation et de l'économie de l'époque abbasside. Ses routes en étoile faisaient l'importance d'une région qui n'a eu aucun rôle dans la promotion de l'Islam, mais a simplement élargi son espace économique. Ses villes-oasis aux irrigations soignées, en plein essor déjà sous les Sassanides dans le Khurāsān et aussi au Khwārizm, étaient peuplées de commerçants riches, au réseau étendu de relations, parlant une langue commerciale, le sogdien. Leur activité fut stimulée par l'établissement de la domination musulmane. Des colonies de marchands s'installèrent à Balkh, Marw, Bukhārā, Samarqand, Kāshghar. Les échanges de personnes, de marchandises, d'idées, de techniques, se firent plus intenses. Les influences diverses se juxtaposèrent, puis se fondirent dans les villes-oasis iraniennes, îlots toujours exposés aux incursions des nomades de Turan. De longs murs de plusieurs centaines de kilomètres de circonférence défendent toute l'oasis, y compris les cultures, à Bukhārā, à Samarqand, à Derbend, dès l'époque sassanide, — comme en Chine, la Grande Muraille, ou en Crimée, sous Justinien —. Mais ces murailles sont inefficaces contre les grandes invasions. En avant, l'Islam établit des postes isolés, les ribāṭs, points d'attaque et de défense avancés, sortes de monastères de combattants pour la foi. De là partira l'islamisation des steppes par le fer et par le sang, quelque chose d'analogue aux campagnes des Teutoniques en pays slaves. Longtemps le Farghāna fut sous la domination et l'influence des T'ang qui y introduisirent le papier et la xylographie. Mais la bataille du Talas, en 751, mit fin à la sinisation. En même temps, des tribus turques s'infiltrent. Elles domineront bientôt, mais déjà on assiste à une véritable et progressive turquisation par la langue.

Bref, trois poussées s'exercent en Asie centrale; chinoise par les techniques, musulmane par la religion, turque par la langue. Aux VIIIe-IXe siècles, les Turcs sont établis dans la région du Talas, dans le Shāsh, le Farghāna, la Kāshgharie. Au XIe siècle, ils envahissent la Transoxiane puis tout l'Iran de l'est, s'avancent jusqu'en Syrie et en Anatolie et fondent l'empire seljukide. Mais ces Turcs se sont iranisés et ce qu'ils transportent jusqu'aux limites occidentales de leurs conquêtes c'est la civilisation iranienne, elle encore, avec l'adjonction de quelques éléments équestres purement turcs. On peut, sans risque d'erreur, parler de relais de l'iranisation par les Turcs.

Au point de vue religieux, jusqu'à la fin du IXe siècle, ces envahisseurs turcs sont chamanistes ou manichéens (les Ouïgours) ou même nestoriens (Karaïtes au début du XIe siècle). Ils sont tolérants vis-à-vis des religions des anciennes cités iraniennes qui restent attachées au bouddhisme, mazdéisme, manichéisme, nestorianisme ou judaïsme. Mais à partir du milieu du Xe siècle, les Samanides entreprendront leur islamisation.

Entre l'Iran et la steppe turque, dans la région où après la bataille du Talas l'influence de la Chine recule devant l'Islam, ont lieu des mouvements de peuples importants et nombreux. Les Tibétains bouddhistes se déplacent vers le nord et les Turcs, vers le sud : Ouïgours manichéens, Qarlouqs chamanistes et Ghuzz qui s'avancent jusqu'au Khwārizm. Non encore islamisées, ces peuplades constituent un vaste réservoir à esclaves, le Bilād aṣ-Ṣaqāliba, où vont puiser les marchands mais aussi les razzias dirigées à partir des ribāṭs.

A la fin du Xe et au début du XIe siècle, un clan ghuzz des bords du Syr Darya s'islamise et forme la première dynastie turque musulmane, celle des Qarakhānides. A la fin du XIe siècle, un second clan s'islamise et forme le sultanat des Seljukides qui se rend maître du Khurāsān après la chute des Samanides. Un autre clan turc, les Kiptchaks, occupe la Russie du sud (1054) et en chasse les Petchénègues jusqu'aux Balkans. Derrière eux, les Polovtses vont couper les routes des fleuves russes.

Les routes vers les steppes eurasiatiques

Les relations avec les steppes eurasiatiques se faisaient surtout le long de la Volga, tenue par les Khazars, depuis Itil sur la Caspienne, et par le Dniepr, tenu par les Rūs (Kiev). En remontant ces fleuves, on atteignait la forêt nordique en bordure de laquelle s'accrochaient les Bulghārs, peuplade turque pas encore complètement sédentarisée : leur ville de bois, Bulghār, au confluent de la Volga et de la Kama, à l'orée de la forêt, ne sert que l'hiver. A proximité s'élèvera plus tard Kazan. Bulghār, ville principale de la grande Bulgarie, fut de bonne heure islamisée.

Comme les Bulghārs, les Burṭās étaient semi-nomades. Un début d'islamisation se fit à partir du quartier musulman d'Itil (près de la future Astrakhan). Le Khāqān des Khazars se convertit au judaïsme. Comme Bulghār, Madīnat al-Burṭās est une ville de confluent; elle est située à la rencontre de l'Oka et de la Kama, à l'orée de la forêt. C'est là que s'élèvera plus tard Nijni-Novgorod.

A l'intérieur de la forêt, des peuples finnois, finno-ougriens, slaves, composent ce que les Arabes appellent le Bilād as-Ṣaqāliba, le « pays des slaves », second grand réservoir à esclaves qui s'étend jusqu'à la forêt germanique et illyrienne. On importe de là, outre les esclaves, les fourrures, le miel, le cuir bulgare au tannage souple pour la fabrication des bottes de cavaliers, la boissellerie en érable (bois de *khalanj*). De Burṭās par Bulghār et depuis Kiev, la route, en suivant les fleuves, gagnait Itil et les bords de la Caspienne, puis le Ṭabaristān et Rayy. Une autre route joignait directement à travers la steppe Burṭās et Bulghār au Khwārizm et au Khurāsān. Les deux routes avaient une activité concurrente.

Les relations avec l'Inde et avec la Chine

La conquête musulmane du Sind se fit, dès 712, par le sud. Mais la pénétration en Inde par les passes de l'Hindu-Kush n'eut lieu que très lentement à partir de 751 et de la bataille du Talas. La région en arrière de Balkh, le Tukhāristān, gros bourrelet montagneux aux populations sauvages, fut entamée progressivement au IXe siècle par les Tahirides, puis par les Saffarides qui finirent par s'établir à Kābul. Au départ de cette ville commence l'islamisation des montagnards du Kāfiristān (*Kāfir* veut dire « infidèle »; cf. les Cafres d'Afrique). Ces peuplades réfractaires, elles aussi, servent de réservoir à esclaves. Mais peu à peu, de vallée en vallée, les couloirs de communication sont progressivement dominés, tel le col de Ghazna sur la route qui mène de Kābul à Qandahār. Les Turcs s'y installent et les Ghaznévides fonderont, en 962, la première dynastie turque indépendante islamisée en territoire iranien. En 1014-1025, ils conquièrent et islamisent l'Inde du nord où ils se replieront lorsqu'ils seront refoulés de l'Asie centrale et de l'Iran oriental par la poussée seljukide.

Pour gagner la Chine depuis l'Iran, deux routes s'offraient : l'une au nord par Tashkent, Talas et Aqṣu, et l'autre au sud par le Farghāna, Kāshghar, Yarkand, Khotan, qui confluent à Touen-houang pour ne former qu'une seule voie qui gagne la Grande Muraille et la capitale des T'ang. Au VIIIe siècle, le commerce sur les routes est perturbé par les incursions tibétaines (T'ou-fan) sur les oasis de la route au nord. Mais à cette époque la route maritime vers la Chine prédomine du golfe Persique jusqu'à Canton où, dès le VIIIe siècle, des colonies de marchands musulmans et juifs sont installées. Aux IXe et Xe siècles, l'ordre est rétabli sur les routes continentales. Les Tibétains s'assagissent en adoptant le bouddhisme. Entre l'ordre musulman et l'ordre chinois, les nomades turcs jouent le rôle de convoyeurs et de protecteurs des caravanes. Le commerce reprend. Mas'ūdī estime à quatre mois la durée du voyage pour aller en Chine. C'est à cette époque que se place l'origine des communautés musulmanes du nord de la Chine.

L'importance du nœud des routes. L'émirat samanide

Avant les Samanides, l'unité de l'Iran de l'est avait déjà été ébauchée par les Tahirides (820-872) qui occupent le Kirmān et Rayy et par les Saffarides (867-903) qui, avec Ya'qūb ibn al-Layth déjà gouverneur du Sijistān, arrivent à grouper la région d'Herāt, la Transoxiane et le Fārs, mais échouent finalement. Pendant ce temps, les Samanides luttent contre les Buyides. Ces rivalités incessantes entre les quatre dynasties qui n'ont que peu d'intérêt, même du point de vue événementiel, ont pour objet les terminus caravaniers et sont en rapport avec la domination des routes continentales de l'Asie. L'émirat samanide (875-999) est un État routier et esclavagiste.

Les Samanides, noble famille iranienne, ont pour ancêtre Sāmān Khudāt, fondateur de la ville de Sāmān près de Balkh. Au-delà de l'Islam, la nouvelle dynastie cherche à se rattacher aux Sassanides, preuve ici d'une renaissance persane : les dynasties occidentales chercheront, elles, à se rallier au Prophète. Convertis à l'Islam, les descendants de Sāmān se mettent au service des Abbassides. Ils sont quatre frères qui, tous, sont nommés gouverneurs de province en 820 par al-Ma'mūn à Samarqand, au Farghāna, au Shāsh et à Herāt. Ismā'il ibn Aḥmad reste seul, en 892, et sa capitale, Bukhārā, éclipse Samarqand. En 893, il prend Talas dans une campagne contre les Turcs; en 900, il entre au Khurāsān; en 902, il s'empare du Ṭabaristān (Rayy, Qazwīn) qui lui ouvre la route de la Caspienne et de Bagdad. L'apogée de la dynastie se place sous le règne de Naṣr II (913-942) dont l'émirat s'étend jusqu'à Talas, au Farghāna, et jusqu'en Kāshgharie à l'est, au Khwārizm et jusqu'à Bulghār au nord, à Rayy et à la Caspienne à l'ouest, au Sijistān et à Qandahār au sud. La stabilisation et le début du déclin arrivent avec Nūḥ Ier (943-954) qui lutte contre les Buyides pour la possession de Rayy.

L'émirat buyide prétend également à une origine sassanide. Il s'appuie sur des mercenaires daylémites et cherche lui aussi la domination des routes d'Asie centrale. L'un des émirs enlève Rayy, Iṣfahān, Shīrāz, Sīrāf, occupe les Jibāl et enfin, en 945, entre à Bagdad où il restera *amīr al-Umarā'* (« Émir des émirs ») jusqu'en 1055 et à l'arrivée des Seljukides.

La perte des routes de l'ouest, puis du sud, marque le déclin des Samanides. Les Ghaznévides, chefs locaux, appuyés sur des mercenaires turcs, s'emparent de Kābul et du Tukhāristān en 977. Avec eux, ce n'est plus un État iranien, mais un État turc iranisé qui protège les écrivains persans et continue l'action des Samanides sur le plan intellectuel. État routier qui s'empare des cols de l'Hindu-Kush et du Khurāsān, puis, en 1030, conquiert le Khwārizm, le Jurjān et Rayy enlevé aux Buyides. Les Ghaznévides occupent enfin l'Inde du nord où ils se cantonneront après la poussée seljukide.

Le fondement de la richesse des grandes villes samanides est le commerce des esclaves : Marw, Nīshāpūr, Rayy, Balkh, Bukhārā, Samarqand, Herāt, trafiquent des esclaves slaves venus par le Khwārizm, des esclaves indiens venus parKābul, des esclaves turcs surtout introduits par les postes frontière. Beaucoup, revendus après castration ou éducation militaire, accédèrent à des postes de commande dans l'Empire samanide, jusqu'à ce que les Mameluks insoumis aient provoqué sa chute. L'habitude de s'entourer d'esclaves et de gardes turcs a été un usage iranien. Les Barmécides, Faḍl Ibn Yaḥyā en particulier, contribuèrent à lancer cette mode par laquelle le monde musulman s'ouvrit de plus en plus aux influences turques. Sous al-Ma'mūn l'émir tahiride du Khurāsān dut verser à Bagdad un tribut de 2 000 esclaves turcs qui composèrent la garde personnelle du calife. Sous al-Ma'mūn le commandement ne leur est pas encore confié, mais, sous al-Mu'taṣim (833-842), ils peuvent être officiers. Les troubles provoqués par 70 000 Turcs à Bagdad poussent le calife à fonder Sāmarrā, en 836, pour leur échapper; plus tard, prisonnier à nouveau des Turcs, al-Mu'tamid reviendra à Bagdad. Aḥmad ibn Ṭūlūn est fils d'un esclave turc venu de Bukhārā : il fonde, en Égypte, la dysnatie des Tulunides. En 935, al-Ikhshīd, esclave turc du Farghāna, deviendra à son tour, en Égypte, le fondateur des Ikhshīdides. L'importance des esclaves du Farghāna pour la garde du souverain est la même à Byzance qu'à Bagdad.

A partir de l'établissement des Samanides, le processus de turquisation s'amplifie. Les Turcs composent la garde à Bukhārā. Des achats massifs d'esclaves turcs sont faits aux frontières à des clans rivaux. Des raids sont dirigés à partir des ribāṭs contre les populations voisines. Des volontaires se présentent aussi : la ligne de démarcation est difficile à tracer entre l'esclave et le mercenaire. Les uns et les autres sont employés dans le pays même ou expédiés vers l'ouest avec paiement de droits de douane au passage de l'Amu-Darya. La première année, l'esclave sert à pied et vit en caserne; la seconde, le général *(ḥājib)* lui donne un cheval; la troisième, il reçoit une ceinture spéciale, distinction analogue aux galons; la cinquième, une selle et des armes plus riches; la sixième, un costume de parade; la septième, il reçoit le commandement d'une tente et il a droit de porter des insignes particuliers (hauts bonnets de fourrure). Il peut devenir *ḥājib* en chef à la tête du gouvernement. Mais c'est là une carrière théorique contrecarrée souvent par des intrigues. L'émirat samanide est une société irano-turque, mais sa civilisation est iranienne. Le xe siècle samanide dans l'Iran de l'est et la Transoxiane a été un moment capital de la renaissance iranienne dans la langue, la littérature et les sciences [1].

CONTINUITÉ DU FOND IRANIEN

Les premiers textes connus où la langue littéraire persane apparaît comme formée entièrement, se rencontrent dans le Khurāsān. Or, cette langue, le fārsi, n'a pas pour base un dialecte local, mais un dialecte du Fārs transplanté. A quel moment s'est produite cette migration de la langue du Fārs vers le Khurāsān? Dès l'époque sassanide pour Christensen [2], mais plus vraisemblablement durant les premiers siècles de la domination musulmane. Ṭāhir ibn Ḥusayn joua, sans doute, un rôle dans l'adoption et le développement de cette langue. Les Samanides créèrent une grande bibliothèque dans leur capitale de Bukhārā et attirèrent à leur cour des littérateurs et des savants. Sous Naṣr II

1. M. C. Barbier de Meynard, « Tableau littéraire du Khorassan et de la Transoxiane au ive siècle de l'Hégire », *Journal asiatique*, 5e série, II, 1853 et III, 1854.
2. A. Christensen, *L'Iran sous les Sassanides*. 2e éd. 1944, pp. 44 et suiv.

(913-942), vivait Rūdakī, le premier poète persan sur lequel on ait quelques renseignements et dont soient conservés quelques fragments : la vieille fable hindoue *Kalīla wa-Dimna* traduite en vers persans. Elle avait déjà été traduite en moyen perse par Chosroes Anouchirvan et en arabe par le Persan Ibn al-Muqaffa' sous les premiers Abbassides. Mais si des poèmes lyriques en persan avaient déjà été composés sous les Tahirides et les Saffarides, c'est surtout sous les Samanides que la langue persane prit un grand essor.

Un second problème est celui de l'origine de la forme poétique persane. Le mètre syllabique iranien s'assujettit à la prosodie quantitative arabe anté-islamique fondée sur les longues et les brèves. Le moule est donc arabe. Sous al-Manṣūr (961-976), son vizir Bal'ami traduit en persan les Annales que Ṭabarī, un Persan du Ṭabaristān, a écrites en arabe. C'est le début de la prose persane. A Bukhārā, Ibn Sīnā (Avicenne) écrit en arabe ses grands ouvrages scientifiques — l'arabe fut toujours la langue scientifique, comme le latin en Europe jusqu'au XVIIIe siècle —, mais rédige en langue persane un abrégé de sa philosophie.

L'émir samanide, Nūḥ II (976-997) fut le promoteur de la poésie épique persane. D'anciennes annales sassanides écrites en pehlvi, récits en partie légendaires, mais très importants par les renseignements de tous ordres qu'ils contiennent, avaient été traduites en persan. Nūḥ II fit reprendre cette traduction en vers par le poète Daqīqī. Daqīqī mourut assassiné peu après avoir commencé le travail qui fut continué par Firdawsī, né vers 932-934 dans la banlieue de Ṭūs, ville dont il reste aujourd'hui des ruines à côté de Meshhed. La première rédaction du *Shāh-namè* (« Livre des Rois ») fut exécutée vers 994. Des remaniements et enrichissements poussèrent le travail jusqu'en 1010. Le volume total de l'œuvre, 50 000 distiques, équivalait à huit fois celui de l'Iliade. Mais l'époque est troublée : l'émirat samanide s'effondre. Firdawsī se tourne alors vers le nouveau « chef » de la civilisation iranienne : Maḥmūd de Ghazna et vient lui faire hommage de ses 100 000 vers. Maḥmūd n'eut pas le courage de les entendre jusqu'au bout. Insuffisamment récompensé, ulcéré, Firdawsī place alors en tête de l'ouvrage une épigramme au lieu de la dédicace glorificatrice préparée et prend la fuite. Il mourra à Ṭūs dans l'oubli, entre 1020 et 1025. Cette anecdote littéraire est significative : l'iranisation des nouveaux maîtres turcs n'est que superficielle. C'est cependant grâce aux Ghaznévides que les influences persanes pénétreront dans l'Inde du nord.

Par conséquent on peut distinguer plusieurs moments d'iranisation : une première diaspora iranienne prend place dès avant et aussi après la conquête arabe. Elle n'est guère connue que par des échos chez les historiens et géographes postérieurs. Des communautés parsies s'installent sur la côte occidentale de l'Inde, surtout à partir du VIIIe siècle : dans le Gudjarat, à Bombay. Des établissements iraniens se fixent sur la côte orientale d'Afrique dès avant la conquête arabe et sont renforcés, après celle-ci, par des migrations de Persans. La seconde diaspora iranienne prend place à la suite du mouvement abbasside. Elle se situe à travers l'Empire musulman jusqu'en Chine et en Occident. Des pilotes persans *(nākhūdha)* sont transférés en Syrie, dans les villes de la côte, où ils transmettent les techniques maritimes de l'océan Indien. L'écrivain al-Ya'qūbī et surtout Ibn Rustem, fondateur de la dynastie des Rustémides de Tāhert, en Afrique du Nord, sont des Persans. La troisième diaspora iranisante sera l'œuvre des Turcs iranisés, Ghaznévides puis Seljukides, et s'étendra jusqu'en Anatolie.

CHAPITRE III

L'OCCIDENT MUSULMAN

Dans les vieux pays de l'est, Iran, Syrie, Mésopotamie, Égypte, aux antiques civilisations, aucun hiatus ne se marque entre la période byzantino-sassanide et l'époque musulmane (VIIIe-XIe siècle) dans la continuité des villes, des ateliers ou des arts. L'Orient renferme tous les centres moteurs, les foyers de dispersion d'où partiront vers l'ouest les influences : islamisation (religion), arabisation (langue), sémitisation, iranisation (cadres mentaux, méthodes, techniques aussi bien que répertoires d'idées ou de formes artistiques). L'Occident musulman qui les accueillera : Ifrīqiya, Maghreb, Sicile, Espagne, est composé, en revanche, de pays barbarisés, ruralisés ou nomadisés, où le passé urbain punique et romain est obnubilé, effacé même en beaucoup d'endroits. La déflation urbaine consécutive à la grande crise du Bas-Empire romain est encore accentuée par les invasions barbares. Quelques noyaux urbains subsistent cependant : Carthage, Volubilis, Tingis, Septem, Gadès, Malacca, Hispalis, Corduba, Toletum, Caesarea Augusta, Panormos. Mais ces villes, elles-mêmes en régression, sont resserrées par le développement de la campagne et des formes rurales, en Espagne comme en Sicile, et par le développement du nomadisme et des zones de parcours des chameliers, en Afrique du Nord. Nous verrons l'étendue restreinte, la faiblesse, la précarité de la reconquête de Justinien.

Face aux vieux pays civilisés épuisés par la très longue

exploitation de leurs ressources, ces pays jeunes ou rajeunis de l'Occident musulman offrent des possibilités économiques neuves, un potentiel humain encore intact, de grosses ressources en puissance. Ces pays neufs attirent les Orientaux. Leurs chefs : Umayyades d'Espagne, Idrisides du Maghrib al-Aqsā, Rustémides du Maghrib al-Awsaṭ, Aghlabides et Fatimides d'Ifrīqiya, viendront tenter leur fortune dans ces vrais pays de colonisation lointaine. A leur cour affluèront des aventuriers de tout poil, des marchands et aussi des lettrés, attirés par les fortes pensions à gagner, les places vides à occuper dans ces nouveaux États islamiques d'Occident, surtout à la cour de Cordoue, où il n'existe pas de floraison intellectuelle autochtone comme à l'est. Ils seront les pionniers de la civilisation orientale et feront passer le savoir d'Orient en Occident.

AFRIQUE DU NORD

Les siècles qui précédèrent la conquête musulmane avaient vu, en Afrique du Nord, le recul de l'urbanisation devant la nomadisation. Ce processus n'avait pas été arrêté par la reconquête de Justinien : un peu plus d'un siècle de rattachement (533-647) et d'une petite partie seulement du pays à Byzance ne put y interrompre l'étouffement progressif de la vie urbaine. Les territoires des villes, campagnes environnantes et nourricières, les abords des *castella* ou petits postes fortifiés, étaient cernés de plus en plus par les nomades berbères. Razzias et expéditions punitives alternent. Les campagnes militaires des Byzantins se trouvent limitées aux couloirs de communication entre les massifs montagneux où l'indépendance des sédentaires berbères se renforce; jamais elles ne pénètrent sur les hauts plateaux et dans les déserts où les tribus chamelières nomadisent librement.

A cette restriction de la portion de territoire où se fait sentir l'action de la ville correspondent naturellement une accélération et une extension du processus de déromanisation et la résurgence du vieux passé berbère — évolution analogue à celle constatée en Syrie et en Égypte où, après la déshellénisation, étaient réapparues les vieilles formes araméennes et coptes —. Mais, alors que dans le

Levant méditerranéen c'est le vieux passé civilisé et urbain qui resurgit, ici affleure à nouveau un passé barbare et nomade avec un simple changement de monture : l'apparition du dromadaire. Ce processus, commencé depuis longtemps déjà, n'est pas interrompu, lui non plus, par la reconquête byzantine. Un nombre de plus en plus important de Berbères renoncent au latin et au punique — d'ailleurs et avant tout langues citadines et écrites — pour revenir au berbère, langue chamitique, ancienne langue libyque dont nous avons conservé des inscriptions anciennes, qui n'a rien à voir avec les langues sémitiques ou indo-européennes, connaît surtout une tradition orale et ne possède pas de littérature écrite. En même temps qu'à leur langue, les Berbères reviennent à leurs coutumes antiques *(Qānūn)*, à leurs structures propres : cadre tribal, tendances démocratiques et égalitaires. Leur esprit d'indépendance, leur traditionalisme, leur individualisme farouche aboutissent à l'émiettement en petites républiques montagnardes conservatrices ou en clans nomades.

Dans les agglomérations, cependant, on continue à employer le punique et le latin. Le punique se maintient en quelques points de l'Ifrīqiya, ce qui expliquera peut-être la victoire rapide de l'arabe dans les villes de l'est. Quant au latin, il est parlé longtemps dans les villes. Les dernières inscriptions latines de Volubilis datent de la fin du VIIe siècle. Ya'qūbī, à la fin du IXe siècle, nous parle des *Afāriqa* ou « Africains » qui parlent l'*ifrīqī*. Mais le latin évoluera vers un véritable parler roman [1] et, au XIIe siècle encore, Idrīsī indique que les habitants de Gafsa, dans le sud tunisien, parlent une langue particulière « latino-africaine ».

Les villes cependant ont accueilli les conquérants; la résistance sera le fait des montagnes, des hauts plateaux, des déserts. Avec la domination musulmane, les agglomérations et les couloirs de communication entre les massifs adopteront l'arabe, tandis que les montagnards et les tribus du désert continueront à parler le berbère.

Parallèlement le christianisme a régressé : recul corrélatif

1. T. Lewicki, « Une langue romane oubliée de l'Afrique du Nord » (en français), *Rocznik Orientalistyczny*, XVII, 1953, pp. 415-480.

à celui de l'urbanisation et de la romanisation. L'Église d'Afrique qui a joué un si grand rôle au IVe siècle, au temps du Berbère saint Augustin, a été comme décapitée par les persécutions des Vandales ariens. Dans certaines régions de l'intérieur, en outre, l'évangélisation n'avait jamais pénétré. Les textes byzantins du VIe siècle nous parlent de nombreuses tribus encore païennes ou qui le sont redevenues. Les Berbères possèdent un fond de religiosité très grand qui trouve sa satisfaction dans les pratiques magico-religieuses de vieux cultes africains bien antérieurs à l'introduction des dieux phéniciens ou romains, donc au christianisme et à l'islamisme. Beaucoup de particularités de l'animisme berbère proviennent, sans doute, du monde noir (ou peut-être est-ce le contraire?). Dans l'Antiquité lointaine, le monde berbère était en liaison avec la Nigritie qui s'étendait au sud de la Jazīrat al-Maghrib et qui recula progressivement jusqu'au Soudan devant les chameliers berbères. Ces croyances animistes et anthropolâtriques, ni le christianisme, ni l'islamisme, ne devaient complètement les recouvrir.

D'autre part, dans l'Afrique romaine, existaient des communautés juives dont les noyaux étaient les anciens éléments puniques ou punicisés des villes convertis au judaïsme. Par l'intermédiaire de ces centres urbains et par la migration des tribus, de plus en plus mobiles depuis la fin de l'Antiquité, le judaïsme pénétra à l'intérieur du pays berbère, dans les hauts plateaux et les massifs montagneux ainsi qu'au Sahara : à Jerāwa de l'Aurès, à Nefūsa dans le sud tunisien, dans plusieurs tribus de l'Atlas et du sud marocain. Des lignes de judaïsation se tracent à travers le Sahara. Selon la tradition musulmane, ces Juifs sont déjà des artisans, des commerçants. Lorsque le christianisme africain disparaîtra, le judaïsme se maintiendra et rétablira ses liens avec les centres orientaux de la Synagogue officielle qui sont aussi les centres du grand commerce mondial. L'itinéraire des Juifs rādhānites, au IXe siècle, passait par les colonies de l'Inde et de la Chine, par les relais des Khazars judaïsés des boucles de la Volga et aussi par les communautés judaïsantes du nord du Sahara.

Quant à la masse païenne, elle se convertira peu à peu à l'Islam. Les anciens noyaux urbains qui subsistent sont les premiers centres d'islamisation et d'arabisation comme ils l'avaient été de punicisation et de romanisation. Puis, des villes, anciennes et nouvelles, en plein essor du VIIIe au XIe siècle, l'Islam gagne progressivement le long des routes, attaque les massifs. Cependant une partie de la région montagneuse restera en dehors jusqu'au XIXe siècle, époque où l'islamisation sera surtout l'œuvre de la colonisation française, soucieuse d'uniformiser l'administration. Convertis, les Berbères apostasieront un bon nombre de fois (vingt fois au moins, selon Ibn Khaldūn), surtout pendant les deux premiers siècles de la conquête musulmane. L'Islam africain est un Islam particulier. Les hérésies y sont bien accueillies tel le khārijisme qui s'oppose au sunnisme des pouvoirs établis, centraux et organisateurs, et convient au particularisme berbère (Mzābites). L'Islam sunnite lui-même, adopté après de longues résistances par la masse berbère, se chargera de pratiques superstitieuses, culte des saints (anthropolâtrie), des marabouts et croyance en la *baraka*.

Ainsi, ténacité du vieux fond africain qui reparaît avec de plus en plus de force entre le IVe et le VIIe siècle; fragilité du vernis romain et chrétien en Afrique du Nord; lenteur de l'islamisation, mais en beaucoup d'endroits profondeur de cet Islam une fois osmosé avec les vieilles croyances africaines.

Conséquence de la diminution des aires de cultures (olivette, blé, vigne) et de l'atrophie des courants commerciaux, le recul économique ne sera pas enrayé par la reconquête byzantine. Celle-ci a échoué là où va réussir la domination musulmane : réintroduire l'Afrique du Nord en pleine régression dans les courants généraux de l'économie mondiale.

Recul urbain, résurgence du vieux fond berbère peu civilisé, recul économique : mais le Maghreb possède deux grandes forces potentielles; d'abord sa richesse en hommes : pendant les luttes des premiers temps, d'importants contingents d'esclaves sont dirigés vers l'Orient, puis, après la conversion à l'Islam des régions accessibles — ce qui tarit les sources de l'esclavage —, la Berbérie devient un réservoir de soldats, de mercenaires grâce auxquels se feront la conquête de l'Espagne, celle de la Sicile sous les

Aghlabides, de l'Égypte avec les Fatimides et aussi la colonisation du Sahara jusqu'au Soudan. Cette poussée démographique berbère du haut Moyen Age est-elle une conséquence de la *Pax Romana?* On ne saurait l'affirmer puisqu'elle est la même aujourd'hui. Aux VIIIe et XIe siècles, l'Afrique du Nord est un réservoir de puissance militaire, comme un Daylem de l'Occident [1].

Deuxième potentiel que l'Islam saura transformer en réalité : l'ouverture du monde berbère vers le Sahara et le Soudan. La capture du commerce soudano-berbère dirige vers la Méditerranée et l'Orient l'or et les esclaves noirs, l'or qui donne la puissance commerciale, les esclaves noirs qui constituent la main-d'œuvre des plantations et dont les qualités guerrières viennent par ailleurs renforcer la puissance de l'Afrique du Nord berbère.

Les pays

L'« île du Maghreb » *(Jazīrat al-Maghrib)* possède une valeur de position de tout premier ordre entre l'Orient musulman et l'Espagne musulmane, mais aussi entre le Sahara-Soudan et la Méditerranée. Les trois régions essentielles du Maghreb, celles que les envahisseurs musulmans arrivant de l'est ont essayé de dominer, sont l'Ifrīqiya, le Maghrib al-Aqsā et la Tingitane, la bordure saharienne.

L'Ifrīqiya ou Afrīqiya *(Africa proconsularis)* commande le détroit de Sicile. C'est un vieux centre punique, un point stratégique tenu par les Vandales, puis par les Byzantins. Les villes, Carthage surtout, sont peuplées de Levantins. Les cultures sont l'olivier, le blé, et la vigne. Le Maghrib al-Aqsā, « Maghreb le plus éloigné » ou « occidental » et au nord la Tingitane commandent le détroit des colonnes d'Hercule. Des villes des deux côtés : Tingis, Septem, Lixus et, en face, Malacca, Gadès, Hispalis, peuplées de colonies levantines et de Juifs. C'est là aussi un vieux centre du commerce punique. A l'intérieur, Volubilis *(Ulīlī, Walīla)* sera la première capitale idriside avant Fès (fin VIIe-début VIIIe siècle). Africa et Tingitane : ces deux zones aux vieux centres urbanisés, puniques puis romains, zones de passage

1. V. p. 21 et pp. 47, 50.

vers l'Italie et l'Espagne, seront rapidement islamisées et arabisées.

Il n'en va pas de même pour la bordure saharienne, au pied de l'Atlas, grande zone est-ouest où viennent se brancher les itinéraires transsahariens et où s'échelonnent les terminus caravaniers septentrionaux du réseau des relations soudano-sahariennes. Cette région est aussi le refuge au désert des nomades berbères des hauts plateaux et il est important de leur en couper l'accès. Le conquérant arabe s'y dirige aussitôt. Sīdī 'Uqba conduit plusieurs randonnées du Jarīd vers Ghadāmes (l'ancienne Cydamus) et jusqu'au Sūs al-Aqṣā, le « Sūs le plus éloigné », vers l'Oued Draa et les pistes le long de l'Atlantique. Une tradition veut que 'Uqba ait poussé son cheval dans l'océan et regretté de ne pouvoir aller plus loin.

Le relief du Maghreb comporte dans sa partie centrale des bandes étagées, dirigées d'est en ouest, et qui vont, du nord au sud, de la Méditerranée au Sahara : le sahel côtier morcelé par des chaînes montagneuses, l'Atlas tellien, les hauts plateaux, l'Atlas saharien, le désert. De chaque côté, les plaines littorales s'épanouissent en Ifrīqiya (Tunisie) et au Maghrib al-Aqṣā (Maroc). On s'explique dès lors les difficultés des conquêtes qui prirent le relief de front, comme celles des Romains et des Français, et en revanche les facilités plus grandes offertes aux conquérants venant de l'ouest, comme les Vandales ou de l'est, comme les Arabes, et cheminant le long des bandes naturelles de communication entre les montagnes et à leur pied.

Deux grandes routes s'offrent : la première, celle des hauts plateaux, part du Jarīd, contourne l'Aurès, passe par la porte du Hodna, gagne la trouée de Taza et le Maroc du nord-ouest. Après la pacification de la région montagneuse du centre de l'Ifrīqiya et la création de Kairouan, une voie joignit cette dernière à Tāhert, par le bassin du Tarf et le Hodna. La seconde route, celle des Qsours [1], continue à partir du Jarīd, la route venant d'Égypte par la Cynénaïque et la Tripolitaine. Elle suit le pied méridional de l'Atlas saharien jusqu'au Maroc du sud-ouest. On

1. La forme *qṣūr* est le pluriel de *qṣar* « lieu fortifié ». Cf. esp. *alcazar*.

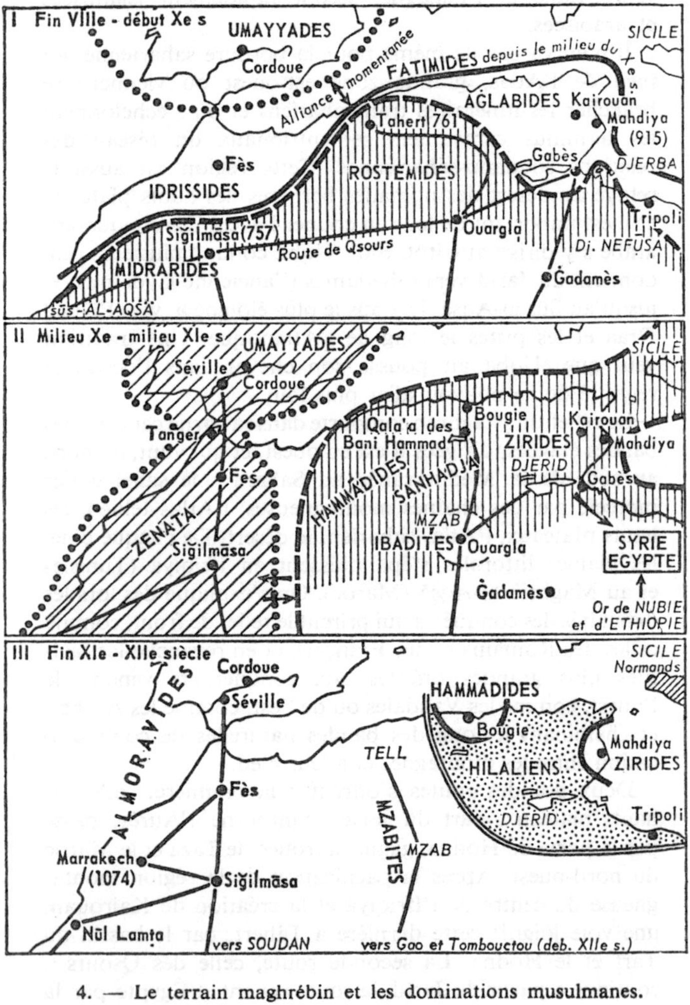

4. — Le terrain maghrébin et les dominations musulmanes.

conçoit facilement l'importance des dépressions rompant la continuité des chaînes est-ouest et permettant le passage de routes nord-sud unissant la route des Qsours, la route des hauts plateaux et le rivage de la Méditerranée. Ces lieux de communication qui sont aussi des lieux de villes, sont surtout le sahel d'Ifrīqiya, la dépression du Hodna (Tāhert, Ouargla, Sedrata, Mzāb) et les cols de l'Atlas marocain : Tizi n'Telghemt (Fès, Sijilmāsa), Tizi n'Teluet (Āghmāt, Marrakech, Sijilmāsa), Tizi n'Test (Fès et Marrakech vers le Sūs ultérieur et Nūl Lamṭa).

Le Jarīd d'une part, Sedrata, Ouargla et le Mzāb d'autre part, Sijilmāsa et Nūl Lamṭa enfin, sont les trois grands groupes des terminus nord des routes caravanières vers le Soudan, les points d'arrivée de l'or et des esclaves noirs et de leur redistribution vers la Méditerranée et vers l'Orient. Les créations de ces villes relais s'échelonnent entre le milieu du VIIIe siècle et le milieu du XIe siècle : elles constituent un des éléments de la poussée urbaine que connaît alors la Berbérie. Les trois faisceaux de routes : est, centre et ouest, sont les enjeux des luttes qui se succèdent en Afrique du Nord : lutte des Idrisides, des Rustémides et des Aghlabides au IXe siècle; lutte des Idrisides contre les Fatimides au Xe siècle; lutte des Fatimides et des Umayyades et opposition Ṣanhāja-Zanāta au XIe siècle; enfin, lutte des Hilaliens à l'est, du Mzāb au centre et des Almoravides à l'ouest, au XIe siècle.

L'Afrique du Nord est une place stratégique essentielle dans le monde musulman. Elle est à la fois riche d'horizons et de contacts de civilisations. Elle sert de relais entre l'Orient d'une part, et l'Espagne, la Sicile, l'Occident barbare, le Soudan, de l'autre, entre les pays civilisés et les mondes neufs. Sous la domination musulmane, elle connaît un nouvel essor démographique et urbain, une nouvelle prospérité économique et commerciale.

La façade saharienne

En 761, Rustem fonde Tāhert et se rend indépendant du califat. La dynastie khārijite ou ibāḍite des Rustémides occupe tout le Maghreb central, s'étend sur le djebel Nefūsa et l'île de Djerba, et même jusqu'à Tripoli. Au sud-ouest, à Sijilmāsa, fondée en 757, les Midrarides appartenant à la secte khārijite des Ṣufrites, poussent jusqu'au Sūs al-Aqṣā. Les deux dynasties khārijites sont unies par des liens familiaux et constituent comme un grand empire qui domine toutes les routes arrivant du sud. Les Zanāta, marchands nomades, engagés dans le grand commerce malgré le rigorisme de leurs doctrines — les imams ne touchent jamais à l'argent — utilisent le réseau existant déjà d'Afrique du Nord au Soudan. Tāhert est alors appelée « la petite Baṣra ». Après la destruction de l'État rustémide par la conquête fatimide, les imams se replieront au Mzāb. Les Zanāta entretiennent de bons rapports avec les émirs umayyades de Cordoue et esquissent avec eux une alliance contre les Ṣanhaja, clients des Fatimides, dans la lutte pour la domination des grands terminus des routes caravanières.

Dans la première moitié du xe siècle, les Fatimides chiites prennent Kairouan et marchent sur Sijilmāsa. Ils se rendent maîtres des routes qui mènent au Soudan et, grâce à l'or et aux esclaves qui en proviennent, constituent un trésor de guerre et une armée pour leur grand dessein : la conquête de l'Égypte. Ils créent, en 915, une nouvelle capitale, Mahdiyya, près de Kairouan et dominent l'Afrique du Nord, sauf son extrémité nord-ouest où règnent les Idrisides. En 944, un grand danger : la révolte d'Abū Yazīd, khārijite du Jarīd, caravanier de profession. Mais la révolte est écrasée. Le Fatimide contrôle à nouveau toutes les routes du sud. Au milieu du xe siècle, 400 000 dinars par an sont monnayés à Sijilmāsa. En 972, Jawhar conduit son armée par la route des oasis à la conquête de l'Égypte déjà travaillée par sa propagande. Les Kutāma, les noirs mercenaires, et l'or du Soudan font sa force.

Dès lors les Fatimides abandonnent l'Afrique du Nord aux Zirides et aux Banī Ḥammād (Ṣanhāja). Les Umayyades lancent leurs clients Zanāta sur les terminus occidentaux des routes et ceux-ci s'emparent de Sijilmāsa. Les Idrisides de Fès, alliés aux Ṣanhāja, perdent Tanger et les califes de Cordoue mettent la main sur le Maroc par l'intermédiaire de leurs clients Zanāta. Deux blocs se constituent : les Umayyades dominent les terminus ouest; les Fatimides ceux du centre et de l'est. C'est une guerre perpétuelle, navale et continentale, entre les Ṣanhāja et les Zanāta. Pris entre les deux feux, les Ibāḍites de Sedrata et de Ouargla (début XIe siècle) s'enfuient au Mzāb.

Le courant d'or du Soudan est désormais divisé en deux : vers Cordoue et vers Le Caire. A Cordoue, il alimente la frappe des dinars, enrichit la cour, paie les grandes constructions de la Mosquée de Cordoue, de Madīnat az-Zahrā', contribue au mécénat : l'or du Soudan est le support de la brillante civilisation andalouse du XIe siècle. Au Caire, où l'or soudanais conflue avec l'or de Nubie et d'Abyssinie et celui retiré des tombeaux pharaoniques, il fait la richesse des califes fatimides et leur permet d'entretenir les bonnes dispositions des villes saintes. Naṣīr-i-Khusraw admirera au Caire les beaux dinars maghrébins. Ceux-ci soutiennent la politique d'expansion vers l'océan Indien, mais aussi la cour fastueuse et l'essor urbain (construction des palais, des mosquées, des grands souks).

Au milieu du XIe siècle, les invasions hilaliennes en Ifrīqiya, à l'est, forcent les Hammadides à se réfugier à Bougie et les Zirides à al-Mahdiyya, tandis qu'à l'ouest se construit le grand empire almoravide du Sahara jusqu'à l'Espagne. Au centre, les Mzābites, qui se livrent déjà au petit commerce vers le Tell, s'insèrent dans le grand commerce soudanais. Aux XIIe-XIIIe siècles, la Berbérie est définitivement coupée de l'Orient par les invasions hilalienne et normande et livrée aux entreprises chrétiennes. Les navires génois viennent charger l'or à Mers el-Kebir ou à Māssa. Aux XIIIe-XIVe siècles, les Vénitiens, à Tunis, réanimeront les routes orientales et aux XIVe-XVe siècles, les Génois pratiqueront les pistes caravanières du Sahara occidental avant que les Dieppois, puis les Portugais, procèdent à la capture maritime de l'or du Soudan.

La façade maritime

Il faut toujours avoir à l'esprit le schéma du relief de l'Afrique du Nord en bandes orientées est-ouest, et les deux épanouissements terminaux : à l'est le Sahel d'Ifrīqiya, à l'ouest les plaines atlantiques du Maghrib al-Aqṣā. De ces deux points, quelques heures de traversée mènent en Sicile et en Espagne. La valeur de position et l'importance économique de ces deux régions sont depuis longtemps reconnues. Les villes des bords du détroit de Sicile et du détroit de Gibraltar sont unies par un commerce actif. Les extrémités est et ouest de l'Afrique du Nord seront les bases de départ des conquêtes musulmanes vers l'Occident barbare. Elles sont des zones de construction navale grâce aux forêts des massifs côtiers et de Berbérie depuis la Kroumirie jusqu'au Rif; elles sont les relais des influences orientales qui, arrivées par le Levant méditerranéen, se propagent vers l'ouest. Elles sont aussi les entrepôts redistributeurs des produits du Soudan : le Sahel d'Ifrīqiya transmet vers la Sicile et l'Orient musulman, le détroit de Gibraltar vers l'Espagne, et au-delà, vers le Bilād al-Ifranj (Empire carolingien) resté en dehors de la vague islamique.

Les deux régions ont une activité maritime privilégiée. Ce sont des zones de pêche. Au contraire de la côte nord du Maghreb où la mer atteint tout de suite de grandes profondeurs, la plate-forme littorale des détroits est couverte d'eaux poissonneuses et les salaisons en vue de l'exportation y sont possibles grâce au sel de mer et au sel gemme de l'intérieur. D'autre part, le passage est facile vers la côte d'en face : de Madīnat al-Majūs, à la pointe nord du cap Bon, vers la Sicile, et de Qaṣr al-Majūs, entre Ceuta et Tanger, vers Ṭarīfa et Algesiras. Berbères pêcheurs et Levantins commerçants sont des sociétés préparées par atavisme à jouer à nouveau un grand rôle dès que les circonstances favorables se présenteront, c'est-à-dire lorsqu'un immense horizon commercial s'ouvrira avec la création du monde musulman.

La route maritime qui unit le Levant musulman par la côte des Syrtes à l'Ifrīqiya et à la Sicile, puis, par la côte nord du Maghreb et le détroit de Gibraltar, à l'Espagne, présente une double structure. D'abord des relations en droiture; de grands ports sont construits, pourvus de bassins, de jetées, de tours, de chaînes et d'arsenaux, tels Alexandrie, Mahdiyya, Tunis, Bougie. De gros navires y accostent; des cargaisons importantes y sont déchargées. Le mouvement s'amplifie du VIIIe au XIe siècle : c'est le moment où se constitue le type du gros navire de commerce, de la nave méditerranéenne à la coque élevée, aux deux mâts garnis de voiles « latines », continuation du navire marchand de la

Méditerranée antique avec arrivée des nouvelles techniques de l'océan Indien, ancêtre des navires vénitiens et génois des XIe et XIIe siècles. Mais les navigateurs pratiquent aussi le cabotage de mouillage à mouillage, souvent simples abris : criques, estuaires, plages où l'on tire les barques. Des navires de tonnage moindre, comme les balancelles, qui de nos jours encore redistribuent les gargoulettes de Nabeul, continuent la petite navigation côtière antique. Ces deux réseaux d'itinéraires maritimes se combinent et se précisent : à chaque ville de la côte du Maghreb, par exemple, correspond une ville sur la côte espagnole.

La conquête de l'Ifrīqiya était à peu près achevée dans la deuxième moitié du VIIIe siècle, mais il fallait assurer la sécurité des garnisons et la protection du pays contre la menace des attaques extérieures, les descentes possibles des flottes byzantines. A l'intérieur des terres, les anciennes forteresses sont remises en état. Le long des côtes, un dispositif de défense est créé de toute pièce contre les tentatives de débarquement des Rūm. Une chaîne de ribāṭs [1] s'allonge depuis la Syrie jusqu'au Maroc et surtout dans le Sahel tunisien, postes de guet et de signalisation, fortins de défense côtière destinés à protéger l'activité maritime, la précieuse et nécessaire ouverture sur la mer. Les garnisons sont composées d'hommes pieux ou marabouts : ils s'engagent à la prière et à la défense du Bilād al-Islām contre l'Infidèle. Ces ribāṭs sont des bases de départ d'expéditions, de razzias, mais aussi des centres de résistance et d'islamisation, comme ceux de l'Asie centrale et aussi ceux de la frontière d'Anatolie et des marches d'Espagne. Ce sont des monuments à caractère mixte, à la fois militaire et religieux, défendus par des moines-soldats. Ils seront à l'origine des ordres militaires chrétiens du Moyen Age en Terre Sainte et dans l'Espagne de la Reconquista. Il en existe à Alexandrie, Sfax, Monastir, Sousse, Tunis, à Rabat (en face de Sala), de l'autre côté du Bu Regreg, et jusqu'à la côte occidentale de l'Afrique.

Deux ribāṭs du Sahel tunisien ont été conservés et étu-

1. De *rabaṭa* « attacher ». *Murābiṭ* « attaché par un vœu». Les Almoravides sont, à l'origine, des marabouts *(al-murābiṭūn)* des ribāṭ(s) de la Saguiat al-Hamra.

diés [1] : Monastir, construit en 796 par le gouverneur abbasside, Ḥarthama b. A'yan, agrandi pour la première fois dès le IXe siècle et pour la seconde fois vers le début du XIe siècle; Sousse, édifié dans le dernier quart du VIIIe siècle par le gouverneur abbasside Yazīd ben Ḥātim, complété en 821 par une tour de vigie sur l'ordre du troisième émir aghlabide. Ils consistent en un carré de bâtiments autour d'une cour centrale flanquée de tours rondes à créneaux. C'est le plan habituel des *castella* byzantins mais avec plusieurs perfectionnements. Leur porte est munie d'un dispositif de défense : grille, mâchicoulis ou assommoirs successifs sur un couloir d'entrée; déjà connu en Mésopotamie et en Arménie sassanide, ce dispositif sera plus tard emprunté par les Croisés. D'autre part, les fortifications ont des merlons en demi-cercle et, à un angle, une tour carrée porte une tour de vigie ronde et à plusieurs étages : merlons et tours que l'on retrouve dans les anciens monuments de l'Orient. On peut supposer à juste titre qu'un ingénieur du domaine oriental, familiarisé avec les édifices d'Iran et les ribāṭs d'Asie centrale, a influencé le choix des gouverneurs abbassides et aghlabides.

De même que s'échelonnent sur la route des Qsours, au sud, les cités caravanières, de même se développent sur la côte de l'Afrique du Nord des escales qui constituent une ligne de développement urbain coïncidant avec le réseau de relations générales : nouveaux ports ou centres portuaires antiques réanimés. Ceux-ci conservent parfois, déformé, leur nom ancien, punique ou romain.

Ainsi grandit Tunis. Après la prise de Carthage, en 698, par Ḥassān, la vieille cité est abandonnée et devient un champ de ruines, utilisé comme carrière de pierres. Le nouveau centre urbain sera sur le site de Tynès (un faubourg de Carthage); un canal que Ḥassān fait creuser à travers le lac le relie à la mer et en fait un port de lagune. Plusieurs milliers de Coptes, spécialistes de construction navale, sont réquisitionnés en Égypte et transportés avec leurs familles pour travailler à l'arsenal de Tunis. Déjà des *nākhūdha* du golfe Persique avaient servi dans les chantiers navals de

1. A. Lezine, « Deux ribats du Sahel tunisien », *Cahiers de Tunisie*, IV, 1956, pp. 279-288, pl.

Syrie; maintenant des ouvriers coptes viennent à l'arsenal de Tunis; plus tard, ce seront des artisans syriens, égyptiens, ifrīqiyens qui gagneront les côtes espagnoles et travailleront à la grande création de l'émirat de Cordoue : Almeria. Ainsi, les hommes passent d'est en ouest, et avec eux, les techniques et les termes qui les désignent : persans ou grecs habillés à l'arabe et qui seront à l'origine de tout un vocabulaire technique qu'emprunteront les langues romanes et qui influencera les langues germaniques.

L'époque fatimide verra la création sur la côte d'Ifrīqiya d'al-Mahdiyya « la ville du Mahdī » construite en 915 par 'Ubayd Allāh désireux de s'éloigner de Kairouan, grand centre turbulent qui compte peu de sympathisants au chiisme. La nouvelle ville s'installe sur une presqu'île rocheuse qui s'avance dans la mer et est facile à barrer. Elle comprend une grande mosquée au centre, deux palais pour le Mahdī et son fils, ainsi qu'une cour des comptes *(dār al-muḥāsabāt)* ; des remparts l'enferment, clos de portes en fer; 360 grandes citernes creusées dans le roc et maçonnées, accompagnées de machines élévatoires, l'approvisionnent en eau. Le faubourg de Zawīla comprend des souks en pierre de taille et des habitations. Le long de la côte de la presqu'île, le port de Mahdiyya consiste en un bassin rectangulaire creusé dans le roc, de 26 mètres sur 57, avec une passe d'une quinzaine de mètres. Il peut contenir 30 bâtiments d'après al-Bakrī. Il est protégé par les remparts de la ville dans lesquels s'ouvre une porte d'eau, deux tours reliées par une voûte sous laquelle passaient les navires et qu'une chaîne tendue pouvait barrer. Mahdiyya sera le refuge des princes zirides, en 1057, après l'invasion des Hilaliens et l'abandon de Kairouan.

Ces centres d'Ifrīqiya font un actif commerce avec le Levant méditerranéen, la Sicile et l'Espagne. Tunis est le premier port d'où l'on fait voile directement vers Tortosa sur le delta de l'Ebre. Gabès, « ville saharienne » et méditerranéenne, est le débouché sur la mer du Jarīd et des routes du Soudan. Sfax, Mahdiyya, Sousse sont les ports d'exportation de l'huile fournie par les forêts d'oliviers du Sahel tunisien. De là et de Tunis partent vers l'Orient les produits du pays (blé, huile, corail de Marsā l'Kharaz) et de l'arrière-pays numide (laine, cuir, cire, chevaux). L'Afrique du Nord sera, avec la Syrie, le centre de remonte de la cavalerie des sultans d'Égypte jusqu'à la campagne de saint Louis et au-delà. L'Ifrīqiya fait aussi le transit des produits soudanais : or et esclaves noirs, et l'importation des produits d'Orient : tissu, ivoire, perles, objets de luxe, et des produits de l'Occident : esclaves slaves, fourrures, épées.

D'autres ports, souvent résurrections d'anciennes installations, jalonnent depuis Tunis jusqu'au Maroc la côte du Maghrib al-Awsaṭ : Benzert (Hippo Diarrythus, Bizerte); Marsā l'Kharaz, le « port aux breloques », la Calle, où se fait la pêche du corail; une flottille s'y consacre, équipée de filets attachés à des croix de Saint-André en bois ferré; le corail rouge porte bonheur et son exportation est importante vers les pays de l'océan Indien qui n'ont que du corail blanc; Būna (Hippo regia, Hippone, Bône) exporte le fer de l'Edugh. La côte de Petite Kabylie exporte le bois par cabotage vers les chantiers navals d'Ifrīqiya : Skikda (Rusicada, Philippeville); Bougie dont l'arsenal utilise les ressources voisines : bois, fer, poix et cire pour le calfatage; Alger, « les îles », Jazā'ir; Banī Mazghanna, fondée vers 946 par le Ziride Bologgīn, est le marché des tribus de l'intérieur; Cherchell (Iol, Caesarea); Ténès, créée en 875-876 par une bande d'aventuriers d'Andalousie qui organisent un marché avec les Berbères des environs; ils plantent des tentes, construisent une petite forteresse, puis une ville; Oran doit sa naissance à des circonstances analogues : des aventuriers andalous établissent des rapports avec des tribus berbères vers 902-903; le nouveau centre est brûlé par les Berbères en 910, reconstruit en 911, et reste prospère jusqu'en 954, date où il est dévasté par les Banī Ifren, puis relevé quelques années après. Enfin, au Maghrib al-Aqṣā, sur les bords du détroit (al-Zuqāq), de vieilles villes : Septem, Tingis, et de nouvelles : Qaṣr Maṣmūda. Sur la façade atlantique : Arzila (IXe siècle), Shammish (Lixus, al-'Arā'ish, Larache), Sāla et Rabat à la limite du Maroc romain. Au-delà, l'époque musulmane verra la création des ports du Maroc du sud : Afis, Mazagan, Agadir, Māssa, conséquence de l'attraction vers le sud et de l'importance prise par les terminus des routes caravanières vers le Soudan. Ces ports du Maghrib al-Aqṣā font un commerce actif avec les ports atlantiques du sud de la péninsule ibérique : Cadix (Gadès), l'embouchure du Guadalquivir — et jusqu'à Séville et Cordoue par la batellerie du fleuve —, Saltès et Alcacer do Sal, ports de l'Algarve. Vers ces ports andalous sont exportés les grains, le bétail, la laine, les cuirs, la cire, le miel de l'arrière-pays atlantique et aussi les minerais : fer, argent et surtout cuivre de l'Atlas marocain.

Route des hauts plateaux

La première attaque sur l'Ifrīqiya date de 647. Nous l'avons vu, les villes tenues par des garnisons byzantines furent rapidement réduites. Les citadins réservèrent bon accueil aux conquérants qui amenaient un pouvoir fort, une organisation administrative urbaine, la protection contre les nomades. La résistance fut le fait de l'intérieur berbère, sédentaires des montagnes et nomades des plateaux. Kairouan, fondé en 670 par 'Uqba ben Nāfi' au centre de la steppe, en arrière du Sahel tunisien, est une tête de pont, un camp, bref un ribāṭ. Le nom lui-même, al-Qayrawān, signifie « relais » et « place d'armes ». Sa position à l'arrivée de la grande route venant d'Égypte permet l'attaque et la retraite. Lors des grands soulèvements khārijites du milieu du VIIIe siècle, la ville est prise plusieurs fois par les Berbères insurgés et ses fortifications détruites. En 772, Yazīd ben Ḥātim, victorieux des hérétiques, reprend possession de Kairouan, rebâtit la grande mosquée et relève les murailles en briques de douze coudées d'épaisseur, soit près de cinq mètres, fait édifier un souk pour chaque corps de métier. Il est le second fondateur de la ville. Lorsque tout le Maghreb est dominé, ou tout au moins les grands couloirs de communication situés entre les massifs berbères, Kairouan devient le point de départ de la route des hauts plateaux, depuis le Sahel tunisien par le bassin du Tarf au nord de l'Aurès, le chott el-Hodna, avec embranchement vers Bougie d'une part, et Biskra, Ouargla de l'autre, les hauts plateaux de l'ouest et, par la trouée de Taza, jusqu'au deuxième épanouissement de plaines du Maghrib al-Aqṣā.

Sous les Aghlabides (800-909), dynastie d'Orientaux, gouverneurs abbassides presque totalement indépendants, puis sous les Fatimides, la ville primitive prit une extension considérable. Aux IXe et Xe siècles, trois villes satellites se créeront tour à tour : al-'Abbāsiyya, Raqqāda puis Ṣabra Manṣūriyya.

Comme Fusṭāṭ-Le Caire et Cordoue, Kairouan tire son importance de cette prolifération urbaine soutenue par l'essor commercial. Le plan et l'aspect monumental de la ville témoignent des influences en provenance du domaine irano-mésopotamien des Abbassides. Les littérateurs, les jurisconsultes, les savants orientaux attirés par la richesse des nouvelles cours font école, et auprès d'eux, comme autrefois auprès de leurs maîtres romains, les Berbères s'instruisent. Ils connaissent un début d'islamisation et même d'iranisation. Les nouvelles influences religieuses, linguistiques, artistiques et littéraires, les coutumes, les cadres mentaux, d'abord adoptés par la nouvelle capitale, font tache d'huile autour d'elle, puis cheminent vers l'intérieur par la route des hauts plateaux dès que le tampon berbère se désagrège et que les morceaux en sont refoulés dans les massifs où la langue primitive reste parlée. Le long de cet itinéraire, des villes se créent au point où la route des hauts plateaux est recoupée par les routes venues du sud, à partir des terminus caravaniers du commerce transsaharien.

Quels sont dans le Maghrib al-Awsaṭ les points d'intersection de ce vaste quadrillage de routes commerciales? D'abord Tāhert, à l'ouest de la vallée du Chélif, à flanc de montagne, dominant les pistes des hauts plateaux. Fondée en 761, elle demeure jusqu'en 908 la résidence des Rustémides persans et la métropole du khārijisme berbère qui conserve des liens avec le khārijisme du golfe Persique. Son commerce est prospère; de nombreux Orientaux cultivés y affluent; l'imposante bibliothèque des Rustémides s'enrichit de livres achetés en Orient, livres surtout d'astrologie et d'astronomie. Lorsqu'ils chercheront un refuge, les Rustémides le trouveront d'abord près de Ouargla, à Sedrata, puis dans le Mzāb, le long de la route nord-sud. A la fin du VIIIe siècle, Tobna sur le chott al-Hodna est fortifiée par des gouverneurs abbassides; en 927, le fils du premier calife fatimide 'Ubayd Allāh fonde Msīla au nord de Tobna.

A leur tour, les Zirides sanhāja, clients des Fatimides et laissés par eux comme lieutenants pour le Maghreb après leur départ vers l'Égypte, créent une série de villes. Avant même le départ des Fatimides en 935, Zīrī ibn Manād, ancêtre des Zirides, avait fondé Ashīr, entre la vallée du

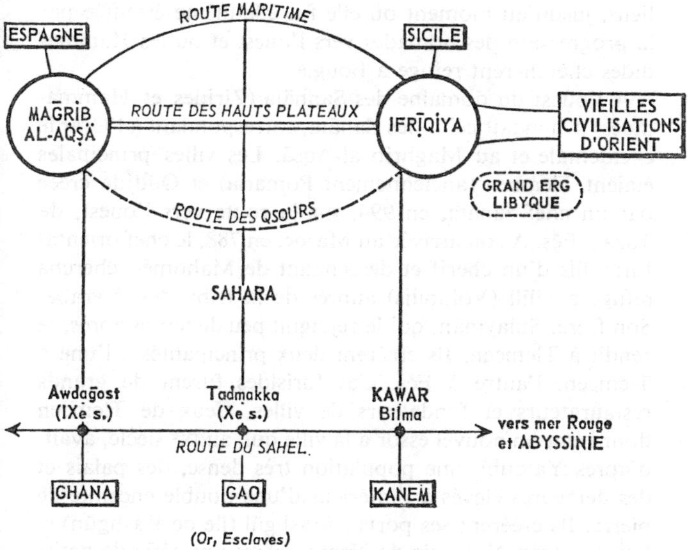

5. — Routes de commerce et d'influences en Afrique du Nord (VIIIe-XIe siècles).

Chélif et le Hodna, à flanc de montagne. Les ouvriers charpentiers et maçons furent trouvés sur place, mais l'architecte avait été demandé au calife fatimide. La ville prit un essor rapide. Son fils, Bologgīn ibn Zīrī, fonda Médéa, sur le plateau, à l'est du Chélif, Miliana, sur la rive droite de ce fleuve, et al-Jazā'ir (Alger), centres qui depuis Ashīr jalonnent la route vers la mer. Le fils puîné de Bologgīn, Hammād, fonde en 1007 la Qal'a des Banū Hammād, à flanc de montagne, au nord du Hodna, capitale de l'État hammadide. La ville a laissé des ruines importantes; le palais avait un plan analogue à celui de Sāmarrā, plan que l'on retrouve à l'Alcazar de Séville. Sa population s'accrut rapidement, composée de marchands, d'artistes, de savants. Ses tissus de laine étaient renommés dans tout le Maghreb. Des caravanes y arrivaient de partout. Elle entretenait des relations commerciales avec l'Égypte, la Syrie, l'Iraq. La Qal'a profita pendant la deuxième moitié du XIe siècle de la ruine de Kairouan et de l'Ifrīqiya, envahies par les Hilaliens, jusqu'au moment où elle fut elle-même étouffée par la progression des nomades vers l'ouest et où les Hammadides cherchèrent refuge à Bougie.

A l'ouest du domaine des Ṣanhāja (Zirides et Hammadides) s'étendait celui des Zanāta, correspondant à l'Oranie occidentale et au Maghrib al-Aqṣā. Les villes principales étaient Tlemcen (anciennement Pomaria) et Oudjda créée par un chef zanāta, en 994, sur la route vers l'ouest, de Taza à Fès. A son arrivée au Maroc, en 788, le chef oriental Idrīs, fils d'un chérif et descendant de Mahomet, chercha refuge à Ulīlī (Volubilis) auprès de la tribu des Awraba. Son frère, Sulaymān, qui le rejoignit peu de temps après, se rendit à Tlemcen. Ils créèrent deux principautés : l'une à Tlemcen, l'autre à Fès. Ces Idrisides furent de grands restaurateurs et fondateurs de villes. Ceux de Tlemcen donnèrent un nouvel essor à la ville qui, au IXe siècle, avait, d'après Ya'qūbī, une population très dense, des palais et des demeures élevés à l'intérieur d'une double enceinte de pierre. Ils créèrent ses ports : Arashgūl (île de Rashgūn) et Ḥunayn (cap Noé près de Nemours), et une série de petits centres, bourgades où l'activité économique se cristallise et qui portent un nom formé du mot sūq (souk) suivi de celui du fondateur : Sūq Ibrāhīm, Sūq Ḥamza.

De son côté Idrīs 1er abandonne les ruines romaines de Volubilis pour fonder, comme tous les souverains orientaux, sa propre capitale. Fès prend la suite de Volubilis, comme Tunis celle de Carthage. Le site est bien choisi : sur la route qui mène vers l'ouest à Tlemcen, vers le sud à Sijilmāsa, dans une région fertile possédant pierre et bois de construction, l'eau potable en abondance[1]. En 789, la ville s'élève sur la rive droite de la rivière (l'oued Fès

1. E. Levi-Provençal, « La fondation de Fès », *Annales de l'Institut d'études orientales d'Alger*, IV, 1938.

aujourd'hui oued Sebou). Cette première Madīnat-Fès est d'abord une ville à la berbère, un agrégat de tentes, de demeures sommaires, de parcs pour le bétail avec une mosquée et peut-être un magasin collectif *(agadir)*, le tout à l'abri d'une défense en troncs d'arbres et en roseaux; bref, une agglomération modeste où Idrīs 1er s'installe lorsqu'il n'est pas à Ulīlī. Il meurt en 791.

Son fils posthume, Idrīs II, élevé par le fidèle affranchi de son père, Rashīd, est rejoint en 805 par cinq cents Orientaux attirés par le prestige du descendant du Prophète et par l'attrait des pays neufs. D'autres viennent d'Ifrīqiya. Ils forment une troupe turbulente *(Jund)* autour d'Idrīs II, une cour à l'orientale qui désire un cadre oriental. La nouvelle Fès est fondée alors, en 808, sur la rive gauche du fleuve et en amont. C'est la ville officielle avec la mosquée sainte dite des « Chorfa » *(shurafā'*, « descendants du Prophète ») et, à côté, le palais, les marchés, l'atelier monétaire, où l'on frappe monnaie dès 801. On l'appelle *al-'Āliya*, « la Haute ». Ya'qūbī la nomme *Ifrīqiya*. Plus tard, un quartier sera dit « des Kairouanais ». Les Berbères occupent toujours la vieille Madīnat-Fès sur la rive droite qui conserve son aspect rural. A la suite de l'insurrection du faubourg *(rabaḍ)* de Cordoue, en 814, des Andalous émigrent vers l'Égypte (Alexandrie) puis la Crète, tandis que 8 000 familles sont recueillies par Idrīs II, dans le quartier de Fès sur la rive droite, 'Adwat al-Andalus, avec sa mosquée, ses marchés, son hôtel des monnaies.

Même poussée urbaine dans le sud du Maghrib al-Aqṣā : Āghmāt, Naffis sur les cols qui conduisent vers le Sūs al-Aqṣā (Igli) et vers le Tafilelt (Sijilmāsa) et, en 1077, création de Marrakech par les Almoravides, arrivés des ribāṭs du Sahara par les pistes caravanières. Campement hétéroclite de tentes et de maisons, puis construction d'un rempart et de monuments. L'évolution est la même qu'à Fès, du camp berbère à la ville orientale. La grande capitale du sud donnera son nom au pays tout entier : Maroc.

Un type nouveau de ville se trouve ainsi introduit dans l'ouest du Maghreb, où étaient seules connues encore l'agglomération rurale de type berbère et la cité romaine. La civilisation urbaine y réapparaît sous une nouvelle forme : celle de la ville orientale, commerçante, avec des murs, des portes, des quartiers séparés, des marchés et des industries, et avec elle un type nouveau d'individus : le bourgeois fāsī, Berbère profondément islamisé et grâce auquel rayonnera l'activité urbaine.

ESPAGNE

La péninsule ibérique comprend des plaines littorales, régions où la domination musulmane s'établit tout d'abord : plaine du Levante *(campus juncarius)*, pays neuf à la fertilité non usée, Algarve, zone de forêts et d'oasis; puis des plateaux intérieurs couverts de steppes et de cultures où la circulation est facile; enfin des zones montagneuses qui servent de refuges et restent en dehors de l'action directe (Estremadure). Le pays est compartimenté, contrasté. Le point nord-ouest de la péninsule peuplé d'Astures, de Cantabres et de Vascons ne fut jamais occupé par les Wisigoths, jamais non plus par les Musulmans. Il servit toujours de zone de repli; plus tard, ce sera le royaume asturo-léonais qui servira de base à la Reconquista.

La frontière nord du Bilād al-Andalus est une région de marches, zone de razzias *(algaradas)* gardée par une série de forteresses avancées. Les villes en arrière sont les chefs-lieux des marches (ath-Thughūr) : marche supérieure (ath-Thagr al-a'lā) avec Saragosse; marche moyenne (ath-Thagr al-awsat) avec Madīnat-Sālim (Médinaceli); marche inférieure (ath-Thagr al-adnā) avec Coria. Les routes franchissent la zone de razzias en certains points déterminés. La grande route médiane va de Saragosse par Tolède jusqu'à Cordoue et Séville où elle rejoint la batellerie du Guadalquivir. Depuis Cordoue partent des relations en étoile; la route de l'Ebre va de Tortose par Saragosse et Tudèle jusqu'au col de Vittoria. Les routes maritimes principales sont, sur la côte est, de Narbonne à Almeria et au Guadalquivir, et sur la côte ouest de Castro Urdiales sur le golfe de Gascogne jusqu'à Alcacer do Sal et au Guadalquivir.

Le substrat ibère

Mis à part l'élément basque du nord-ouest, l'Espagne est habitée, à l'arrivée des Musulmans, par de vieilles populations ibériques mêlées à des éléments germaniques et levantins (*Syri* et Juifs). Les populations celtibères plus ou moins romanisées — ou mieux déromanisées — vivent clairsemées dans des régions désertiques ou presque. Le Levante, région de marécages et de lagunes, ne doit son importance qu'à la route littorale; à l'époque musulmane,

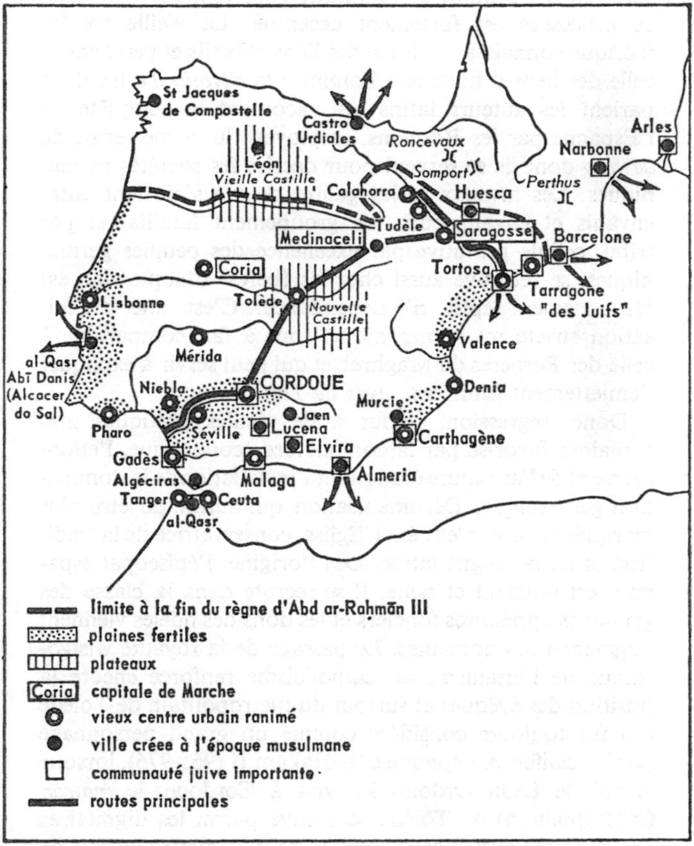

6. — Le terrain espagnol

la voie passera à l'intérieur. L'Algarve couverte de pinèdes est très peu peuplée. Peu peuplées ou même désertes les régions montagneuses et les mesetas de l'intérieur. Il n'y a pas en Espagne, comme en Berbérie, un essor démographique pré-musulman. Les populations voient resurgir leur vieux fond pré-romain, celtique ou ibérique, à la faveur de l'état de trouble et de régression économique de la fin de l'Empire.

Avec l'arrivée des bandes wisigothiques, restées à un stade encore primitif d'organisation économique et sociale, ce processus est fortement accentué. La vieille société ibérique connaissait la force des liens affectifs et personnels, celle des liens d'homme à homme : la *devotio iberica* dont parlent les auteurs latins qui racontent la conquête de l'Espagne par les Romains, employant le même terme de *devotio* dont ils se servent pour décrire les sociétés germaniques. Les niveaux et les genres de vie s'ajustent entre envahis et envahisseurs. Le groupement familial et par tribu, cellule primitive par excellence des peuples germaniques, se retrouve aussi chez les Ibères. Chaque clan est farouchement épris d'indépendance. C'est une organisation stricte mais anarchique, tout à fait comparable à celle des Berbères du Maghreb et qui peut servir à expliquer l'émiettement futur des *reyes de Taifas*.

Donc, régression, retour à de vieilles pratiques préromaines favorisé par la conjoncture économique, l'effondrement de l'armature étatique et l'installation de la domination germanique. Déromanisation qui aurait pu être plus marquée encore, n'eût été l'Église, conservatrice de la tradition et de la langue latine. Dès l'origine, l'épiscopat espagnol est puissant et riche. Il se recrute dans la classe des grands propriétaires fonciers et les dons des fidèles viennent augmenter ses domaines. Le passage de la royauté wisigothique de l'arianisme au catholicisme renforce encore la position des évêques et surtout du métropolitain de Tolède qui fut toujours considéré comme un grand personnage par les califes. A l'époque d'al-Ḥakam II (961-976), lorsque le roi de Léon Ordoño IV vint à Cordoue, le *maṭrān* (métropolitain) de Tolède se trouve parmi les dignitaires chrétiens envoyés à sa rencontre pour le mettre au fait de l'étiquette de la cour musulmane.

Cette puissante hiérarchie de l'Église espagnole explique le maintien de communautés chrétiennes vivantes, actives, remuantes parfois, surtout à Tolède, Séville et Cordoue. Les villes sont des centres de maintien de la romanisation et du christianisme, comme, par la suite, des centres d'islamisation et d'orientalisation. Les chrétiens ont le statut de *dhimmī* (protégé) qui leur est garanti parfois par un véritable traité de reddition, tel celui que signa Théodemir pour la région de Murcie. Les conquérants s'engagent à respecter la religion des vaincus et leurs églises. La tolérance existe pour tous, sauf pour les apostats de l'Islam et les chrétiens qui cherchent le martyre. Les Mozarabes (*musta'rib*, « arabisé ») se groupent en communautés sous l'autorité de chefs choisis par eux, responsables du bon ordre et de la rentrée des impôts, selon le principe oriental : le *defensor* ou *comes*, représentant de la communauté, l'évêque (*episcopus*, *al-usquf*), l'*exceptor* pour collecter les impôts, le *censor* (*qāḍi an-naṣārā*) ou juge. Ils ont une liturgie particulière (rites mozarabes). La forte cohésion de l'église chrétienne explique aussi le maintien de la langue latine qui évolue en langue romane avec introduction de mots arabes, surtout termes techniques. Le *Calendrier de Cordoue* [1], en 961, est bilingue : latin et arabe. L'église chrétienne se maintiendra avec ses caractères essentiels depuis l'époque wisigothique jusqu'à la Reconquista, ses relations avec les États chrétiens du nord s'intensifiant jusqu'à la fin du xe siècle.

Les Levantins

Un autre élément important de l'Espagne wisigothique est l'élément levantin, qui se trouvera renforcé à l'époque musulmane par de nouveaux apports orientaux. Il est composé essentiellement de marchands juifs et *Syri*, concentrés surtout dans les grandes zones de passage : au

1. Ed. R. Dozy, *Le calendrier de Cordoue de l'année 961. Texte arabe et ancienne traduction latine*. Leyde, 1873. Nouv. éd. et trad. par Ch. Pellat. Leyde, 1961.

sud-ouest et au nord-est de la péninsule; au sud, près du détroit de Gilbraltar, dans le vieux domaine carthaginois où le punique était encore parlé au IIe siècle de l'ère chrétienne, autour de Malacca (« la royale ») dont Strabon notait l'aspect punique; sur la côte, à Gadès, à Carthagène; et dans les colonies de l'intérieur : Lucena entre Malaga et Cordoue, Elvira (la « Grenade des Juifs »). La judaïsation des vieilles diaspora levantines est un des grands faits de l'histoire ancienne de la Méditerranée. Au nord-est, les Levantins se groupent au passage des cols pyrénéens (Puertos secos) par lesquels l'Espagne communique avec l'Ifranja. Des deux côtés de la montagne, en Septimanie ou en Catalogne, c'est le même peuplement : Tortose, Saragosse, Tudèle, Tarragone, Barcelone, Narbonne, étapes des Juifs rādhānites dont l'itinéraire gagne Lyon par le Rhône, puis les régions du Rhin.

Dans le royaume wisigothique, l'élément juif n'a pas été assimilé par les populations ibères et germaniques. Sous les rois ariens, la situation reste tolérable, mais sous les rois catholiques, comme Reccared, des persécutions ont lieu. Rien d'étonnant à ce que ces Juifs ménagent, surtout ceux des communautés du sud, un accueil chaleureux aux envahisseurs musulmans; on put même les accuser de « connivence ». En fait, le terrain était préparé par les captifs musulmans, par l'orientalisation du monde romain et de la Méditerranée barbare. C'est à eux que la garde des villes d'Andalousie conquises par les Musulmans est confiée. Le mouvement d'immigration des Juifs orientaux vers l'Espagne est permanent à partir du VIIIe siècle. La communauté la plus importante de toute l'Espagne musulmane est à Cordoue, centre économique et politique où existait une synagogue (XIe-XIIe siècles). A Tolède il y en avait deux (Xe-XIe siècles) qui furent transformées en églises et se sont conservées jusqu'à nos jours. Les Juifs jouèrent à la cour un grand rôle, tel le médecin Ḥasdāy b. Shaprūt qui fut vizir de 'Abd ar-Raḥmān III. Ils organiseront le royaume de Grenade au XIe siècle.

L'élément juif ou judaïsé facilite les liaisons entre l'Orient et l'Espagne musulmane, notamment lorsqu'il s'agit de dominations opposées (Umayyades contre Fatimides). Il facilite aussi les relations entre l'Espagne musulmane et les pays chrétiens du nord [1]; un réseau de communautés juives jalonne la vallée du Rhône et les pays rhénans qui se livrent activement au grand commerce des esclaves, depuis les bords de l'Elbe jusqu'au Bilād al-Andalus. Enfin, le réseau juif s'étend depuis l'Espagne jusqu'au Maghrib al-Aqṣā, au Sūs al-Aqṣā, au Sahara et au Soudan, et pratique le commerce de l'or et des esclaves noirs en dépit des luttes et des rivalités politiques qui peuvent déchirer l'Afrique du Nord. La lettre adressée par le vizir de 'Abd ar-Raḥmān III, Ḥāsday b. Shaprūṭ, au roi des Khazars, peuple judaïsé de la Volga, jette une lueur sur les relations de communauté à communauté le long de tous les itinéraires du grand commerce mondial [2].

Mais les Juifs ne jouent pas seulement un rôle dans l'histoire des relations commerciales. Les écoles juives de Cordoue et de Tolède attirent et reçoivent les courants de pensée partis de Mésopotamie. Cordoue possède une école talmudique réputée. En dehors de leur culture hébraïque, les rabbins ont une connaissance étendue de la littérature arabe classique : ouvrages savants, de médecine, d'astronomie, d'astrologie. Maïmonide de Cordoue marque l'apogée de cette école au XIIe siècle. De même à Tolède, grande ville chrétienne mozarabe et aussi juive, il existe un centre important de traduction d'arabe en hébreu et d'hébreu en latin. Lors de la reconquête (1085), ces traductions passeront dans l'Occident chrétien. Le circuit d'Aristote, pensée grecque traduite en syriaque, puis en arabe, en hébreu et en latin, est matérialisé le long de routes aux étapes nettement définies : monastères syriaques de la Syrie du nord et de Mésopotamie; bureaux de traduction d'al-Ma'mūn à Bagdad; passage vers l'Égypte, l'Afrique du Nord et l'Espagne : Cordoue, Tolède et les centres juifs du Languedoc, pour atteindre, au XIIIe siècle, la Sorbonne.

1. M. Lombard, « La route de la Meuse et les relations lointaines des Pays mosans entre le VIIIe et le XIe siècle », dans *l'Art mosan*. Recueil de travaux publ. par P. Francastel. Paris, 1953, pp. 9-28, carte.

2. « Lettre au Khāqān des Khazars » (vers 958). Ed. et trad. dans E. Carmoly, *Itinéraires de Terre Sainte des XIIIe, XIVe, XVe, XVIe et XVIIe siècles*. Bruxelles, 1847, p. 38.

Les envahisseurs : Berbères et Arabes

La conquête musulmane fut rapide (711-714) et ne suscita pas de grandes réactions dans la population des campagnes. Après l'effondrement militaire des Wisigoths au Rio Barbate, en 711, les villes investies se rendent et sont laissées à la garde des Juifs. Dès 714, les troupes atteignent la Septimanie. Les envahisseurs sont des Berbères et des Arabes. La reconnaissance préliminaire de Ṭarīf, puis l'expédition de Ṭāriq sont menées à l'aide de troupes à peu près exclusivement berbères. L'expédition de Ṭāriq, lui-même un Berbère, client du gouverneur du Maghreb Mūsā ibn Nuṣayr, ne compte que 7 000 hommes. L'année suivante (712), le gouverneur Mūsā passe lui-même en Espagne avec des troupes uniquement arabes, comptant 10 000 hommes. Aucun des soldats de l'armée d'invasion ne retournera en Afrique. Ce premier apport berbéro-arabe de 17 000 hommes est tout entier militaire. Mais il est bientôt suivi, au cours du VIIIe siècle, d'immigrations importantes de Berbères du Maghreb attirés par les richesses du sol conquis. Cette infiltration continuera régulièrement jusqu'à la fin du Moyen Age et permettra la survie du royaume de Grenade jusqu'au XVe siècle. Là est le fait important : la population musulmane immigrée comprend une énorme majorité de Berbères.

En 741, a lieu la révolte des Berbères d'Espagne contre les chefs arabes, suite de la révolte berbère du Maghreb, explosion du khārijisme. Ils ont conservé des liens avec leurs frères africains et le même idéal d'indépendance dans l'anarchie. Ils élisent un chef, s'assemblent, se rasent la tête pour ne pas se confondre avec les ennemis. Leur révolte est écrasée par les Arabes déjà installés en Espagne, renforcés par un nouveau contingent arrivé d'Afrique : les troupes syriennes de Balj, émir de Berbérie, quelques milliers d'hommes. Après la défaite meurtrière des Berbères, ces troupes syriennes sont installées dans les districts du sud, le « contingent » *(jund)* de Damas à Elvira, celui du Jourdain à Malaga, celui de Palestine à Sidona, celui d'Emèse à Séville, celui de Qinnasrīn à Jaen. Ces Syriens introduisent la sériciculture et le tissage de la soie dans la région.

Les Arabes, dédaigneux des travaux des champs, se fixent dans les villes, vivant des redevances payées par les colons, véritables rentiers du sol. Dans la toponymie, les noms arabes se rencontrent dans les plaines (le Levante surtout), localités dont le nom commence par Beni : Benifayó, près de Valence, Benicásim, près de Castellón de la Plana, Benigánim près de Játiva, etc. Il n'en fut pas de même pour les éléments berbères immigrés en Espagne. Parmi eux, une minorité seulement semble avoir opté pour la vie citadine. Les montagnards du Maroc, transplantés en Espagne, ne pouvaient guère s'accommoder que de la montagne espagnole : massif du sud-est, Serranía de Ronda, Sierra Nevada et au nord de la plaine du Guadalquivir, Sierra d'Almaden et Sierra de Guadarrama. Presque toutes les colonies berbères apparaissent fixées en dehors des plaines et des grandes vallées d'Andalousie. Partout où le pays y invitait, se groupent des îlots de Berbères montagnards. Les noms de la tribu d'origine se retrouvent dans la toponymie espagnole, par exemple : entre Grenade et la mer, dans le massif que peuplaient les Jazūla : la Sierra de los Gazules. La plus grande partie du sud et de l'ouest de l'Espagne, en dehors des plaines, est berbérisée. Les Berbères s'adonnent à un élevage communautaire, qui sera à l'origine de la *mesta*, et à l'arboriculture (oliviers). La partie orientale (Levante) est plus spécialement arabisée. Ibn Sa'īd, au XIIIe siècle encore, signale que dans les régions montagneuses les habitants portent la coiffure africaine, le turban, tandis qu'à Cordoue et dans le Levante, ils portent la *qalansuwa*, haut bonnet d'origine iranienne [1].

L'essor de la plaine du Guadalquivir à l'époque musulmane n'est que la continuation et le développement prodigieux de la Bétique romaine. Ce qui est original, ce qui est l'œuvre propre de l'Islam andalou, c'est, dans des régions à peu près désertiques, le peuplement puis la mise en valeur du Levante et de l'Algarve; il faut y ajouter l'organisation de la *mesta*. L'exploitation du Levante d'abord *(sharq al-Andalus, ash-sharq)*, c'est la transformation du *campus juncarius* en *huertas*, les irrigations qui permettent les cultures orientales du riz, du coton, de la canne à sucre,

1. MAQQARĪ, *Analectes*, I, 137 (d'après Ibn Sa'īd).

de l'oranger et du bananier; c'est aussi la fabrication de la soie, industrie de luxe que l'Espagne sera longtemps seule à pratiquer en Occident; c'est encore la création urbaine d'Almeria. L'exploitation de l'Algarve *(Gharb al-Andalus, al-Gharb)*, c'est le défrichement d'une pinède transformée en jardin tropical, ce sont les oliveraies de l'ash-Sharaf à l'ouest de Séville, la fondation du deuxième arsenal du califat de Cordoue : Qaṣr Abī Dānis (Alcacer do Sal) près des grandes salines de Setubal, les pêcheries, le commerce maritime rendu possible par les très importants chantiers de construction navale qui utilisent le bois des forêts voisines.

Enfin, les Berbères du nord ont apporté en Espagne les procédés communautaires d'élevage du mouton : garde des troupeaux, transhumance organisée suivant des routes précises, le *meshtā* devient la *mesta ;* elle est pratiquée sur les plateaux de l'intérieur et les massifs montagneux qui les entourent, régions qui à l'époque romaine étaient des déserts. La Reconquista consacrera son succès et en fera une organisation « nationale ». L'importance de la production lainière sera une richesse de l'Espagne. Le *merino*, à la laine flexible et souple, dont le nom apparaît au XIIe siècle dans les textes espagnols, est introduit avantageusement à côté du *churro*, au poil raide. De son côté, l'élevage du cheval prend une grande extension : le barbe, c'est-à-dire le cheval berbère d'Afrique du Nord, donne par croisement le genêt d'Espagne (esp. *jinete*, de Zanāta) et il semble bien que ce développement de l'élevage soit en rapport avec l'introduction de nouveaux fourrages, surtout la luzerne d'origine persane que les Espagnols connaissent encore sous son nom arabo-perse de *alfalfa*.

L'orientalisation de l'Espagne. L'émirat de Cordoue

La période qui va du VIIIe au XIe siècle voit, en Espagne comme dans tout le monde musulman, un formidable essor urbain et d'abord la réactivation de centres anciens. La liste de ceux-ci est plus longue qu'en Afrique du Nord car l'urbanisation de l'Espagne phénicienne et romaine a été non pas plus poussée que celle de l'Afrique du Nord, mais plus dense; de plus, les Wisigoths nomades s'installèrent dans les villes. Celles-ci connaissent avec la période musulmane un développement immense, sans proportion avec celui qu'elles ont connu dans l'empire romain. Ce sont surtout Cordoue et Séville, les deux grands centres de la Bétique, Malaga et Gadès, les ports du détroit, et puis Tolède et Saragosse. A côté de ces vieux centres réanimés, on ne peut signaler que deux grandes créations véritables de villes. Il s'agit de deux ports, l'un sur la Méditerranée, l'autre sur l'Atlantique : Almeria en 756, Qaṣr Abī Dānis, sur la lagune de Setubal, vers la même époque.

Cordoue, cité considérable, est surtout un centre palatin. L'Umayyade 'Abd ar-Raḥmān Ier, qui en fait la capitale d'un émirat indépendant en 756, est un prince oriental, réfugié comme les Rustémides, les Idrisides, les Fatimides, fuyant l'ordre abbasside, dans cette sorte de « Far-West » musulman qu'est alors le Maghreb. Il a la nostalgie de la Syrie, le souvenir des Umayyades de Damas. Lui et ses successeurs, surtout 'Abd ar-Raḥmān II (821-852), cherchent à reconstituer le cadre qu'ils regrettent, une cour à l'orientale. Une des cités palais des environs porte le nom d'ar-Ruṣāfa comme en Syrie. Les nouveaux émirs imitent les modes de Bagdad, la grande capitale rayonnante, califat rival mais métropole renommée. Ils font appel aux littérateurs, beaux esprits, musiciens, poètes, savants, jurisconsultes de l'Orient, à qui ils offrent des places à la cour et de grasses prébendes. Une pièce satirique d'Ibn Bassām montre les courtisans « snobs » à l'affût des changements de mode qui s'opèrent en Orient. « Si, dit-il, dans le fond de la Syrie ou de l'Iraq un corbeau se met à croasser ou une mouche à bourdonner, ils tombent prosternés sur le sol comme devant une idole. »

Cordoue est immensément riche : l'or du Soudan lui sert à acheter les esclaves slaves qu'elle redistribue dans tout le monde musulman contre de bonnes monnaies orientales. Ainsi se crée dans cette extrémité du monde musulman comme à l'autre, dans la principauté samanide, un actif circuit d'échanges. Comme cette dernière, l'émirat de Cordoue devient un puissant centre d'attraction pour les hommes de lettres et les artistes. L'adoption des modes orientales dans la Cordoue umayyade est comme cristallisée autour de l'arrivée, vers 230 de l'Hégire (circa 845), du musicien Ziryāb de Bagdad qui est censé avoir introduit tous les usages nouveaux. Ziryāb était l'élève d'Isḥāq de Mossoul, chanteur et musicien versé dans le chant médinois. Avec lui, toute une troupe d'esclaves instruites, les « filles de Ziryāb », se chargent de l'éducation de la société cordouane, lui apprennent une musique nouvelle, l'initient au luth à cinq cordes, *al-'ūd*, ainsi qu'à d'autres instruments à cordes *(citara)* et au chant médinois (d'où sortira le *cante jondo*).

Des plats nouveaux, recettes culinaires orientales à base de riz, de sucre et d'épices : confiserie, massepain, nougat, apparaissent, et dans ce domaine aussi, l'Occident se met à l'école de l'Orient par l'intermédiaire de l'Espagne. Parallèlement, la société cordouane apprend à se servir de verres de cristal, « verres d'Iraq » *('irāqī)*, dont nos sources attestent l'emploi en Occident au xe siècle; des meubles recouverts de cuir gauffré et doré suivant une technique arrivée par la route des Qsours, cuirs cordouans dont on fait aussi le revêtement intérieur des chambres; modes vestimentaires, élégants et luxueux costumes orientaux, étoffes à larges rayures d'imitation persane, manteaux d'étoffes transparentes du Khūzistān et des bords du Nil qui sont désormais tissées en Andalousie; le *Calendrier de Cordoue* (961) enregistre pour le mois d'octobre, avec l'arrivée du froid, l'abandon des costumes blancs et l'adoption d'habits de laine de couleur foncée; l'introduction de cette mode est attribuée à Ziryāb. 'Abd ar-Raḥmān II fut le premier à introduire en Espagne l'usage du *ṭirāz*, atelier palatin travaillant uniquement pour la cour et produisant des tissus de grand luxe où est inscrit, avec des eulogies diverses, le nom du souverain; atelier d'organisation administrative complexe, véritable département d'Etat, avec son chef le *ṣāḥib aṭ-ṭirāz*, grand officier du palais.

Ainsi se transforment les usages des classes riches à la cour et à la ville. Un nouveau courant d'orientalisation vient doubler celui que représentaient les premiers immigrants syriens et les communautés juives en relation avec les centres de Mésopotamie. L'extrême-Occident musulman, le Bilād al-Andalus, est le point d'arrivée de plusieurs vagues d'influences parties de l'Orient; sémitiques ou iraniennes, ces influences modifient profondément la société urbaine en plein essor et sont à l'origine de la « civilisation andalouse ».

L'Espagne musulmane est située entre la côte d'Afrique et l'Occident barbare : royaumes ibériques du nord de la péninsule et Firanja, Empire carolingien puis Royaume capétien, ce que les textes arabes nomment *al-arḍ al kabīra*, la « grande terre », c'est-à-dire le continent par rapport aux « îles » : Sicile et presqu'île espagnole. Au sud les « ports du passage » assurent la liaison à travers le détroit de Gilbraltar. Au nord, des routes franchissent les cols des Pyrénées et un cabotage actif unit Almeria à Barcelone et Narbonne. L'essentiel du commerce espagnol avec l'Afrique consiste en or du Soudan, en esclaves noirs du Sahel soudanais (Sénégal jusqu'au Tchad), en gomme d'Afrique occidentale pour le travail de la soie; ces produits sont échangés contre de la pacotille et du mercure pour l'exploitation de l'or (amalgame). Du domaine chrétien au nord arrivent les esclaves slaves transités depuis l'Elbe à travers la Germanie et la Francie par les marchands juifs surtout, et par le même chemin, les fourrures de la grande forêt nordique auxquelles il faut ajouter les épées *(sayf al-Firanja)*, en faux Damas, dont l'empire carolingien fait une grosse exportation. En échange l'Espagne musulmane fournit quelques produits de luxe comme les étoffes dites *spanisca*, mais surtout des monnaies d'argent et d'or : dirhems frappés d'abord par les émirs de Cordoue alors que l'essentiel du courant d'or du Soudan s'écoule vers le domaine fatimide et dinars provenant de l'Orient musulman. Puis lorsque les souverains cordouans ont part, grâce à l'intermédiaire de leurs clients zanāta du Maghreb occidental, à la production d'or du Soudan, pièces d'or frappées à Cordoue. La victoire définitive des Umayyades de Cordoue sur les Idrisides de Fès, qui gênaient leur politique d'expansion vers le Maghreb, se situe en 974.

L'appel de la consommation des grandes villes de l'émirat de Cordoue provoque donc l'établissement d'importants courants commerciaux, d'un réseau de routes à la fois vers le nord et vers le sud. C'est par ces routes, notons-le, que se fera l'invasion de l'Espagne au XIe siècle; les « Barbares » que le commerce est venu éveiller, remonteront les voies d'échange. Depuis le nord, ce sera la poussée des Etats ibériques, appuyés par les chevaliers normands et bourguignons et l'Ordre de Cluny, grand mouvement que l'on a appelé « Reconquista » (point de vue de l'Espagne chrétienne) ou « croisades d'Occident » (point de vue de l'Occident chrétien). Depuis le sud, ce sera l'invasion des Berbères almoravides du Sahel nigérien qui remonteront les routes jusqu'à Sijilmāsa et, à travers le Maroc, jusqu'à l'Espagne.

Avec la Reconquista c'est un morceau d'Islam qui passe sous domination chrétienne, comme plus tard la Syrie des Croisés. Le fanatisme et les instincts pillards des barons du nord détruisent d'abord en partie la brillante civilisation andalouse. Puis les nouveaux occupants s'initient à celle-ci. Les ouvriers, les artistes continuent leur travail, perpétuent leurs techniques sous la domination des « Infidèles » (art *mudejar*). Les influences musulmanes sont renforcées et leur passage facilité vers tout l'Occident. Les *juderìas* et les *morerìas*, quartiers où Maures et Juifs sont parqués dans les villes, continuent leurs activités. Les Almoravides donnent également, au début, un coup d'arrêt au développement harmonieux de la civilisation andalouse. Le rigorisme de ces conquérants, rudes chameliers du désert, leur fait disperser les cours, brûler les bibliothèques; puis ils se rallient à cette civilisation qui, grâce aux liens créés par une même domination politique des deux côtés du détroit refluera sur tout le Maghreb et jusqu'au Soudan (Empire almoravide). Le camp berbère au sud du Maroc devient la grande ville de Marrakech (1077); Tombouctou est créée au XIIe siècle; c'est alors le temps des « marabotins » qui partout circulent.

SICILE

Après l'Espagne, envisageons ce qui fut un autre front de l'expansion berbère : la Sicile, qui occupe une position centrale entre les deux bassins de la Mer intérieure. Les bases de départ sont les ports du Cap Bon : Tunis, Nabeul, Kelibia, ainsi que Sousse. Les Berbères punicisés qui peuplent la région se livrent à la pêche, au commerce, à la course. Ils fournissent les équipages des navires construits grâce à un bois de charpente qui leur manque sur place et qu'ils doivent aller chercher soit au Maghreb, soit par razzias sur les côtes de la Sicile, de l'Italie du sud et jusqu'en Dalmatie. Dès la fin du VIIe siècle, des incursions sont dirigées pour faire du bois, en Sicile, dans les massifs encore très forestiers de l'Aspromonte et de Sila. La flotte byzantine basée en Sicile organise des descentes sur les côtes d'Ifrīqiya que les garnisons des ribāṭs ne suffisent pas toujours à défendre. D'où la nécessité de s'emparer de l'île. En 700, Pantellaria est occupée, puis, en 703, ont lieu les premières tentatives pour prendre pied solidement sur les côtes de la Sicile. C'est plus d'un siècle après toutefois qu'aura lieu l'expédition victorieuse de l'émir aghlabide Ziyādat Allāh. Palerme est prise (827-831), puis Syracuse (878) : ce sont là les deux pôles de l'île, jadis champs de bataille entre la colonisation grecque (avec Syracuse, face à la Grande Grèce), et la colonisation carthaginoise (avec Palerme, face à Carthage). De même que la Sicile byzantine avait eu Syracuse pour ville principale, la Sicile musulmane verra le renouveau de Palerme, où subsiste, comme à Carthage-Tunis, un vieux fond phénicien.

Au début du IXe siècle, la Sicile byzantine était très fortement hellénisée. Si on y parlait aussi latin, la seule langue écrite était le grec. L'église était rattachée au patriarcat de Constantinople et les monastères obéissaient à la règle de saint Basile. Les arts et les techniques architecturales et décoratives étaient empruntés à Byzance (mosaïques); ils seront adoptés par les émirs de Sicile, en même temps que les apports de l'ère musulmane. Sous la domination des Aghlabides d'Afrique du Nord, puis des Fatimides, l'île voit une floraison d'édifices dont rien ne nous a été conservé si ce ne sont quelques restes de palais, la Favara (de *fawwāra* « jet d'eau ») à Palerme. Tout ce qui subsiste aujourd'hui de l'art musulman de Sicile date en fait de l'époque normande : la Cuba, la Ziza (*al-'Azīza*, « la glorieuse »), la Cubola. Plans, décors, épigraphie répondent à des formules importées d'Ifrīqiya, d'Égypte ou de Bagdad. La Sicile est alors un morceau de terre musulmane sous domination chrétienne où se continuent techniques et production, comme dans l'art *mudejar* de la péninsule ibérique. Sicile, Espagne sont d'anciens domaines de civilisation recouverts par une nouvelle domination : cette superposition facilite le passage et la diffusion des procédés de fabrication et des répertoires décoratifs; elle permet de nouvelles synthèses. La reconquête chrétienne joue en Occident le même rôle que la conquête musulmane : s'étendant sur le territoire de vieilles civilisations orientales, elle transporte les éléments de ces civilisations vers l'Occident barbare resté jusque-là hors de leur contact direct. C'est selon ce schéma que se propageront des techniques agricoles et industrielles : irrigation des *huertas* (comme celles de la « conca d'oro », près de Palerme), culture du coton, de la canne à sucre, du riz, de l'oranger, sériciculture, industries textiles (cotonnades et soieries), céramiques lustrées, etc.

A signaler aussi l'importance du développement urbain. Ce sont les Musulmans qui ont fixé définitivement la capitale de la Sicile à Palerme. Celle-ci compte aujourd'hui environ 400 000 habitants, tandis que Syracuse n'en compte que 40 000. Au xe siècle, Ibn Ḥawqal [1] dénombrait à Palerme 300 000 habitants. C'était une des grandes villes de l'Islam par le nombre de ses mosquées. Elle ne le cédait qu'à Cordoue dans tout l'Occident musulman, et, comme le remarquaient les auteurs arabes, le rythme de croissance de ces deux métropoles était comparable. Les ports sur la côte opposée de la mer Tyrrhénienne : Amalfi, Salerne, Naples, Gaète, étaient économiquement dans l'orbite de Palerme et de la Sicile musulmane, elle-même pièce maîtresse du califat fatimide. La monnaie fatimide avait cours dans toute l'Italie du sud : dinars et surtout quarts de dinar (ou *rub'*) circulaient et étaient imités (*tarin*), phénomène analogue à celui que l'on observe dans les royaumes chrétiens du nord de l'Espagne et dans le comté de Barcelone qui, au xie siècle, imitaient les monnaies d'or musulmanes du sud de la péninsule.

Lorsque la conquête normande (1061-1089) aura rattaché ce morceau de monde musulman au domaine chrétien d'Occident, les échanges s'intensifieront. Les techniques, telles celles de la sériciculture et de l'industrie de la soie, gagneront l'Italie du nord (Lucques, Venise), courant ren-

1. Cf. M. Amari, *Description de Palerme au milieu du Xe siècle de l'ère vulgaire par Ebn HAWCAL*. Paris, 1845.

forcé au même moment par celui qui arrive plus directement des principautés franques de Syrie, dominations issues des Croisades. Ajoutons que la Sicile et l'Italie du sud se sont, comme l'Espagne, initiées dès l'époque musulmane à des connaissances de toutes sortes : médicale, philosophique, astrologique, scientifique. Ce travail continuera à l'époque normande et sous les Hohenstaufen, à la cour de Frédéric II. La Sicile est, avec l'Espagne, un des points par où les influences orientales ont pénétré en Occident; elles ont apporté leur contribution à ce qui sera l'œuvre de synthèse de la « Renaissance » italienne des XIVe et XVe siècles, époque où elles s'épanouiront pleinement.

CHAPITRE IV

LE FAIT LINGUISTIQUE : VERNACULAIRES ET ARABE

Creuset, avons-nous dit, que le monde musulman : syncrétisation de composantes diverses et naguère étrangères, mise en contact, fusion, en même temps que permanence de traditions plus anciennes. L'examen du fait linguistique, à travers les problèmes de langages et d'alphabets, va nous permettre de préciser un aspect de ce phénomène fondamental.

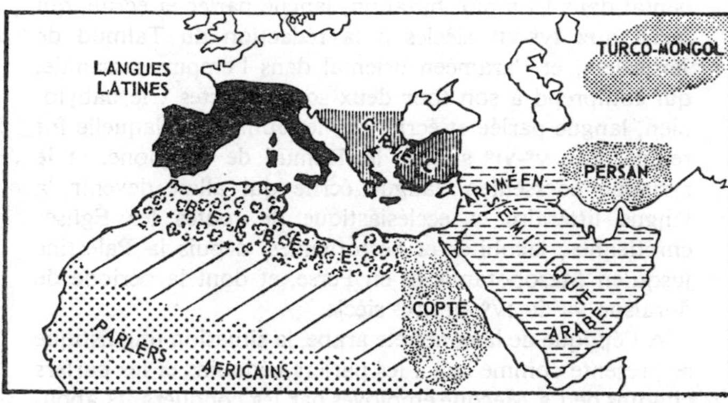

7. — Situation linguistique avant la conquête musulmane.

Avant les conquêtes musulmanes, la situation était, en gros, celle-ci : au groupe et à l'aire des langues sémitiques s'opposaient les langues indo-européennes, les langues turco-mongoles (ou ouralo-altaïques), les langues de l'Afrique noire, l'aire copte et, enfin, l'aire berbère.

Sur ce vieux domaine, l'expansion du monde musulman va se traduire par la diffusion de la langue arabe, qui se répartira elle-même, en tant que langue parlée, en deux groupes fondamentaux, occidental et oriental. Enfin, aux marges du monde musulman s'installeront des langues commerciales composites : sogdien pour l'Asie centrale, swahiii pour la côte orientale de l'Afrique, azer pour le Soudan, *lingua franca* pour la Méditerranée.

Les parlers sémitiques

Le domaine sémitique, dans sa partie non arabe, est dominé par le grand phénomène de la synthèse araméenne. L'araméen, en effet, dès le VIe siècle avant notre ère, a absorbé, au moins au niveau du langage parlé, à peu près toutes les langues sémitiques de cette région, sauf l'arabe.

Avant la conquête arabe, les langues officielles sont le grec dans la Syrie byzantine et le pehlvi dans la Mésopotamie sassanide, mais l'araméen est partout le parler usité et vivant. Il comprend deux dialectes : l'araméen occidental dans l'Empire byzantin, langue parlée et écrite, qui servit aux IVe-VIe siècles à la rédaction du Talmud de Jérusalem, et l'araméen oriental dans l'empire sassanide, qui comprend à son tour deux sous-dialectes : le babylonien, langue parlée et écrite par les Juifs, avec laquelle fut rédigé, aux Ve-VIe siècles, le Talmud de Babylone, et le syriaque édessénien, langue écrite qui allait devenir la langue littéraire et ecclésiastique de toutes les Églises chrétiennes, jacobites et nestoriennes, depuis la Palestine jusqu'en Mésopotamie et en Perse, et dont la période de floraison va du IVe au XIVe siècle.

A l'époque de la conquête arabe, la situation linguistique se présente comme suit : les parlers bédouins et les parlers citadins de La Mecque employés par les conquérants aboutissent à la langue du Coran, l'arabe écrit dit littéral. Les peuples soumis de la Syrie et de la Mésopotamie parlent l'araméen (occidental et oriental) et l'écrivent ou écrivent le syriaque dans ses deux formes alphabétiques, nestorienne ou jacobite. Toutes ces langues sont très voisines : leur squelette consonantique se recouvre la plupart du temps. Par réaction contre la fluidité des parlers, plusieurs tentatives sont faites pour vocaliser l'écriture dans le but de fixer les textes sacrés hébraïques dans le centre d'études linguistiques de Tibériade, milieu de grammairiens (Massorètes), qui, dans leurs essais d'archéologie linguistique, vont chercher des documents jusqu'en Mésopotamie, provoquant ainsi l'interpénétration des deux dialectes jusque-là séparés : l'araméen oriental et l'araméen occidental, et aboutissent à la création d'un dialecte parlé mixte. Ce syncrétisme est permis, mieux, proposé, par l'unification du monde musulman.

Au même moment et dans le même sens, toujours dans le but de fixer les textes sacrés, les écrivains syriaques essaient des procédés de vocalisation; les Jacobites placent (fin VIIe-début VIIIe siècle) des voyelles grecques sur ou sous la ligne; les Nestoriens, à partir du VIIIe siècle, notent les voyelles par des points placés au-dessous et au-dessus de la ligne. A la même époque encore, un travail analogue est opéré pour le Coran : les voyelles brèves *a*, *u*, *i*, sont placées au-dessus ou au-dessous de la ligne d'écriture. Quant au dialecte araméen unifié, parlé quelque temps en Syrie et en Mésopotamie, il disparaît à son tour, vers 800 au plus tard. Il est recouvert et remplacé par une nouvelle langue sémitique, l'arabe. L'araméen et le syriaque, langues sacrées, ne sont plus employées que pour écrire.

L'hébreu ancien, de son côté, n'est plus guère étudié que comme langue morte et sacrée, dans les centres rabbiniques de Palestine et de Mésopotamie. Ainsi s'est élaborée la littérature du Talmud (« Étude »), sous ses deux formes dites *yerushalmi* (de Jérusalem) et *babli* (de Babylone). Le Talmud lui-même se décompose en la *Mishna*, enseignement proprement dit, rédigée en hébreu et achevée au IIe siècle, et en la *Gemārā*, commentaire de la précédente, achevée au VIe siècle et rédigée, elle, en araméen, occidental ou oriental, selon les deux versions du Talmud. Les populations de confession juive sont alors vouées, on le voit, au bilinguisme.

Dans le monde gréco-latin, la Syrie dispose de quatre langues : une langue parlée, l'araméen, une langue écrite, en usage chez les chrétiens jacobites, le syriaque, une autre langue écrite et religieuse, l'hébreu, étudié dans les écoles de Palestine, et, enfin, avec le grec, une langue réservée aux usages administratifs et aux relations extérieures. De l'autre côté, dans l'orbite du monde sassanide, la Mésopotamie dispose des mêmes langues, à cette réserve que la fonction du grec est assurée ici par la langue persane, le pehlvi; en outre, l'hébreu et le syriaque y revêtent certains traits particuliers. La culture juive a connu, dans ces régions, un vif rayonnement, et le *Resh Galutha*, le « chef de l'Exil », sera un des grands personnages de la cour abbasside. Quant au syriaque, il s'incarne dans l'église nestorienne : ici encore, le chef de la communauté, le catholicos nestorien de Séleucie-Ctésiphon, jouera un rôle non négligeable à la cour de Bagdad.

La destinée du syriaque dépasse d'ailleurs le cadre régional : à travers lui se réalise une osmose des pensées grecque et persane. Recueillant, par toute une pratique de traductions, le contenu des œuvres grecques et persanes, le syriaque, langue écrite, langue noble et de culture, permet un extraordinaire brassage de vocabulaires et d'idées. Par lui, dans ses moules linguistiques, s'élabore une civilisation composite fondée sur les contacts de civilisations, contacts qui constituent une des caractéristiques culturelles les plus nettes des vieilles populations de l'Orient.

Si maintenant, tout en restant dans le domaine sémitique, nous nous retournons vers l'aire linguistique arabe, que constatons-nous? L'ensemble des langages parlés par les populations de la péninsule arabique se décompose, en fait, en trois groupes, que l'idiome issu plus tard du message coranique unifiera linguistiquement à partir du VIIe siècle.

Le sud-arabique, d'abord, qui se décompose lui-même en ḥimyarite, sabéen, yéménite, couvre la partie sud-ouest de la péninsule, l'*Arabia Felix* avec son grand port d'Athana (Aden), région capitale par ses relations commerciales, point d'articulation du trafic maritime de l'océan Indien avec le système caravanier de l'Arabie occidentale, lui-même dirigé, à partir de La Mecque, vers la Mésopotamie et la Méditerranée. De la langue parlée dans cette Arabie du sud, nous avons conservé des inscriptions qui s'échelonnent du VIIIe siècle avant au VIe siècle après J.C.

L'omanais est le langage de la côte sud-est, elle aussi grand centre de relations maritimes, commandant les accès de la route du golfe Persique : rien d'étonnant à ce que la langue parlée ici soit fortement mâtinée de persan, sous l'influence des gens d'en face.

Le nabatéen, parlé au nord, est lié au souvenir de Pétra, la grande ville caravanière des premiers siècles de l'ère chrétienne. Il est parvenu jusqu'à nous sous la forme d'inscriptions datant du Ier au VIe siècle.

Enfin le centre de la péninsule parle soit les dialectes citadins du Hedjaz, notamment de La Mecque, point central du grand trafic caravanier entre les Sabéens du sud et les Nabatéens du nord, soit les dialectes des Bédouins nomades du Najd, éleveurs de chameaux. Ces langages ne sont pas écrits, et la poésie anté-islamique ne sera enregistrée qu'après l'avènement de l'Islam, selon des traditions orales. C'est à une sorte de langue poétique commune à l'Arabie centrale que sera, pour l'essentiel, emprunté l'arabe du Coran, noyau du futur arabe classique, qui s'étendra, au VIIe siècle, sur toute la péninsule arabique.

Le domaine sémitique repose donc, en dernière analyse, sur deux forces linguistiques : l'araméenne, pour la Syrie-Mésopotamie, et l'arabe, pour la péninsule arabique. Les rapports sont d'ailleurs étroits entre les deux langues, qui ont en commun une ossature consonantique trilitère, des inflexions vocaliques non figurées et un même alphabet de base, issu du vieil alphabet phénicien. De leur confrontation, l'arabe, sur la lancée de la conquête, sortira vainqueur : très vite, dès les débuts du IXe siècle, le monde araméen, servi par la parenté linguistique, parlera arabe sur l'ensemble de son ancien domaine de Syrie-Mésopotamie. Mais l'araméen ne sera pas seul chassé : dès le VIIIe siècle s'amorce l'arabisation des bureaux, au détriment du grec et du pehlvi. Quant au syriaque, langue immobilisée par l'usage exclusivement écrit et littéraire qui en est fait, il n'est plus, dès la fin du Xe siècle, qu'une langue savante, et les auteurs chrétiens écrivent indifféremment en syriaque ou en arabe. Néanmoins, le syriaque ne mourra pas tout à fait, mieux même : il connaîtra une certaine expansion, par le jeu des missions nestoriennes en Asie centrale et en Chine.

Les parlers non sémitiques

Considérons maintenant, toujours au moment de la conquête, l'aire des parlers non sémitiques.

Le copte, langue de la vallée du Nil, s'inscrit dans la descendance de l'égyptien ancien, noté suivant un alphabet grec adapté. Ici aussi, le copte, et avec lui le grec, disparaîtra progressivement, quoique de façon moins rapide, devant l'arabe. Quelques dates permettent de préciser l'histoire de cette disparition : la conquête de l'Égypte prenant place de 639 à 641, on constate que le premier papyrus bilingue (grec et arabe) est de 693 et le dernier de 719, cependant que le dernier papyrus entièrement grec est de 780 et le premier papyrus entièrement arabe de 709. Quelques autres indices peuvent être tirés des sources littéraires et épigraphiques : on apprend ainsi que le patriarche Michel (728-752) ne savait pas l'arabe, et que le calife abbasside al-Ma'mūn, lors de son voyage en Égypte en 832, était accompagné d'interprètes. En revanche, on a de bonnes raisons de penser qu'au IXᵉ siècle, le clergé chrétien connaissait l'arabe : 909 est la date d'une stèle chrétienne en cette langue. Certes, on pouvait entendre, encore à la fin du IXᵉ siècle, des poésies populaires coptes; mais, dès le Xᵉ siècle, le clergé copte écrivait en arabe quand il voulait être sûr d'être compris. Malgré tout, le copte reste décidément plus qu'une langue liturgique et, même condamné, il se survivra longtemps : au XIIᵉ siècle, les personnes cultivées du clergé chrétien le connaissent encore, et les patriarches de cette époque l'écrivent aussi élégamment que l'arabe. Les dernières inscriptions coptes verront le jour au XIIIᵉ siècle. Il s'agit ici du copte comme langue écrite et savante. En tant que langue parlée, sa disparition a été plus rapide : c'est au Xᵉ siècle qu'il s'est effacé au profit de l'arabe, un bon siècle tout de même après que le monde araméen fût devenu arabophone.

Si la situation linguistique a vu ainsi le triomphe de l'arabe dans les régions centrales de l'Empire, il n'en a pas été de même aux deux extrémités, où deux blocs linguistiques continuent à vivre malgré l'arabophonisation des milieux urbains et intellectuels : à l'est, le persan, à l'ouest, le berbère.

On ne parlera ici que de l'iranien moyen, issu d'un dialecte vieux-perse parent du dialecte dans lequel est écrit l'*Avesta*. Cet iranien moyen ou pehlvi, ancêtre direct du persan moderne, continuera d'être employé à côté de l'arabe. Les influences iraniennes de l'époque abbasside passeront, certes, par le véhicule arabe. Mais un renouveau, en persan cette fois, se fera jour, aux xᵉ-xiᵉ siècles, avec les princes samanides du Khurāsān, puis avec les Ghaznévides. Un des monuments de la littérature persane, le *Shāhnāmè* de Firdawsī, date de cette époque : 990-1020.

Quant au berbère, il est parlé depuis l'hinterland de la vallée du Nil et de la Cyrénaïque jusqu'aux extrémités occidentales du Maghreb, d'une part, et jusqu'au sahel nigérien (Soudan) de l'autre. Ici, l'arabe touchera en priorité les villes : langue religieuse, langue de civilisation urbaine, il ne progressera que très lentement dans l'arrière-pays berbère. Ce faisant, il recouvre l'ancien domaine urbain des colonies carthaginoises : saint Augustin et même, au viᵉ siècle, Procope nous indiquent que le punique était encore parlé autour des anciens centres carthaginois romanisés. Il se peut qu'il y ait eu là un support expliquant par la suite la rapidité de l'adoption de l'arabe dans les villes romaines d'Afrique du Nord : telle est du moins l'hypothèse de S. Gsell.

Quoi qu'il en soit, le passage brusque du latin à l'arabe peut s'expliquer, en tout état de cause, par le besoin, ressenti dans les centres urbains, de se fonder sur une vraie langue écrite, celle de l'administration et des échanges, supérieure évidemment aux parlers flous et régionaux, non écrits, comme l'étaient les dialectes berbères. Par ailleurs, on a pu noter une certaine pénétration de l'arabe dans les montagnes de Petite-Kabylie (pays Kutāma), aux xᵉ-xiᵉ siècles, pénétration liée au mouvement fatimide. De même, au xiᵉ siècle, l'irruption hilalienne entraîne une certaine arabisation des tribus nomades d'Ifrīqiya et les Hauts Plateaux algériens seront touchés à leur tour aux xivᵉ-xvᵉ siècles. Mais, il s'agit là d'un processus lent, ne concernant guère, en définitive, que les villes et leur territoire immédiat.

Quelle est, enfin, la situation linguistique en Espagne, à l'extrémité occidentale du monde musulman? Le latin s'y maintient et évolue vers une langue romane destinée elle-même à devenir l'origine des parlers ibériques; à côté du latin, quelques apports berbères, notamment dans les régions montagneuses du sud-est, peuplées de groupes originaires d'Afrique du Nord; l'araméen est employé par les communautés juives; enfin, élément nouveau venu, l'arabe. Arabe dialectal, d'abord : l'hypothèse a été émise d'un bloc de parlers arabes occidentaux englobant les populations citadines de l'Espagne musulmane et celles du Maghreb, de Malte et de Sicile [1]. Cet arabe occidental sera désigné sous le nom d'*al-gharbiyya*, en espagnol *algarabia*, d'où viendra plus tard notre « charabia ». A côté de cet arabe dialectal, on trouve naturellement aussi l'arabe classique, langue des ouvrages littéraires et philosophiques, identique sur toute l'étendue du monde musulman, langue, aussi, de religion, d'administration, de commerce et de civilisation, qui joue le même rôle que le latin, jadis, dans le monde chrétien d'Occident, ou que le grec dans le monde byzantin.

Les langues de commerce

Mais l'arabe ne se contente pas d'assurer sa suprématie, presque son exclusivité, à l'intérieur de l'Empire musulman [2], il en franchit aussi les frontières, avec les marchands juifs rādhānites de Narbonnaise ou les commerçants berbères établis au Soudan, et aussi jusqu'aux comptoirs arabo-persans de l'océan Indien, de l'Indonésie, de l'Indochine et de la Chine du sud (Canton abritera une grosse colonie de marchands venus du monde musulman), ou, vers le nord, jusqu'aux colonies musulmanes établies

1. Cf. COLIN, « Un document nouveau sur l'arabe dialectal d'Occident au XIIe siècle », *Hespéris*, XII, 1931, pp. 1-32.

2. Un correspondant juif qui écrit de Kairouan et a voyagé en Iraq, en Andalousie et en Afrique du Nord, s'excuse de ne pas écrire en hébreu, mais en arabe, car il est pressé et cela lui est plus commode. Cf. I. GOLDZIHER, « Mélanges judéo-arabes, XXIII », *Revue des Études juives*, L, 1905, pp. 182-188.

dans les *emporia* des fleuves russes (Itil, Bulghār, Kiev); Byzance elle-même comptera une mosquée à l'usage des Musulmans qui y vivent.

Reste à parler, pour clore ce tableau linguistique, des langages composites qui se sont développés sur les marges de l'Empire musulman; nés dès cette époque, mais destinés à se modifier profondément par la suite, ces langages comprennent : le swahili, parlé dans les escales de l'océan Indien, langue africaine, chargée de nombreux termes empruntés à l'arabe, au persan et aux langues de l'Inde; l'azer, langue des comptoirs du commerce de l'or et des esclaves au Sahel soudanais, qui a emprunté à l'arabe, au berbère et aux langues africaines (soninké et songhaï notamment); le sogdien, déjà langue du grand commerce à l'époque sassanide, langue iranienne ayant assimilé divers vocables empruntés aux langues voisines; la *lingua franca* de la Méditerranée, enfin, qui devait survivre longtemps, puisque le dernier homme à la parler mourut au milieu du XIXe siècle à Raguse. Une certaine sorte de malais — celui parlé dans les ports de l'archipel insulindien — jouera un rôle comparable, mais plus tard.

Ces aires linguistiques, marginales sur la carte, revêtent, dans la réalité, une importance considérable : elles sont le creuset où se transforment les vocabulaires techniques, les termes maritimes ou commerciaux, qui passent ensuite dans les langues voisines. L'importance du processus est à signaler, notamment, pour l'arrivée, dans les langues romanes, de termes techniques issus du monde musulman.

Cet aperçu des langues parlées à l'intérieur et aux marges du monde musulman nous permet de mieux serrer la définition du mot « musulman » et d'établir la distinction nécessaire entre monde arabe et monde arabophone. L'expression de monde arabe est à écarter : on l'a dit, l'élément ethnique proprement arabe est peu important et noyé dans des populations beaucoup plus compactes, plus civilisées, plus urbanisées. L'expression de monde arabophone, pour être plus heureuse, n'est cependant pas tout à fait satisfaisante. En effet, les contours de ce monde évoluent, et de plus, il ne présente aucune massivité : les villes et le réseau urbain s'y opposent à la campagne et, d'autre part, aux deux extrémités du bloc se maintiennent et se renouvellent, on l'a vu, deux langues essentielles, persan et berbère, destinées à un long avenir.

***

L'expression qu'il faut décidément retenir est donc celle de monde musulman. Elle est sans doute la moins mauvaise, à la condition de bien s'entendre sur le terme. Ici aussi, nous sommes en présence d'un domaine spatial en évolution; ici aussi, les points d'ossature sont les villes et les relations inter-urbaines; c'est à partir d'elles, comme en tache d'huile, que se répand leur influence sur le monde rural ou nomade environnant. Mais en dehors d'elles, l'Islam, quelquefois, ne s'étendra que lentement : par exemple, dans certains coins de la montagne berbère, cette religion, avec le droit et les coutumes qu'elle implique, n'a pris pied que tout récemment, au XIXe siècle, sous l'influence d'un phénomène extérieur, la centralisation administrative française. Autre objection : ce monde musulman, aux VIIIe-XIe siècles, ne comprend pas encore l'Inde gangétique et l'Indonésie. Enfin, dans l'intérieur même du califat, de nombreuses populations échappent encore à l'Islam : ce sont les chrétiens, les juifs, les « athées » *(zindīq)*, les mazdéens, les idolâtres, les bouddhistes, les gnostiques, etc.

Au total, il faudrait parler plutôt de monde « compris sous la domination musulmane ». Si l'on retient en définitive l'expression de « monde musulman », ce sera un peu comme lorsque l'on dit « monde hellénistique » ou « monde romain », à savoir lorsqu'on évoque des peuples divers sous le voile d'une civilisation commune ou, mieux encore, des peuples pris dans le réseau de relations urbaines qui constitue l'essentiel de cette civilisation syncrétique.

Ainsi défini, le monde musulman se caractérise par les traits suivants : un vaste domaine économique, d'abord, et, ensuite, une aire de civilisation dont les racines, très diverses, puisent aux pensées grecque, sémitique, iranienne, indienne et, naturellement, arabe. C'est avant tout une synthèse; son art en témoigne assez, lui aussi d'origines les plus diverses : perse, mésopotamienne, byzantine, wisigothique même. Le mérite de l'Islam sera de fondre tous ces éléments en une civilisation unique, où les éléments originels seront quelquefois très difficiles à déceler : un objet d'art musulman, par exemple, cachera bien souvent sa provenance, la province archéologique à laquelle il appartient, si la question n'est pas tranchée par une inscription explicite. Vient-il de l'Inde ou de l'Espagne, de l'Égypte ou de l'Asie centrale? La langue arabe a le même caractère d'universalité. Elle est à la fois langue de religion, d'administration, de commerce et de civilisation.

Ce monde musulman, monde de synthèse comme les mondes hellénistique et romain, a quelque chose de plus qu'eux : ses dimensions. Plus vaste, il broche sur les deux mondes antérieurs. Si l'on superpose par la pensée les limites de l'empire d'Alexandre, de l'empire romain et du califat musulman, on sera amené aux conclusions suivantes. Les éléments humains du califat, d'abord, sont empruntés au monde hellénistique et au monde romain : ce sont les peuples de l'Orient et les peuples méditerranéens. En ce qui concerne le domaine géographique, les terres du califat recouvrent à la fois le Moyen-Orient et le bassin oriental de la Méditerranée, comme l'avait fait le monde hellénistique, mais aussi le bassin oriental et le bassin occidental de la Méditerranée, comme auparavant le monde romain. Le monde du califat abbasside s'ouvre largement, plus largement encore que le monde hellénistique, sur l'océan Indien, l'Inde, l'Asie centrale et la Chine; de l'autre côté, il s'ouvre sur l'Atlantique et le nord-ouest, comme le monde romain. Mais il ajoute, aux mondes romain et hellénistique, ses ouvertures vers la région des fleuves russes, vers les routes de la Caspienne ou de la Baltique, et aussi vers le Soudan et l'Afrique centrale, par les routes caravanières transsahariennes. Ce par quoi se traduit ainsi l'avènement de l'Empire musulman, c'est un élargissement de l'horizon commercial, l'élaboration d'un domaine économique plus vaste, plus varié, plus puissant.

DEUXIEME PARTIE

PUISSANCE MONÉTAIRE ET RYTHMES URBAINS

CHAPITRE V

LES PROBLÈMES MONÉTAIRES (1)

Notre approche a été jusqu'ici surtout géographique et s'est opérée région par région. Il nous faut étudier maintenant ensemble quelques-uns des aspects majeurs de la puissance du monde musulman, d'abord son moteur essentiel : la monnaie, puis l'essor urbain et les bouillonnements sociaux que les bouleversements économiques ne pouvaient manquer d'entraîner.

LA SITUATION MONÉTAIRE A LA VEILLE DES CONQUÊTES MUSULMANES

L'établissement d'une carte monétaire de l'Ancien Monde avant l'établissement du monde musulman fait apparaître trois domaines monétaires bien distincts, trois économies.

L'Occident barbare est à peu près complètement vidé d'or, au profit de l'argent, métal indigène; de cette monnaie d'argent, la plupart du temps de très mauvaise qualité, nous connaissons le tiers d'as, le *triens* mérovingien, monnaie d'argent saucé de poids très faible et de titre très

1. Pour une étude plus détaillée des questions abordées dans ce chapitre, voir M. LOMBARD, « Les bases monétaires d'une suprématie économique. L'or musulman du VIIe au XIe siècle », *Annales E.S.C.*, II, 1947, pp. 143-160 et *Études d'économie médiévale*. I. *Monnaie et Histoire d'Alexandre à Mahomet*, Paris, 1971.

bas. Le pays est abandonné du grand commerce. Le commerce d'importations de luxe est dans la main des Levantins *(Syri)*, qui ont drainé et épuisé les réserves d'or de l'Occident barbare. Privé, avec l'or, de la monnaie de base du grand commerce méditerranéen, l'Occident est un pays où prévalent de plus en plus des formes rurales et domaniales, tandis que s'accentuent décadence urbaine et tendance à l'économie fermée.

L'Empire byzantin, de son côté, connaît de sérieuses difficultés d'alimentation en or. Faiblesse, d'abord, et irrégularité de l'approvisionnement en or neuf, en or de mine : les barbares du nord en ont coupé les routes vers les steppes ponto-caspiennes, tandis qu'au sud, les Blemmyes de Haute-Égypte ferment celles de l'Afrique. Pareillement est fermé l'accès au monde de l'océan Indien désormais dominé par le commerce sassanide.

L'appauvrissement en or est aggravé par la thésaurisation, surtout ecclésiastique, qui soustrait à la circulation une part importante de métaux précieux, au profit des monastères de Syrie, d'Égypte et de Constantinople : appauvrissement d'autant plus grave qu'il se produit au moment même où s'amenuisent et disparaissent les courants d'or monnayé en provenance de l'Occident barbare, or drainé, on l'a vu, par le commerce des Syri. L'ensemble de ces phénomènes entraîne pour Byzance un resserrement et une viscosité plus grande de la circulation monétaire.

Cependant, il subsiste de grosses réserves d'or dans les provinces orientales, Syrie et Égypte, vieux pays de transit, « pays-éponges » entre l'Occident barbare et l'Orient sassanide. Grâce à ces réserves, Byzance parvient à étouffer ses crises monétaires et à maintenir son nomisma *(denarios chrusous* de Constantin, *solidus aureus)*, qui reste toujours l'unique instrument des échanges dans la Méditerranée et l'une des cartes maîtresses de la diplomatie byzantine.

L'Empire byzantin reste néanmoins gêné monétairement : le grand commerce s'y ralentit, se resserre, se réduit à n'être pratiquement plus qu'un cycle à court rayon d'action, localisé en Méditerranée orientale : Alexandrie — Antioche — Constantinople — Alexandrie. A côté de centres urbains qui se maintiennent, l'ankylose domaniale apparaît et s'étend, ce que nous montrent, pour l'Égypte, les papyrus des VIe-VIIe siècles et, pour l'Empire, les rescrits impériaux qui essaient de lutter contre l'importance envahissante des grands propriétaires terriens.

En face, l'Orient sassanide ne connaît pas de circulation d'or. C'est ici le domaine du monométallisme-argent, fondé sur le direm (drachme). Mais d'énormes réserves d'or, sous forme de bijoux ou de mobilier précieux, s'entassent dans les palais des souverains et des seigneurs perses. Par ces stocks, l'Orient sassanide apparaît comme un véritable mangeur d'or.

Sur la base de la monnaie d'argent, qui domine les marchés du Moyen-Orient et de l'océan Indien, avec des pointes vers l'Asie centrale et la région des fleuves russes, s'élabore ici une très grande activité économique entraînant l'essor urbain. Les caractères ruraux et domaniaux tendent à s'effacer au profit de l'aspect urbain et mercantile. La vieille noblesse terrienne s'affaiblit à mesure que se développe l'activité commerciale vers les pays de l'océan Indien, de la mer Rouge, de l'Asie centrale et des fleuves russes. Qui plus est, les Sassanides contrôlent désormais, en tant qu'intermédiaires obligatoires, l'approvisionnement byzantin en objets précieux de l'Asie : au fond du golfe Persique, le groupe Ctésiphon-Ubulla (qui ont pris respectivement la suite des cités hellénistiques, Séleucie et Apologos) préfigure déjà le rôle commercial du groupe Bagdad-Baṣra.

Cette domination économique de l'aire sassanide se traduit, dans le domaine artistique, par le rayonnement des formules techniques, architecturales, iconographiques et décoratives de la Mésopotamie et de l'Iran, à la fois vers l'est (grottes d'Ajanta aux Indes, fresques de Khotan, de Koutcha et de Turfan en Asie centrale), vers le nord (orfèvrerie cloisonnée des peuples de la steppe) et vers l'ouest (tissus byzantins notamment).

Ces trois domaines monétaires une fois cernés, il reste à préciser le sens des courants qui s'établissent entre eux. Ces courants s'orientent, en dernière analyse, d'ouest en est : l'Occident perd son or au profit de Byzance et Byzance au profit de l'Orient sassanide. Avant les conquêtes musulmanes, on assiste ainsi à un mouvement linéaire d'ouest en est, épuisant l'Occident et la Méditerranée au profit du

Moyen-Orient et de l'océan Indien. Tout cet or vient s'engloutir dans la thésaurisation sassanide et indienne.

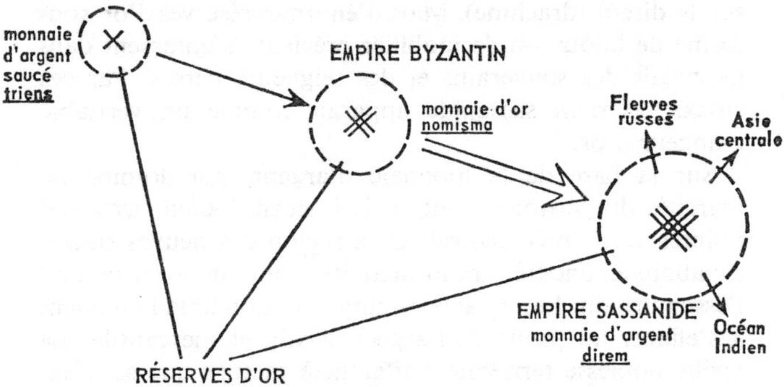

8. — Schéma des courants monétaires à la veille de la conquête musulmane.

On constate, au début du VIIe siècle, un déséquilibre de plus en plus grave dans la répartition du volume d'or total, représenté par la thésaurisation et la circulation. Les royaumes barbares, où les réserves sont presque épuisées, connaissent une pénurie d'or monétaire, tandis que la circulation d'or sous forme de monnaie se réduit dans l'Empire byzantin, malgré des réserves encore assez importantes, et que l'Empire sassanide, enfin, conjugue l'absence de circulation d'or monnayé avec la surabondance d'or thésaurisé. On s'achemine ainsi vers une restriction du volume d'or circulant sous forme de monnaie, vers un resserrement géographique du domaine de l'or, qui recule devant le domaine de l'argent.

Le premier, celui du nomisma, est réduit à peu près au bassin oriental de la Méditerranée, aux territoires byzantins, pris ainsi entre le domaine de l'argent barbare qui s'instaure à l'ouest et le domaine de l'argent sassanide qui se développe victorieusement à l'est, les trois causes de ce mouvement d'ensemble étant, en définitive, la thésaurisation, la faiblesse et l'irrégularité de l'apport minier et, enfin, le caractère linéaire et à sens unique, de l'ouest vers l'est, que la balance commerciale impose aux courants monétaires.

Les conquêtes arabes et la formation du monde musulman vont agir sur les trois faits précédemment signalés et transformer la carte monétaire.

LES MÉTAUX MONÉTAIRES DANS LE MONDE MUSULMAN

Les deux faits essentiels sont l'afflux de l'or qui servira à frapper le dinar *(denarios)* et l'exploitation de grandes ressources : en argent d'une part, métal qui sera à la base du dirhem (drachme), en cuivre et en étain d'autre part, métaux qui permettront la frappe de la petite monnaie *(fals*, du byzantin *phollis)*.

L'afflux d'or revêt trois formes : remise en circulation de l'or thésaurisé, arrivée d'or neuf et progrès des techniques de traitement. La remise en circulation de l'or thésaurisé est alimentée par le butin : celui des palais sassanides et, à partir du califat de l'Umayyade 'Abd al-Malik (685-705), celui des églises syriennes et mésopotamiennes. Ce calife en effet, qui accentue par ailleurs avec vigueur l'arabisation, par l'introduction de l'arabe dans les bureaux administratifs et la frappe d'un dinar de type musulman, supprime le privilège des membres du clergé, jusque-là exempts de l'impôt de capitation *(jizya)*. Désormais, il leur faudra payer une pièce d'or par tête; quant à leurs biens, ils sont recensés et soumis à de lourds impôts fonciers *(kharāj)*.

Ainsi donc, les trésors des églises et des monastères ont joué, dans le monde musulman du VIIIe au IXe siècle, le rôle de ces réserves de métal précieux où le souverain puise dans les moments graves, tout comme les trésors des temples antiques que Constantin avait tenté de mobiliser en créant le *solidus aureus*. Si l'on note que les débuts des dispositions prises par les califes umayyades pour faire sortir l'or des trésors ecclésiastiques datent des environs de 700, qu'à Byzance, les premières mesures des empereurs isauriens « iconoclastes » sont de 726, et qu'en Occident le commencement de la politique de spoliation de l'Église suivie par Charles Martel se situe en 730-731, on constate qu'on se trouve en présence d'un mouvement qui semble se propager d'est en ouest, du monde musulman vers Byzance, puis vers l'Occident franc, mouvement qui met fin à un cycle de thésaurisation.

Un dernier or thésaurisé et redécouvert est celui des tombeaux pharaoniques. La thésaurisation funéraire poursuivie en Égypte trouve sa fin avec les conquêtes musulmanes. Les textes mentionnent alors d'importantes et nombreuses découvertes opérées par les chercheurs de trésors, les *aṣḥāb al-maṭālib* (de *ṭalaba* : « rechercher »), véritable corps de métier qui remet le cinquième des trouvailles au gouvernement et travaille en étroite coopération avec le Département de la monnaie *(Dār as-sikka)* : situation semblable, donc, à celle de l'Amérique des Conquistadores où les *guaqueros* étaient spécialisés dans la recherche de tombes péruviennes anciennes *(guacas)*, ou encore à celle du Moyen Age occidental, bien que là, nos « larrons fossiers » fassent, travaillant sur peu de richesses, assez pauvre figure à côté de leurs homologues égyptiens et espagnols.

Pour en revenir à l'or des Pharaons, nous savons que le poids d'or fin retiré du tombeau de Tout-Ankh-Amon s'élevait à plusieurs milliers de kilogrammes et représentait le double de l'encaisse-or de la Banque d'Égypte. Or, il s'agit là d'un souverain de modeste envergure : qu'on imagine alors la valeur de l'or de l'ensemble des tombes pharaoniques, pour la plupart violées! Si, de nos jours, les découvertes sont préservées, si nous passons ainsi de la thésaurisation funéraire à la thésaurisation scientifique (symbolisée par le Musée des Antiquités du Caire), à l'époque médiévale en revanche, la découverte de l'or se traduisait par sa remise en circulation : des monnaies sont frappées avec cet or récupéré.

L'arrivée d'or neuf, seconde forme de l'afflux d'or, est fondée sur l'exploitation minière. L'or neuf, l'or de mine est pratiquement, du fait de l'extension de l'Empire, une propriété musulmane, soit que les Musulmans possèdent effectivement les emplacements de mines, soit qu'ils contrôlent les routes par où arrive l'or des pays étrangers. Ils tiennent ainsi, directement ou non, les mines de l'Arabie occidentale, du Caucase et de l'Arménie, de l'Oural et de l'Altaï, celles-ci alimentant le commerce des tribus turques nomades; les mines du Tibet et du Dekkan dont l'or est acheminé vers les comptoirs de l'Indus et de la côte de Malabar; les mines de l'Afrique orientale qui font la richesse de Sofala, la « Sofala de l'or » : *Sufālat adh-dhahab*; les mines de la Nubie, enfin, et du *Wādī 'Allāqī*, dont nous parle Ya'qūbī, et qui produisent un or acheminé ensuite vers Assouan.

En outre, le monde musulman a capté une source d'or nouvelle et bien plus importante, puisqu'elle devait alimenter le principal courant d'or neuf vers la Méditerranée du IXe au XVe siècle : l'or du Soudan. L'extraction est faite par les orpailleurs noirs, qui sont restés actifs jusqu'à nos jours; le transport du métal recueilli est l'affaire du commerce transsaharien des chameliers berbères, depuis les centres d'entrepôt de la région Sénégal-Niger jusqu'aux grands terminus caravaniers du Nord, sur la bordure septentrionale du Sahara : Nūl-Lamṭa, Sijilmāsa, Ouargla, le Jarīd, tous pays ou villes qui sont les ports maghrébins de l'or. Sijilmāsa surtout, fondée en 757 dans le Tafilelt, fait figure de grand port d'entrée vers le pays des Noirs, le *Bilād as-Sūdān*, dit aussi *Bilād at-Tibr*, *tibr* désignant l'or natif, fondu, en fils tressés.

Troisième élément favorable à l'afflux d'or : le progrès des techniques dans le traitement du minerai, par l'emploi généralisé de l'amalgame, l'*almalgama* du latin des alchimistes, mot lui-même dérivé d'une forme arabe représentant une altération du grec *malagma* ou, plus simplement, de l'arabe *al-majma'*, « réunion » ou *'amal-al-jam'*, « opération de réunion ». Le procédé, dans tous les cas, utilise le mercure d'Espagne *(az-zawq)*, (esp. *azoque*). A Almaden (de *al-ma'din*, « la mine »), travaillent un millier d'ouvriers et le mercure joue ici déjà le rôle qu'il jouera plus tard pour les métaux précieux d'Amérique. Il est, du reste, exporté d'Espagne vers le Maroc et le Soudan, vers l'Égypte et la Nubie, vers la Mésopotamie, l'Asie centrale et l'océan Indien, autrement dit vers les pays de l'or. De ces techniques, un mot survivra jusqu'à nous : la « batée », instrument servant au lavage de l'or (esp. *batea*, arabe : *baṭīḥa*).

Ressources en or, ressources en argent aussi. Les grandes régions productrices d'argent du monde musulman sont celles de l'Antiquité : l'Espagne méridionale, d'abord, le vieux pays de Tartessos visité des Phéniciens, des Carthaginois et des Romains, avant de l'être des Musulmans; ceux-ci font cesser le hiatus barbare, cause de la baisse et même de l'arrêt de l'exploitation et leur arrivée se traduira par une reprise puissante de l'activité minière. Les mines d'argent de l'Atlas marocain, exploitées par les indigènes, alimentaient un fort courant d'exportation, aux mains des Phéniciens de Lixos. Elles étaient encore en activité au XVIe siècle.

Plus important apparaît le groupe minier constitué par l'Arménie, l'Iran septentrional et l'Asie centrale, grande zone argentifère que les Sassanides ont déjà largement exploitée pour leur direm. Les deux grands centres miniers sont Ma'din Benjhīr, dans les montagnes de Kābul, avec 10000 ouvriers et Ma'din ash-Shāsh, en Transoxiane, au nord du Farghāna. Des monnaies d'argent de Hārūn ar-Rashīd et de la dynastie des Saffarides (IXe siècle) portent l'indication de Ma'din Benjhīr et de Ma'din ash-Shāsh, indication qui confirme l'usage d'une frappe des monnaies installée près des mines. Enfin, la région du Taurus cilicien, au nord de la Syrie, est célèbre par son site de Bulghār Ma'din, déjà exploité par les Phéniciens, qui en exportaient l'argent vers l'Égypte pharaonique.

Le monde musulman comprend donc, surtout, deux grandes zones argentifères : l'Espagne à l'extrême-ouest, l'Asie centrale et le nord de l'Iran à l'extrême-est. Ces deux régions alimentent respectivement les ateliers de l'Occident et de l'Orient musulman, producteurs de dirhems *(dirham*, au plur. *darāhim)*.

Ressources en cuivre et en étain, enfin. Songeons aux nombreuses œuvres d'art en cuivre, bronze ou laiton (cuivre et zinc), qui nous ont été conservées. L'extraction du cuivre alimente la frappe de menues monnaies *(fals*, plur. *fulūs*), monnaies locales et d'appoint. Le métal est fourni par Chypre et, surtout par la mine d'Arghana (Ergani-Ma'din), en Haute-Mésopotamie, qui, encore de nos jours, fournit tout l'artisanat levantin (chaudronnerie et cuivres incrustés) et exporte vers Mossoul et vers Damas. L'Afrique du Nord est représentée, de son côté, dans la production de cuivre, par la région montagneuse des Kutāma, en Kabylie des Babors, soutien fidèle des Fatimides. Le Maroc central, avec le pays de Daï, sur le cours moyen et supérieur de l'Oumm er-Rebī'a, exporte son cuivre vers Fès et vers le sud, en direction de Sijilmāsa et, de là, vers le pays des Noirs. Le Sūs al-aqṣā, de son côté, exporte vers le Soudan du cuivre, en lingots et sous forme de bassins et d'anneaux. Quant à l'Espagne, elle fut connue dès l'Antiquité pour sa richesse en cuivre. Le cuivre du Caucase et de l'Asie centrale, enfin, alimente l'artisanat de la chaudronnerie turque.

L'étain, qui, allié au cuivre, donne le bronze, vient de deux grandes sources lointaines, dont l'économie se trouve ainsi accrochée au grand commerce mondial : des îles Cassitérides d'abord (dont le nom est à l'origine du mot arabe : *qaṣdīr*, « étain »); du « pays de Kalaḥ », ensuite, c'est-à-dire de la péninsule malaise; cette sorte d'étain sera désignée sous le nom de *Qala'ī*. L'étain de Grande-Bretagne gagne, par l'océan, l'Espagne musulmane; par la Gaule et Narbonne, les pays de la Méditerranée musulmane; par les cols des Alpes et Venise, l'Orient musulman. L'étain malais pénètre dans le monde musulman par le golfe Persique et le commerce arabo-persan de l'océan Indien et de la mer Rouge.

FRAPPE ET CIRCULATION

L'afflux d'or et l'abondance des ressources en argent, plus accessoirement en cuivre et en étain, vont offrir d'immenses possibilités au monnayage musulman. Les ateliers monétaires vont se multiplier, la frappe de l'or se décentraliser et se pratiquer dans toutes les villes importantes du monde musulman, mettant sur le marché des quantités considérables de monnaies d'or et d'argent frappées par les califes et, après le démembrement du califat, par tous les souverains des différents États musulmans. La qualité, du reste, accompagne la quantité : comme toute monnaie dominatrice, le dinar est frappé avec un soin extrême.

Le géographe Ibn Khurdādhbeh (vers 850) atteste la réalité et l'intensité de cette circulation monétaire, l'abondance, jusque dans les moindres bourgades, du numéraire métallique d'or et d'argent; c'est en monnaie qu'il indique les montants de l'impôt ou des sommes dépensées par les califes pour des constructions qui témoignent assez de l'essor urbain. Cette circulation monétaire, qui innerve tout le monde musulman, touche, par delà ses limites, de larges zones des domaines économiques voisins.

Le type des pièces musulmanes, dinar d'or et dirhem d'argent, ne s'est pas constitué d'emblée. Les débuts de la conquête n'ont pas vu apporter de changement dans le type des pièces en circulation : direms sassanides, dans les provinces orientales, denarioi byzantins, dans les provinces occidentales, continuent à circuler, et les premiers ateliers musulmans ne font que reproduire ces types, jusqu'au califat umayyade de 'Abd al-Malik. La raison de ce retard à remplacer les anciens types monétaires doit être cherchée dans le caractère traditionnel, routinier, que le monde du commerce attache aux instruments d'échange, à sa méfiance instinctive pour toute innovation dans le domaine monétaire : le changement n'intervient que lorsqu'il est rendu nécessaire par les transformations intervenues dans l'économie elle-même.

Ce retard dans l'établissement d'un type monétaire musulman rend donc compte de l'évolution économique. Jusqu'à la fin du VIIe siècle — la réforme de 'Abd al-Malik date de 696-697 — si les monnaies du grand commerce sont toujours la pièce d'or byzantine et la pièce d'argent sassanide, c'est parce que subsistent les anciens circuits commerciaux du monde byzantin, d'une part, et ceux du monde sassanide, de l'autre. Mais, à partir du VIIe siècle, l'unité économique est créée, les deux réseaux se sont osmosés : conditions nouvelles qui permettent le passage à un type unifié, fondé sur le dinar d'or et le dirhem d'argent.

Il est possible de préciser les étapes de cette évolution. Le calife 'Alī avait, le premier, tenté un essai en ce sens, à Baṣra, en 660, sous la forme d'un dirhem musulman, avec légende en écriture kūfique. Mais cela avait été un échec. Quarante ans plus tard, l'innovation, reprise, réussit. Il y a donc eu, au cours de ces quarante ans, un changement de la conjoncture monétaire, indice d'un changement de la conjoncture économique : la monnaie musulmane a échoué, puis réussi à cet examen capital qu'est, pour tout type monétaire nouveau, son apparition sur le marché et sa confrontation avec les types préexistants.

La première opération monétaire réalisée par les Musulmans, fut, sous le califat de 'Umar (634-644), une régularisation du poids des monnaies d'argent. Alors que la monnaie d'or était fondée sur un seul système, celui du *nomisma*, le monde musulman se trouvait, pour l'argent, en présence de trois systèmes : dirhem *baghlī* (en Perse), dirhem *rūmī* pour les échanges avec Byzance, dirhem *ṭabarī* (en Asie centrale). Le souci de créer un grand domaine unifié de la monnaie d'argent fit fixer le poids du dirhem à une moyenne de 14 qirats (du grec *keration*, ancêtre de notre « carat »), soit environ 3,96 g. Il est à noter que la définition en poids du dirhem légal était donnée selon une mesure héritée du système grec, le *qirāṭ*, et non selon la mesure persane, le *dāneg* : on voulait accrocher par là cette nouvelle monnaie d'argent à la monnaie d'or, héritée elle-même, on le sait, du système grec.

Le type musulman n'est véritablement créé qu'avec la réforme de 'Abd al-Malik (74-75 H./693-695) par la frappe d'un dinar d'or à Damas. Le mouvement est dès lors lancé : en 75-76 H./694-696, un gouverneur de l'Iraq frappe des dirhems d'argent, de type musulman également, à Baṣra. L'ensemble des provinces est gagné au mouvement : en 77 H./696-697, le gouverneur d'Égypte, 'Abd al-'Azīz, frère de 'Abd al-Malik, frappe des dinars à Fusṭāṭ.

Le type du dinar ainsi créé comporte, à l'avers, en légende circulaire, la date d'émission : « Au nom de Dieu, ce dinar a été frappé l'an... », accompagnée, à partir du califat abbasside d'al-Ma'mūn (813-833), du nom de la ville où s'est faite la frappe. Dans le champ, toujours à l'avers, se lit une formule pieuse, écrite sur trois lignes. Au revers, en légende circulaire, une louange à Muḥammad et, dans le champ, en trois lignes, une formule pieuse.

Le dirhem présente la même composition, mais avec des proportions plus amples : la place est en effet plus grande sur une pièce d'argent, assez large et épaisse.

Le *fals*, enfin, comporte des légendes en arabe, de type très variable. Il ne s'agit, répétons-le, que d'une simple monnaie locale, accessoire, non soumise au droit régalien et frappée par une autorité locale. Il n'existe pas, du reste, de rapport légal entre le bronze et les autres métaux monétaires.

Le type monétaire ainsi créé est caractérisé par l'inscription en lettres kūfiques carrées, et par l'absence d'effigie : la représentation figurée, celle, par exemple, à l'époque abbasside, d'al-Mu'taṣim sur un trône, à la manière sassanide, restera une exception. On fixe également avec soin le poids de cette monnaie nouvelle, parallèlement à son type extérieur; le poids du dirhem d'argent étant conservé selon les normes fixées par 'Umar, on fixera celui du dinar, en s'en tenant à une moyenne établie à partir d'une assez nombreuse quantité de pièces d'or byzantines en circulation, la pièce d'or constantinienne pesant 4,25 g. Mais, comme il s'agissait là de monnaies ayant déjà circulé, donc ayant plus ou moins perdu un peu d'or, il en résulta que les nouvelles pièces musulmanes furent légèrement inférieures en poids d'or fin à celles de Byzance. Et comme la monnaie faible chasse partout la monnaie forte sur les marchés, la légère différence de poids entre les deux pièces rivales ne fut sans doute pas étrangère à la rapide diffusion de la nouvelle monnaie dans tout le monde musulman. Les anciennes monnaies furent peu à peu retirées et obligation fut faite aux changeurs et banquiers de remettre celles qu'ils détenaient ou recevaient aux services officiels, qui les fondaient et les refrappaient. Hors du domaine musulman aussi, le dinar, la grande monnaie d'or du califat, étendra sa zone de circulation, particulièrement dans les pays où il se trouve en lutte avec le nomisma byzantin : Russie du sud ou Occident barbare.

Ainsi donc, par le dinar et le dirhem musulmans, héritiers respectifs du nomisma byzantin et de la drachme sassanide, deux systèmes monétaires jadis étanches vont se trouver accrochés l'un à l'autre, selon le schéma suivant :

Nomisma byzantin
monnaie du grand commerce
domaine de l'or

direm perse
monnaie du grand commerce
domaine de l'argent

DINAR
musulmans
DIRHEM

Monnaies du grand commerce. Deux domaines liés.

On voit se réaliser, sur la base de 1 dinar — 20 dirhems, un accrochage de la monnaie d'argent à la monnaie d'or (bi-métallisme méditerranéen), la fusion progressive des anciens domaines monétaires byzantin et sassanide, la victoire de l'étalon-or et l'extension de la circulation de l'or, à la fois vers l'est, sur les anciens territoires sassanides, et vers l'ouest, dans l'Occident barbare et en Espagne.

Restent à préciser les étapes de cette extension du domaine de l'or dans l'intérieur du monde musulman. La frappe de l'or elle-même a été soutenue par l'afflux de métal, selon des vagues successives représentant le butin, puis la remise en circulation de l'or thésaurisé, enfin l'arrivée d'or neuf du monde entier et surtout du Soudan. A la suite de cet afflux, la valeur de l'or et, par conséquent, le pouvoir d'achat de la monnaie qu'il gageait ont eu tendance à baisser. Et comme on ne thésaurise pas une monnaie qui perd progressivement de sa valeur, comme on la réinvestit immédiatement dans les affaires, à l'appel d'une économie en essor où les bénéfices sont de plus en plus grands, rien d'étonnant à ce qu'un mouvement d'enrichissement ait animé le monde musulman après la conquête, et notamment ses marchands.

Attardons-nous quelques instants sur l'or du Soudan. Cet or, qui alimente le principal courant d'approvisionnement en métal précieux depuis la fin du VIIIe siècle et surtout depuis le IXe, arrive, on l'a dit, par les petites villes caravanières du sud du Maghreb : toute l'histoire politique et dynastique de l'Afrique du Nord s'ordonne autour du souci de contrôler les terminus où aboutissent les caravanes de l'or. Cet or ne reste pas au Maghreb, il ne fait qu'y passer, tout comme, aux XVIe-XVIIe siècles, l'or et l'argent d'Amérique déchargés à Cadix en repartent vers les centres de commerce, de banques, d'industries, centres moteurs de l'économie d'alors.

L'or du Soudan, donc, chemine vers les régions de grosse production qui travaillent pour le commerce d'exportation : l'Égypte, avec son blé, ses papyrus et ses étoffes, la Mésopotamie, avec sa canne à sucre et ses tissus. Il chemine aussi vers les régions de transit où arrivent les marchandises provenant de l'extérieur du monde musulman : l'Espagne, où parviennent les esclaves et les autres produits demandés à l'Occident chrétien; les places d'Égypte, de Syrie et de Mésopotamie qui reçoivent les produits de l'Asie, les épices notamment; les centres marchands de l'Asie centrale, Samarqand, Bukhārā, le Khwārizm, qui commandent les routes vers les fleuves russes, le pays des Turcs, la Chine et l'Inde. L'or du Soudan chemine, enfin, vers les centres politiques, vers les cours des souverains. Un exemple : celui des Tulunides d'Égypte qui, au IXe siècle, versent chaque année un tribut de 300 000 dinars au calife abbasside de Bagdad.

Cet or, toutefois, n'est pas uniformément réparti. Il n'arrive que sous la forme de minces filets dans les régions situées à l'écart des grandes routes d'échanges. Il s'amasse dans les grands centres commerciaux et bancaires, sur les marchés urbains et palatins. Ce sont ces grands centres qui frappent l'or et l'argent, plus accessoirement le cuivre, et qui les redistribuent. Il y a donc, par ce réseau de courants monétaires, innervation de l'économie musulmane par l'or du Soudan. Le Maghreb ne jouant que le rôle d'un redistributeur vers les grands centres économiques.

***

Pour apprécier l'extension de la circulation de la monnaie d'or dans le monde musulman, nous disposons de cinq groupes d'information : d'abord, évidemment, les monnaies elles-mêmes, conservées aux musées de l'Ermitage, du Caire, de Damas, de Bagdad, au British Museum, au Cabinet

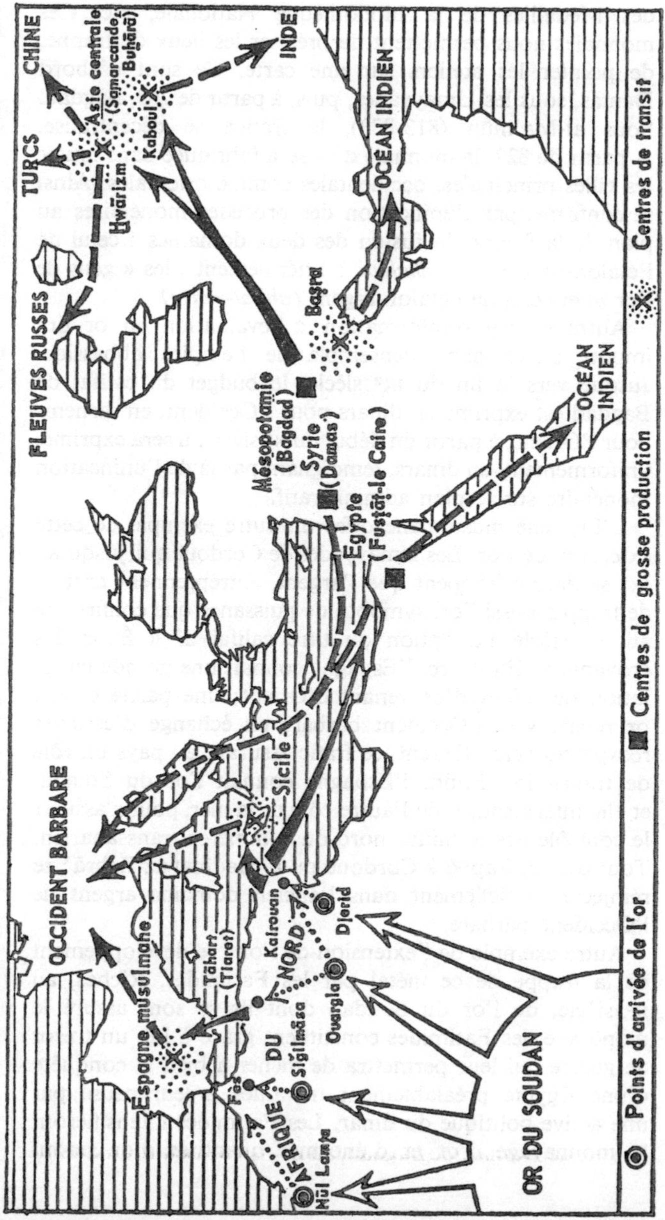

9. — L'or du Soudan.

des Médailles de la Bibliothèque Nationale, etc. Ces monnaies nous permettent de préciser les lieux de frappe, de pointer les ateliers sur une carte. Ce sont d'abord Damas, sous les Umayyades, puis, à partir de 763, Bagdad. Sous al-Ma'mūn (813-833), la frappe se décentralise. A partir de 827, la monnaie d'or sera fabriquée dans toutes les villes principales, occidentales comme orientales. Ainsi se confirme, par l'unification des procédés monétaires au plan de la frappe, la fusion des deux domaines : celui de l'étalon-or (*ahl adh-dhahab* : littéralement : les « gens de l'or ») et celui de l'étalon-argent *(ahl al-wariq)*.

Autre source d'information : l'évaluation en or des impôts payés dans l'ensemble de l'empire abbasside. Jusque vers la fin du IXe siècle, le budget du califat de Bagdad est exprimé en dinars pour l'Occident, en dirhems pour l'Orient; à partir du début du Xe siècle, il sera exprimé, uniformément, en dinars, témoignant par là de l'unification monétaire sur le plan administratif.

L'Espagne musulmane offre un autre exemple de cette extension de l'or. Les Umayyades de Cordoue qui, jusqu'au IXe siècle, ne frappent que l'argent, entreprennent ensuite de frapper aussi l'or, symbole de puissance que confirmera au Xe siècle l'adoption du titre califal d' « Émir des croyants ». En outre, l'Espagne connaît une grande circulation de pièces d'or venant d'Orient; une partie de cet or repart vers l'Occident barbare en échange d'esclaves réexportés vers l'Orient, ce trafic assurant au pays un rôle de transitaire. Enfin, l'Espagne connaît l'or du Soudan et elle interviendra, de l'autre côté de la mer, pour s'assurer le contrôle des terminus nord du commerce transsaharien. Tout cet or, frappé à Cordoue ou à Madīnat az-Zahrā', se réinjecte partiellement dans l'ancien domaine argent de l'Occident barbare.

Autre exemple de l'extension de l'or : le développement de la frappe de ce métal par les Fatimides. Riches, au Xe siècle, de l'or du Soudan dont ils se sont assuré le monopole, les Fatimides constituent grâce à lui, un trésor de guerre qui leur permettra de mener à bien la conquête d'une Égypte préalablement travaillée à leur cause par une active politique du dinar. Les Fatimides intensifieront le monnayage d'or et d'énormes quantités d'or seront frappées sur leur domaine, de la Syrie à la Sicile. Ils créeront, en outre, le « quart » de dinar *(rub')*, en or.

Enfin, nous sommes renseignés quant à la circulation de l'or par les chiffres que nous donnent les historiens ou géographes arabes. Quelques exemples suffiront à fixer un ordre de grandeur. En Espagne, à la mort de 'Abd ar-Raḥmān III, en 961, on trouve dans son trésor 5 millions de dinars, soit 250 quintaux d'or monnayé. Sous son successeur, al-Ḥakam II (961-976), le total des recettes versées au trésor public *(khizānat al-māl)* s'élève à 40 millions de dinars. En Égypte, à la mort du puissant ministre al-Afḍal (XIe siècle), on trouve dans son trésor

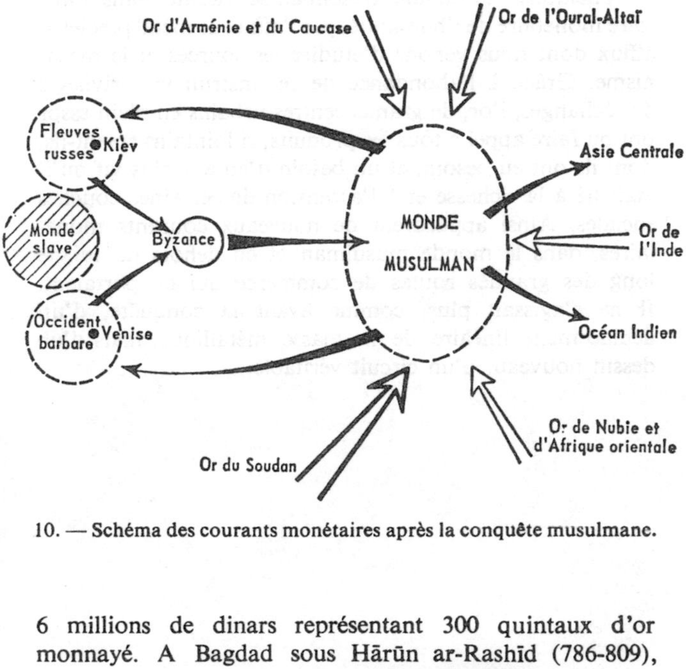

10. — Schéma des courants monétaires après la conquête musulmane.

6 millions de dinars représentant 300 quintaux d'or monnayé. A Bagdad sous Hārūn ar-Rashīd (786-809), chaque année voyait entrer au Trésor public *(bayt al-māl)* 7 500 quintaux d'or monnayé, soit un milliard et demi de dinars. Le calife al-Wāthiq (842-847) fait don aux commer-

çants d'al-Karkh, quartier de Bagdad ruiné par un incendie, de 500 000 dinars représentant 25 quintaux d'or.

Ces chiffres, glanés parmi beaucoup d'autres chez des auteurs qui avaient accès aux documents d'archives de l'époque, témoignent de l'ampleur du mouvement. S'il ne faut certes pas les accepter comme totalement véridiques — même les statistiques modernes sont souvent sujettes à caution — du moins donnent-ils un ordre de grandeur et justifient-ils pleinement l'idée d'un prodigieux accroissement de la monnaie d'or à travers tout le monde musulman. Le fait est d'autant plus considérable qu'il faut tenir compte du rapport entre le volume d'or en circulation et le chiffre de la population, ce dernier étant alors beaucoup moins élevé que de nos jours.

Concluons : le monde musulman se traduit, dans l'histoire monétaire de l'humanité, par l'afflux de métal précieux, afflux dont nous venons d'étudier les sources et le mécanisme. Grâce à l'abondance de cet instrument privilégié des échanges, l'or, de grands centres urbains en plein essor ont pu faire appel à tous les produits, si lointains soient-ils, dont ils ont eu besoin, et un besoin d'autant plus vif qu'il était lié à la richesse et à l'ascension de certaines couches sociales. Ainsi apparurent de nouveaux courants monétaires, dans le monde musulman et en dehors de lui, le long des grandes routes de commerce qui en partaient. Il ne s'agissait plus, comme avant la conquête, d'un déplacement linéaire de la masse métallique, mais d'un dessin nouveau, d'un circuit véritable.

CHAPITRE VI

L'ESSOR URBAIN ET L'APPEL DE LA CONSOMMATION (1)

LE RYTHME URBAIN AVANT ET APRÈS LA FORMATION DU MONDE MUSULMAN

Du VIIIe au XIe siècle, le monde musulman est le théâtre d'un prodigieux essor urbain. Cet essor se marque, d'abord, par la création de villes dont certaines deviennent rapidement les plus grandes villes du monde. Si l'on a pu dire de Sao Paulo que c'était « la ville qui croissait le plus vite au monde » (60 000 h. en 1888 et 2 millions en 1950), que penser de Bagdad qui, en moins d'années encore, de 762 à c. 800, passa de quelques centaines d'habitants — le site n'était occupé avant la conquête que par un château sassanide et quelques couvents nestoriens — à près de 2 millions? A côté de ces agglomérations qui ont, pour la plupart, conservé leur rôle de grandes villes jusqu'à l'époque actuelle, d'anciens centres urbains s'animent à nouveau, qui voient leur étendue, leur population et leur rayonnement atteindre des proportions inconnues jusque-là.

Ainsi se crée un vaste réseau urbain, qui, par relation de ville à ville, forme comme l'ossature matérielle du monde musulman, en même temps que le circuit des

1. M. LOMBARD, « L'évolution urbaine pendant le haut Moyen Age », *Annales E.S.C.*, XII, 1957, pp. 7-28.

grands courants de civilisation. Ce fait, d'une ampleur considérable et jusqu'ici mal mis en lumière, dépasse de beaucoup, en force et en étendue, le mouvement d'urbanisation de l'Empire romain, et se place sur le même plan que le grand mouvement de création urbaine de l'époque hellénistique ou que la poussée des villes de l'Europe occidentale, tout au moins à ses débuts.

Ici encore il est indispensable de faire le point et d'indiquer le sens de l'évolution urbaine avant et après la construction du monde musulman. Avant, c'est-à-dire dans la première moitié du VIIe siècle, nous nous trouvons en présence, comme pour les monnaies, de trois domaines où l'activité et le rythme urbains suivent à peu près le même développement. L'Occident barbare, qui se caractérise, on l'a vu, par une circulation monétaire quasi nulle, par l'isolement, le dessèchement et le morcellement du réseau commercial et aussi par le servage rural remplaçant l'esclavage urbain, voit s'effacer les formes urbaines. La cité antique disparaît, sous les coups des crises économiques, des invasions, des brigandages. La ville n'est plus qu'un *castrum* étroit, destiné à la défense et au refuge. C'est l'époque de triomphe du grand domaine et de l'économie rurale. La barbarisation et la ruralisation gagnent plus ou moins tout l'Occident, et la nomadisation l'Afrique du Nord.

Le cycle byzantin de la Méditerranée orientale se caractérise par une circulation monétaire dont la viscosité s'accroît, par un resserrement des échanges qui voit le circuit commercial se réduire à un cycle de court rayon, tournant autour des trois villes d'Alexandrie, d'Antioche et de Constantinople, par une diminution des effectifs serviles et, enfin, par la stagnation, puis le déclin de l'acvité urbaine : l'ankylose domaniale, prouvée, pour l'Égypte, par les indications des papyrus, gagne de plus en plus, tout comme un mode de vie pastoral, en Syrie et en Asie Mineure. L'activité se concentre dans quelques grandes villes, fondations hellénistiques, comme Alexandrie ou Antioche, ou la nouvelle création de Constantin : Constantinople. Au propre, ces villes sont des îlots.

L'empire sassanide, qui connaît une circulation monétaire active fondée sur le direm d'argent, des stocks d'or accumulés, une main-d'œuvre servile très abondante et un commerce largement ouvert sur l'Asie centrale et l'océan Indien, voit reculer la puissance de ses seigneurs fonciers, les *dihqān*, et s'affirmer l'essor de ses villes alors créées en grand nombre. Les noms de certaines d'entre elles, terminées par le suffixe *-ābād*, évoquent un territoire habité et prospère.

Ainsi donc, le rythme urbain, l'intensité du mouvement urbain, diminue d'est en ouest en fonction de la décroissance des capitaux sous forme d'or, de la main-d'œuvre sous forme d'esclaves, des relations générales sous forme de commerce. La constitution du monde musulman (VIIe siècle - début du VIIIe siècle) va créer un immense domaine osmosé, vaste marché commun, de l'Asie centrale à l'océan Indien, du Soudan à l'Occident barbare et à la région des fleuves russes. Cet ensemble, qui broche sur les trois domaines antérieurs que sont l'empire sassanide, la Syrie et l'Égypte byzantines, la Méditerranée occidentale barbarisée, va se caractériser par l'afflux d'or, une large alimentation en esclaves (Turcs, Africains, Slaves), un réseau de grandes routes commerciales, tendu de la Chine à l'Espagne et de l'Afrique noire à l'Asie centrale, et favorisant un prodigieux essor urbain. Dans l'ancien domaine sassanide (Mésopotamie et Iran), on assistera à une continuation et à une exacerbation du mouvement urbain déjà esquissé à l'époque précédente : de ce mouvement, Bagdad et Sāmarrā seront les plus célèbres exemples. Dans l'ancien domaine byzantin (Syrie-Égypte), ce sera une relance de l'essor urbain stoppé à l'époque précédente : d'où la fortune de Damas et de Fusṭāṭ-Le Caire. Enfin, dans l'ancien domaine de l'Occident barbare (Afrique du Nord, Espagne), seront réintroduites les formes de la grande ville; Kairouan, Fès, Cordoue ont valeur de symboles, dans le grand mouvement urbain qui se propage d'est en ouest.

LE MOUVEMENT URBAIN ENTRE LE VIIIe ET LE XIe SIÈCLE

Dans chacun de ces trois anciens domaines : Orient sassanide, Syrie et Égypte byzantines, Occident barbare, nous tâcherons d'indiquer quel fut le mouvement

d'ensemble, puis nous prendrons un exemple de choix : Bagdad, Fusṭāṭ-Le Caire, Cordoue.

L'ancien domaine sassanide

Il comprend la Mésopotanie et l'Iran.

La Mésopotamie est une terre de très vieille civilisation, un « lieu de villes », où les pulsations urbaines sont, de tout temps, fonction des irrigations pratiquées dans de riches terres alluviales (le *Sawād* ou « terre » sombre) et de l'extension des assèchements de marais (les *Baṭā'iḥ* ou « marais »), qui permettent les cultures vivrières. Celles-ci rendent possible le gonflement humain des villes : blé, orge, millet, riz, passé depuis longtemps des deltas de l'Inde aux zones marécageuses du Bas-Euphrate; canne à sucre, qui, à une époque plus récente, vers la fin de l'époque sassanide, au VIe siècle, a gagné, à partir de l'Inde, le Khūziztān, c'est-à-dire l'ancienne Susiane, puis la région du Kārūn, autour de Tustār; palmier-dattier, originaire du golfe Persique et qui ne poussa sur l'emplacement de Bagdad qu'après y avoir été acclimaté par un jardinier de Baṣra; oranger, introduit de l'Inde à Baṣra et en Oman, et planté ensuite à Bagdad. L'importance de cette économie agricole est assez prouvée par les sources arabes qui nous décrivent la fondation de Bagdad : on fit appel alors à tous les spécialistes, techniciens des installations hydrauliques, jardiniers expérimentés dans l'acclimatation de nouvelles espèces.

Nourrir les hommes, mais les vêtir aussi. Les matières textiles sont ici fournies par le lin du *Sawād* et le coton, venu de la côte occidentale de l'Inde et acclimaté en Haute-Mésopotamie, dans le bassin du Grand Khābūr. Le coton s'associe à la canne à sucre, et leurs plantations requièrent une main-d'œuvre servile, les *Zanj*, esclaves noirs de la côte orientale d'Afrique : triple association qu'on connaîtra ensuite en Méditerranée et aux îles d'Amérique.

Enfin, il faut loger les hommes : le principal matériau de construction est l'argile des terrains alluvionnaires, séchée au soleil ou cuite au four. Bagdad avait ainsi un triple rempart massif en terre crue, sauf pour les fondations et les fossés où était amenée l'eau des canaux, qui étaient faits, eux, de terre cuite. La terre cuite, vernissée ou émaillée, donnera les poteries, les céramiques, les revêtements muraux aux couleurs vives, chefs-d'œuvre mésopotamiens. Mais c'est une matière fragile : toutes les vieilles capitales sont devenues des tells de débris. Quant au bois, il est rare : les bateaux du Tigre et de l'Euphrate sont des paniers ronds en nattes tressées et enduites du bitume des environs de Kirkūk. Aussi faut-il importer le bois : l'Arménie et la Syrie l'expédient par flottage sous forme de radeaux que l'on démolit à leur point d'arrivée en aval : aujourd'hui encore, les *kellek* d'Arménie descendent vers la Basse-Mésopotamie. D'autres bois viennent de l'Inde, notamment le *sāj* ou bois de teck, apporté de la côte de Malabar dans toutes les villes du golfe Persique et de la mer Rouge.

Dans cette Mésopotamie où le ressort urbain repose sur des réserves accumulées de traditions, sur un genre de vie, sur une technique et une esthétique qui, tous, relèvent de la ville, comment va se produire l'impact arabe?

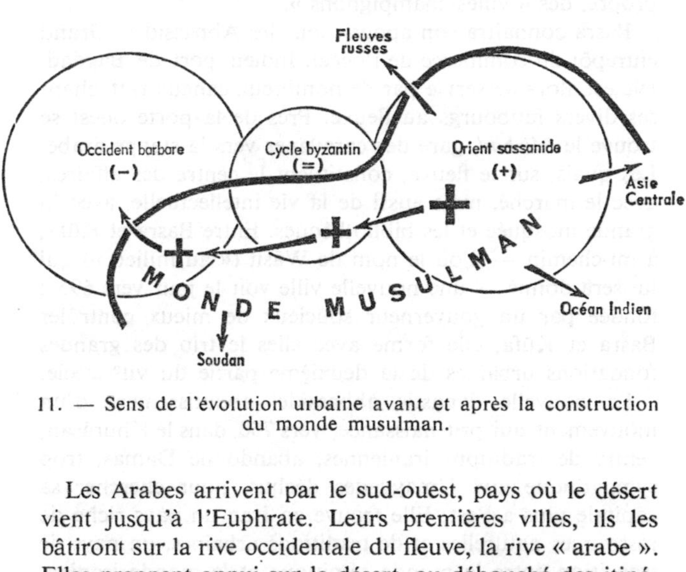

11. — Sens de l'évolution urbaine avant et après la construction du monde musulman.

Les Arabes arrivent par le sud-ouest, pays où le désert vient jusqu'à l'Euphrate. Leurs premières villes, ils les bâtiront sur la rive occidentale du fleuve, la rive « arabe ». Elles prennent appui sur le désert, au débouché des itinéraires de pèlerinage vers La Mecque et Médine, à la limite du pays de pâturage, la steppe, et du pays de culture représenté par la vallée fluviale, avec ses eaux et ses canaux. Ces premières villes sont, à l'origine, des camps fortifiés. Elles deviendront bientôt des centres d'attraction, de grandes villes à population dense. Près de Ḥīra, l'ancienne capitale des Lakhmides, un peu en avant de Qādisiyya, lieu de la rencontre décisive avec les troupes persanes, sera bâtie Kūfa. Au débouché maritime de la Mésopotamie, sur le seuil de terre ferme séparant la région des *Baṭā'iḥ* du littoral du golfe Persique, s'élèvera Baṣra (Bassorah). Kūfa et Baṣra sont installées sur des sites déjà jalonnés par des villages, des couvents ou des temples du feu, mais n'ayant encore joué aucun rôle politique ou économique. Fondées dès l'entrée des troupes arabes en Mésopotamie, sous le califat de 'Umar, en 637-639, elles connaîtront une croissance rapide assurée par une population mêlée, composée d'Arabes, de convertis *(mawālī)* et de sujets protégés *(dhimmī)*. Une trentaine d'années plus tard, Kūfa aura plus de 100 000 habitants, Baṣra plus de 200 000. Ce sont, au propre, des « villes-champignons ».

Baṣra connaîtra son apogée sous les Abbassides. Grand entrepôt du commerce de l'océan Indien, port de Bagdad, elle est alors desservie par de nombreux canaux rattachant ses divers faubourgs au fleuve. Près de la porte ouest se trouve le *Mirbad*, gare des caravanes vers la steppe arabe. Les quais, sur le fleuve, constituent le centre des affaires, avec le marché, mais aussi de la vie intellectuelle, avec la grande mosquée et les bibliothèques. Entre Baṣra et Kūfa, à mi-chemin — d'où le nom de Wāsiṭ (« au milieu ») qui lui sera donné — une nouvelle ville voit le jour vers 695 : fondée par un gouverneur soucieux de mieux contrôler Baṣra et Kūfa, elle forme avec elles le trio des grandes fondations urbaines de la deuxième partie du VIIᵉ siècle.

La nouvelle dynastie abbasside, aboutissement d'un mouvement qui prit naissance, vers 750, dans le Khurāsān, centre de traditions iraniennes, abandonne Damas, trop sympathique aux Umayyades déchus, pour chercher sa capitale plus à l'est. Elle trouve en Iraq un pays riche de ressources naturelles et de traditions urbaines, un pays de transition entre le monde sémitique et le monde iranien. La Mésopotamie va redevenir le centre de la politique et de la civilisation.

Le premier calife abbasside, Abū l-'Abbās as-Saffāh, s'installe sur la rive de l'Euphrate, mais pas à Kūfa ni à Baṣra, grandes villes turbulentes, de tendance 'alide : exactement à Hāshimiyya, puis à al-Anbār (d'un mot perse signifiant « entrepôt, grenier », grec *emporion*, où les Arabes ont voulu voir le pluriel de leur mot *nibr*, de même sens), au point de branchement du grand canal de jonction navigable qui relie l'Euphrate au Tigre : le Nahr 'Īsā. C'est à l'autre bout du Nahr 'Īsā, à son débouché dans le Tigre, que le deuxième calife abbasside, al-Manṣūr, fixera sa résidence : ainsi naîtra Bagdad. L'importance du Nahr 'Īsā tient à son rôle de bretelle des grands courants commerciaux entre le Haut-Euphrate et le Bas-Tigre. Au-delà d'al-Anbār, en effet, l'Euphrate devient de plus en plus marécageux, et les Baṭā'iḥ, où il sommeille, gênent la navigation. La voie du Bas-Tigre est donc meilleure [1].

Bagdad se trouve au croisement de trois voies fluviales et de deux routes terrestres. Les voies fluviales mènent, vers le nord par le Haut-Tigre, à Mossoul et à l'Arménie; vers le nord-ouest, par le Nahr 'Īsā et l'Euphrate, à la Syrie; vers le sud-est, par le Bas-Tigre, au golfe Persique, et à l'océan Indien. Les routes terrestres desservent, vers le nord-est, l'Iran, l'Asie centrale et la Chine, et, vers le sud-ouest, l'Arabie et les villes saintes du Hedjaz.

Comme l'emplacement de Baṣra, le site de Bagdad était habité avant l'Islam. Il y avait là un château sassanide, avec un pont de bateaux sur le Tigre, un village et des couvents chrétiens. L'onomastique de la ville rappelle ses origines : le nom de Bagdad vient vraisemblablement d'une forme iranienne *Bag-dādè* (« Don de Dieu »), et celui de son quartier commerçant, *al-Karkh*, de l'arménien *kerka*, « marché ». La Bagdad pré-islamique n'avait qu'un rôle local, commun à beaucoup de ces vieux centres habités. Son créateur véritable sera al-Mansūr, qui la nommera Madīnat as-Salām, la « ville de la Paix ». Le début de la construction se place en 145 H. (762). On appelle des travailleurs de toutes parts — plus de 100 000 seront employés en même temps — ainsi que des spécialistes; tous ces hommes sont à la fois les constructeurs et les premiers

1. V. carte 2, p. 38.

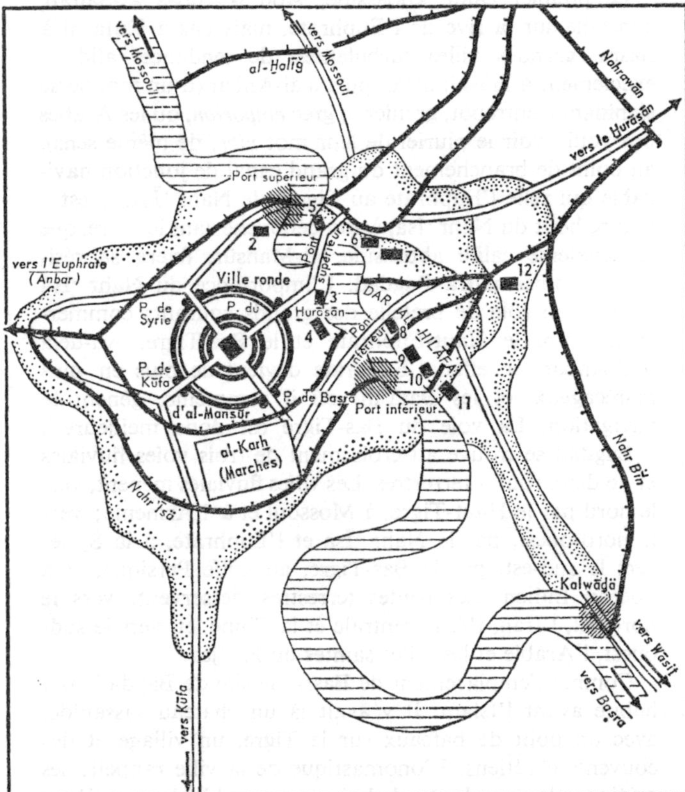

Palais abbassides

1 - d'al-Manṣūr	5 - ar-Ruṣāfa (al-Mahdī)	9 - al-Ḥasanī
2 - des Ṭāhirides	6 - des Barmecides	10 - Tāǧ
3 - al-Ḫuld (al-Amīn)	7 - d'al-Muʿtaṣim	11 - d'al-Amīn
4 - de Zubayda	8 - Firdaws	12 - "Les Pléïades" d'al-Muʿtaḍid

12. — Bagdad.

habitants de la cité [1]. En quatre ans s'édifie ainsi une ville ronde ordonnée autour du palais et de la mosquée principale, sous la forme d'une série d'enceintes concentriques entre lesquelles prennent successivement place les maisons des particuliers et celles des familiers du prince. Un rempart muni de 360 tours l'enserre. Quatre grandes rues coupent la ville du sud-est au nord-ouest et du sud-ouest au nord-est. L'accès est donné par quatre portes en chicane, avec des défenses multiples, notamment un fossé rempli avec l'eau amenée du Nahr ʻĪsā et du Tigre. Le plan rond adopté est d'inspiration orientale et rappelle le *shahristān* à quatre portes, différent du plan hellénistique rectangulaire, avec *cardo* et *decumanus*. Il faut aussi songer aux fortifications circulaires des villes d'Asie centrale et à la fréquence du plan rond chez les Parthes; en face de Séleucie, ville hellénistique, de plan rectangulaire, Ctésiphon, création parthe, s'était élevée sous la forme d'un camp circulaire.

Cette ville ronde d'al-Manṣūr, où les boutiques étaient installées sous des arcades, le long des quatre rues convergentes, fut très vite trop petite. Le manque de place contraignit la ville à une poussée dans deux directions : vers le sud, là où se trouvait le faubourg d'al-Karkh, lieu de commerce et de fabrications artisanales, et vers l'est, au-delà du fleuve franchi sur un pont de bateaux; là s'élèvera, loin de la foule grouillante, le quartier résidentiel, avec, au premier plan, le palais du calife, le *dār al-khilāfa*. Ce mouvement d'extension de la ville sur la rive orientale s'effectue dès 768. Trente ou quarante ans plus tard, sous Hārūn ar-Rashīd et al-Ma'mūn, au début du IXe siècle, Bagdad sera une agglomération dense, de 10 kilomètres sur 9 kilomètres environ, soit à peu près le périmètre du Paris des boulevards extérieurs. Elle est alors devenue la plus grande ville du monde.

Le calife al-Muʻtaṣim (833-842) abandonne Bagdad, en 836, pour créer, à trois jours de marche au nord, sur le site de Sāmarrā, un nouveau centre palatin. L'exil vers une cité-palais n'est pas sans rappeler celui de Paris à Versailles.

1. YAʻQŪBĪ, *Kitāb al-buldān*. Trad. G. WIET, *Les Pays*. Le Caire, 1937, p. 11.

Il s'explique, ici, par le désir d'échapper aux troubles causés par la garnison turque, confrontée avec la population d'une grande ville toujours en effervescence, notamment sur les

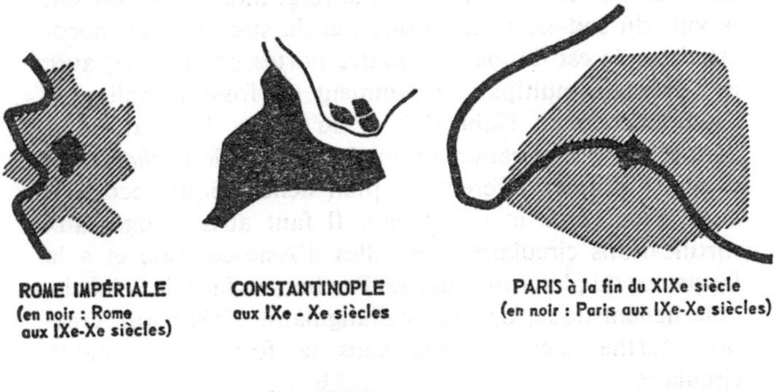

13. — Superficies comparées de Rome, Constantinople, Paris et Bagdad aux IXe-XIe siècles.

lieux de marché. Sāmarrā restera ainsi le centre du gouvernement pendant 55 ans (836-892) : tout autour du palais s'élèvera une cité très populeuse. En 892, toujours pour échapper à l'empire des prétoriens turcs, le calife al-Mu'tamid revient à Bagdad, ce qui entraîne une extension des quartiers de la ville sur la rive orientale. Les débuts de la décadence de Bagdad sont à placer dès la fin du xe siècle : confirmée au xie siècle, sous les Turcs Seljukides, elle sera consommée avec la prise de la ville par Hūlāgū en 1258.

Mais le mouvement urbain ne se réduit pas, dans l'ensemble mésopotamien, au groupe Bagdad-Sāmarrā, les deux grandes fondations musulmanes; il intéresse aussi des villes existant déjà à l'époque sassanide et qui vont connaître un développement topographique, économique et humain. Dans le Khūzistān, l'ancienne Susiane, vieux pays d'irrigation par grands barrages, permettant la culture de la canne à sucre et du coton ce seront Tustār, Sūs, al-Ahwāz. En Haute-Mésopotamie, pays de la culture du coton, dans le bassin du Grand Khābūr, ce sera surtout Mossoul, célèbre pour ses tissus (notre « mousseline ») et ses cuivres, travaillés à partir du minerai d'Arghana, sur le Haut-Tigre.

A côté de la Mésopotamie, l'ancien domaine sassanide recouvrait aussi l'Iran : tout un monde au contact de domaines différents. C'est d'abord Turan, le pays des nomades des steppes, des Turcs ouralo-altaïques; ce monde ne connaît pas de villes, sinon celles des autres, qu'il rêve de piller et d'habiter en dominateur. Le nomade turc est, face aux villes de l'Iran, comme le nomade arabe face aux villes de Syrie-Mésopotamie. Les infiltrations turques précèderont, ici aussi, la phase des conquêtes, qui s'ouvrira au xie siècle. Plus encore vers l'est, l'Iran est en contact, par une chaîne d'oasis, avec la civilisation chinoise : c'est la « route de la soie » qui mène vers des populations de sédentaires agriculteurs. Vers le sud-est enfin, par les passes du Pamir et de l'Hindu-Kush, on atteint les Indes, autre civilisation de sédentaires agriculteurs.

En Iran, la carte des villes ne se dessine plus, comme en Mésopotamie, en fonction du réseau fluvial, mais en fonction des routes caravanières qui relient cette dernière à l'Asie centrale à travers le pays. La conquête arabe (642-652) revêtira ici des caractères différents de ceux qu'elle a pu connaître ailleurs. Alors qu'en Mésopotamie dont les populations sémitiques ou sémitisées parlaient l'araméen, on assiste à une fusion rapide des nouveaux arrivants, en Iran au contraire, il y a résistance du vieux fond perse et de la religion nationale : le culte du feu, le zoroastrisme, d'ailleurs ouvert à des influences bouddhiques et manichéennes. Nous avons vu que les Barmécides, ces grands vizirs des premiers Abbassides, sont des princes de Balkh (Bactres), servants du grand monastère bouddhique de Nawbahār (ou « Nouveau Monastère », du sanscrit *vihāra* : « monastère ») dont ils étaient les *Paramaka*, c'est-à-dire les abbés. C'est ce qui permet de comprendre que, lorsque la Perse se convertit à l'Islam, elle le fait sous une forme particulière, celle du chiisme. Si de grands écrivains de langue arabe sont persans d'origine, ce phénomène n'empêchera pas la survivance, puis, surtout à partir du XIe-XIIe siècles, la renaissance de la langue persane.

Les conquérants arabes s'établissent, au début, dans des quartiers neufs, à côté de la ville ancienne : la *madīna* (pers. *shahristān*) est ainsi jouxtée par le faubourg, le *rabaḍ* (pers. *bīrūn*), qui comprend la forteresse, la grande mosquée et le marché. On assiste ainsi à la naissance de villes doubles, à un phénomène de jumellisation des cités : Marw, Balkh (où une véritable deuxième ville, Barūqān, s'élève à quelques kilomètres de l'ancienne), Bukhārā, Samarqand. Par la suite, ces villes jumelles fusionneront : à l'époque abbasside, le *shahristān* deviendra le centre de l'autorité avec, également, la grande mosquée et le marché : reconversion, par conséquent, vers le noyau urbain primitif.

Le développement d'une nouvelle population urbaine suppose celui des irrigations (technique élaborée des canaux souterrains); de son côté, la défense contre les attaques des nomades turcs impose la création de postes militaires (ribāṭs) et de grandes murailles circulaires entourant les villes importantes avec leurs banlieues cultivées et les villages des agriculteurs. On a ainsi des remparts d'une centaine de kilomètres de circonférence à Bukhārā, à Samarqand, à Balkh, murailles qui rappellent celle, plus grandiose encore, qu'a élevée et reconstruira la Chine, contre ces mêmes Touraniens.

Le grand développement urbain est lié, en Iran comme ailleurs, à celui que connaît le commerce à l'époque musulmane, commerce exercé par une classe de gros négociants enrichis dans le trafic caravanier. Les villes prospères sont donc surtout des villes-clés : Samarqand avant toute autre, qui contrôle la jonction des routes commerciales venant de l'Inde et de la Perse. Barthold estime que sous les Samanides (fin IXe-Xe siècle) la population de Samarqand comptait 500 000 habitants environ [1]. La ville revêt alors un aspect monumental, avec quatre enceintes enfermant successivement toute la zone cultivée de l'oasis (le « long mur »), les faubourgs et la ville (grande muraille à deux portes), la ville proprement dite (*shahristān*, à quatre portes) et enfin, au centre, la citadelle; plan rayonnant, donc, rappelant celui de Bagdad. Un grand canal se ramifiant à l'infini fournit l'eau à la ville; les rues sont pavées de pierre, agrémentées de fontaines et de bassins de cuivre témoignant de la proximité des mines et de l'importance de l'artisanat de ce métal; des jardins publics abritent, comme le raconte le géographe Ibn Ḥawqal, des cyprès taillés pour représenter les figures les plus curieuses : chevaux, bœufs, chameaux et animaux sauvages, affrontés, se surveillant ou engageant le combat, en des compositions qui rappellent l'art des steppes.

L'ancien domaine byzantin

Il comprend la Syrie et l'Égypte.

Et d'abord la Syrie. Les villes peuvent, ici, se classer en trois groupes : les villes de l'intérieur d'abord, décadentes à l'époque byzantine et qui vont, à l'époque musulmane, connaître un renouveau fondé sur leur rôle de charnière, de point de contact avec la Mésopotamie; les ports ensuite, dont l'activité s'était maintenue à l'époque byzantine et va subir un coup de fouet; les villes des frontières ciliciennes, enfin, qui commandent les passes du Taurus et vont entrer, avec la stabilisation des frontières, dans une ère de paix : celles qui avaient été détruites par les contre-attaques byzantines sont rebâties par les califes abbassides, tandis que de nouvelles forteresses sont créées.

Le type des villes de l'intérieur est Damas, oasis installée sur le Nahr Baradā, qui descend des contreforts orientaux de l'Anti-Liban, marché entre les sédentaires de l'oasis

1. *Turkestan down to the Mongol invasion*. 2e éd. Londres, 1923 (Gibb Memoria Series. New Ser. V), p. 88.

et les nomades de la steppe désertique *(Bādiyat ash-Shām)*, vieille ville araméenne, jumelée à une colonie grecque à l'époque hellénistique, fournisseuse de blé aux armées qui gardaient le *limes* romain. Tombée ensuite dans une décadence que souligne, à l'époque byzantine, la nomadisation de sa banlieue, Damas renaît lorsque les califes umayyades en font leur capitale, destinée, comme Kūfa, à tenir les régions sédentaires sans rompre le contact avec le désert d'Arabie : souci double, aussi, de jouir du confort citadin tout en se livrant, de temps à autre, aux plaisirs de la vie bédouine et de la chasse sans entraves.

La grande mosquée et, à ses côtés, le palais du calife, la « Maison Verte » *(al-Khaḍrā)*, furent installés au milieu de la ville antique, peu à peu enserrée dans le bourgeonnement de faubourgs très actifs. Les califes durent faire procéder à de nouvelles dérivations du Baradā et à une redistribution des droits d'eau dans toute l'oasis, politique qui se traduisit par une augmentation des superficies cultivées et par l'apparition de villages maraîchers nouveaux. Au début du VIIIe siècle, sous al-Walīd, on ajoute des constructions grandioses à la mosquée primitive, qui devient la Grande Mosquée des Umayyades; on fait appel à une main-d'œuvre réquisitionnée à peu près partout et à des mosaïstes du pays et de Byzance. L'apogée de Damas coïncide ainsi avec son rôle de capitale du califat umayyade. Prise, en 750, par les Abbassides, qui détruisent les anciens remparts et profanent le tombeau des Umayyades, elle tombe au rang de ville de province. Néanmoins, elle restera toujours une cité populeuse, centre d'une grosse production agricole et artisanale : les prunes, les raisins et les abricots de Damas resteront célèbres, et leurs confitures seront exportées au loin, tout comme les aciers, les cuivres « damasquinés » ou les étoffes « damassées » : soie et coton.

A côté de Damas, il faut citer encore Jérusalem, grand centre religieux, qui vit essentiellement de l'exploitation du pèlerinage qu'y font les Juifs, les Musulmans et les Chrétiens, Homs et Ḥamā, villes de la vallée de l'Oronte, et surtout Antioche et Alep.

Parmi les ports, les plus importants sont ceux d'as-Suwaydiyya, le port d'Antioche, de Lattaquieh (Laodicée, al-Lādhiqiyya), et tous les anciens ports phéniciens : Tripoli,

Jbayl (Byblos), Ṣayda (Ṣidon), Ṣūr (Tyr), 'Akka (Acre). Tous connaîtront un renouveau à l'époque musulmane : de nouveaux quais y seront construits, de nouvelles jetées lancées, grâce à l'application de techniques de constructions sous-marines développées, témoin celle que nous décrit, à propos du port d'Acre, au début du IXe siècle, le géographe Muqaddasī.

Les villes des frontières ciliciennes sont désignées sous le nom d'Ath-Thughūr : les places frontières, « les marches ». La surveillance des passes du Taurus qui exige des expéditions annuelles et des chantiers permanents, est la clé de l'histoire musulmane de ces villes forteresses, détruites et reconstruites, dépeuplées puis repeuplées. Ce sont de gros centres de consommation, car le marché militaire y fait un large appel d'hommes, de chevaux, de nourriture, de vêtements, d'armes, de matériaux de construction. Autre caractéristique de ces villes : leur bariolage ethnique. On y rencontre des Noirs, des Slaves, des Iraniens et des Arméniens, bien d'autres ethnies encore. La vie urbaine des frontières, à Tarse, Aḍana, Miṣṣīsa (Mopsueste), revêt un genre très particulier et, ici encore, il convient de signaler un mouvement d'expansion très sensible, au moins jusqu'à la deuxième moitié du Xe siècle, époque des campagnes de Nicéphore Phocas.

En Égypte, pays qui constitue le deuxième volet du domaine byzantin passé à l'Islam, le ralentissement, puis l'arrêt du processus de ruralisation en cours à la fin de l'époque byzantine peuvent être suivis en détail, grâce aux papyrus. La conquête musulmane va entraîner la substitution d'une large économie d'échanges à une économie non point encore purement rurale, mais tendant par beaucoup de côtés à le devenir. Cette substitution, dont témoignent les renseignements fournis par les géographes et les voyageurs, s'accompagne, là aussi naturellement, d'un essor urbain, essor qui peut être reconstitué grâce à l'archéologie et à la topographie de la grande création continue de l'époque musulmane : Fusṭāṭ-Le Caire.

Sur le site de la ville se trouvait, avant l'époque musulmane, la petite cité gréco-romaine de Babylone dont l'emplacement correspond, dans le Vieux Caire actuel, au quartier de Qaṣr ash-Sham. Le nom de Babylone, dérivé d'une ancienne appellation locale égyptienne, tomba en désuétude chez les Arabes, mais continua à être employé par les Coptes. Le mot apparaît, avec des orthographes diverses *(Babalyun*, *Babiloine*, *Babillonia)* dans les documents occidentaux et dans la littérature européenne, pour désigner Le Caire. La Babylone d'Égypte est une forteresse, un lieu stratégique à la pointe du delta du Nil. Elle commande la route de terre menant de la Syrie vers l'ouest, vers l'Ifrīqiya et le Maghreb, en évitant l'éventail du Delta, qui oppose au voyageur les difficultés de ses multiples bras et de ses innombrables canaux. Ici au contraire, à l'île de Rōḍa, l'île du nilomètre, on franchit facilement le Nil par deux ponts de bateaux. En outre, le site est le point de départ du canal qui assure l'accès au plan d'eau de la mer Rouge : canal des Pharaons, puis des Romains (« rivière de Trajan », *Trajani amnis*), enfin Canal du Calife, commandeur des croyants *(Khalīj amīr al-mu'minīn)*. A ces routes, il faut ajouter la grande voie fluviale nord-sud du Nil, qui joint la Haute-Égypte au Delta.

Plus précisément, le site du Caire est fait d'une rive basse, rive de plaine et de terrasses alluviales s'étendant jusqu'aux premiers contreforts du Jabal Muqaṭṭam appelés Jabal Yashkur. Quelques marais *(birka)* donneront plus tard, une fois asséchés, des cultures maraîchères.

Historiquement, Le Caire est une succession de villes : après Babylone naît Fusṭāṭ, fille de la conquête, fondée en 641 par 'Amr, chef des envahisseurs arabes, sous la forme d'un camp, au nord de l'agglomération antique. Le nom de Fusṭāṭ désigne soit une tente militaire, soit, plus vraisemblablement, un fossé de défense (byz. : *fossaton*, latin : *fossatum*). L'histoire de Fusṭāṭ est un bon témoignage du passage du camp à la ville : jusqu'au début du VIIIe siècle, les services publics, assurés par des fonctionnaires coptes écrivant en grec, restent installés à Babylone; puis un changement décisif intervient sous 'Abd al-Malik, avec l'implantation de la langue arabe dans les bureaux et l'institution d'une monnaie de type musulman. Un nouveau centre urbain se développe, des bâtiments publics sont édifiés à Fusṭāṭ, des entrepôts, un arsenal, un port, tout un complexe d'installations qui témoignent que la vie fluviale est attirée vers le nouveau centre, et qui vient

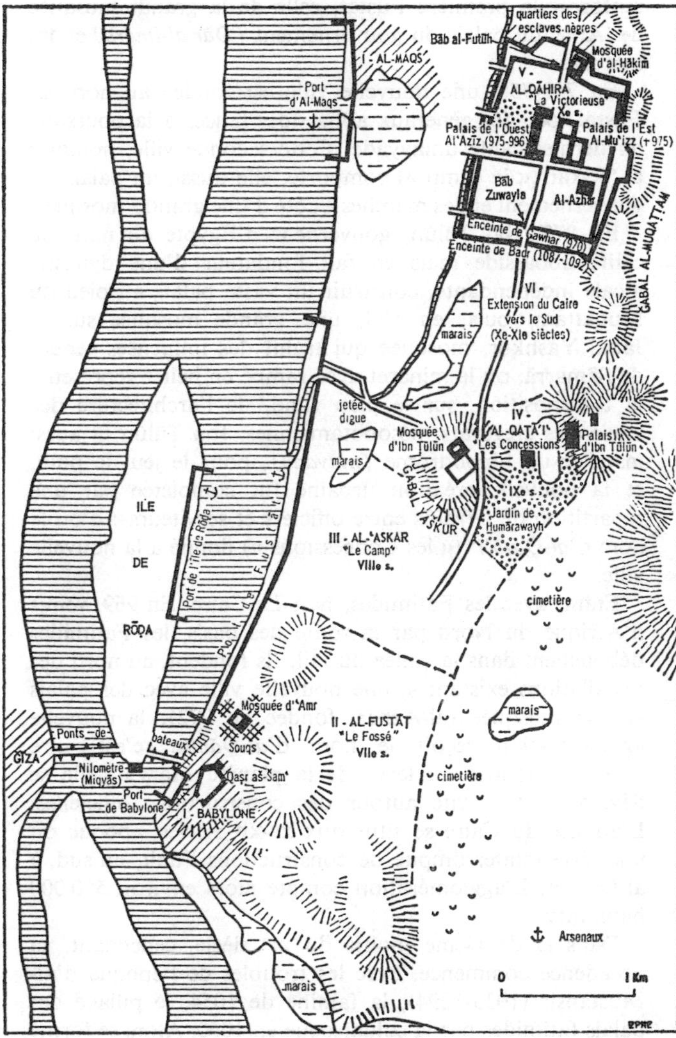

14. — Fustāt-Le Caire.

renforcer la première Fusṭāṭ, celle de la grande mosquée de 'Amr, du palais du gouvernement *(Dār al-imāra)* et des marchés.

En 749-750, une nouvelle ville est fondée au nord de Fusṭāṭ, par des généraux abbassides lancés à la poursuite du dernier calife umayyade. Cette seconde ville, nommée al-'Askar (« le camp ») comporte, elle aussi, un palais du gouvernement et des marchés à côté d'une grande mosquée.

En 872, Ibn Ṭūlūn, gouverneur d'Égypte au nom du calife abbasside mais en fait fondateur d'une dynastie locale indépendante, construit un vaste palais au pied du Muqaṭṭam, puis, en 875, une grande mosquée sur le Jabal Yashkur, mosquée qui trahit des influences venues de Sāmarrā, où le minaret avec rampe en hélice représente la transposition, sur le plan rond, de l'architecture des anciennes ziggurats mésopotamiennes. Ibn Ṭūlūn fit aussi installer un hippodrome *(maydān)*, pour le jeu de polo, et la nouvelle création urbaine fut complétée par une répartition de terrains entre officiers et serviteurs : d'où le nom d'*al-Qaṭā'i'* (« les Concessions ») donné à la nouvelle ville.

Enfin, avec les Fatimides, naît Le Caire. En 969, venus d'Afrique du Nord par la route des oasis, les Fatimides débouchent dans la vallée du Nil. Ils fondent, au nord des installations existantes, une nouvelle ville avec des palais et une mosquée (al-Azhar, fondée en 972); la nouvelle agglomération reçoit le nom d'*al-Qāhira*, c'est-à-dire « la ville fondée au lever de la planète Mars »; elle se développe très vite autour des constructions officielles. L'apogée du Caire se situe aux xe-xie siècles, époque où une série ininterrompue de constructions l'unit, au sud, à al-Qaṭā'i'. L'agglomération compte alors environ 500 000 habitants.

Dans la deuxième moitié du xie siècle, cependant, sa décadence commence, avec les troubles de l'époque d'al-Mustanṣir (1035-1094), la famine de 1054, le pillage des palais fatimides par la soldatesque en 1060. Alors se forme le Kharāb, « la région déserte », fossé qui s'élargit de plus en plus entre al-Qāhira et al-Fusṭāṭ, jusqu'à ce qu'un incendie, ravageant Fusṭāṭ en 1168, fixe désormais sur Le Caire proprement dit les destinées de la ville.

Le domaine de l'Occident barbare

Il comprend l'Afrique du Nord, l'Espagne et la Sicile. L'Afrique du Nord, qui constitue la première pièce de ce domaine, voit réunies, entre les VIIIe et XIe siècles, les conditions générales d'un renouveau urbain particulièrement important. Pays de transit entre les extrémités occidentales de l'empire et l'Orient musulman, entre l'Espagne et la Sicile, le domaine musulman et le monde du Soudan et du Sahara, elle connaît un essor alors considérable, fondé sur le commerce transsaharien qui, en retour, assure la pénétration des formes urbaines depuis le nord du Sahara (Sijilmāsa, Ouargla, Mzāb) jusqu'aux bords du Niger. La fondation et le développement de villes comme Fès ou Kairouan sont en rapport avec cette façade méridionale du commerce maghrébin, avec l'essor des grandes cités caravanières, terminus des routes de l'or et des esclaves.

La première attaque de l'Ifrīqiya et les succès de la conquête, malgré la résistance de l'intérieur berbère, sont suivis, en 670, de la fondation de Kairouan par 'Uqba. La ville est conçue comme un réduit de défense, une place d'armes, une base de départ : toutes fonctions qu'exprime son nom d'*al-Qayrawān* (« ville de garnison »). Kairouan est, en effet, installée sur une position-clé, à l'orée du Sahara, des plaines steppiques et des chotts du sud tunisien, et elle couvre — comme, sous d'autres cieux, Kūfa, Damas et Fusṭāṭ — une grande route d'oasis, qu'elle peut à volonté compromettre ou sauvegarder : ici, la route des oasis depuis l'Égypte.

Lors des grands soulèvements khārijites du milieu du VIIIe siècle, la ville sera prise plusieurs fois par les Berbères insurgés, et ses murailles détruites. En 772, on reconstruit les murailles et la grande mosquée : seconde fondation de la ville, selon les chroniques, prélude à l'extension considérable que Kairouan connaît sous les Aghlabides (800-909); on bâtit alors de grands réservoirs et des citernes, alimentés par un aqueduc de 25 km; on réédifie la grande mosquée devenue trop exiguë, indice, comme à Damas et Cordoue, d'un gonflement urbain. En même temps, par essaimage tout autour de la ville, se créent de nouveaux centres, série de villes résidentielles, palais très vite entourés de marchés et devenant centres de nouvelles cités populeuses.

En 800-801 est bâti, vers le sud-est, al-Qaṣr al-qadīm (le « Palais vieux ») ou al-ʻAbbāsiyya (en l'honneur du maître, le calife « abbasside ») où furent reçus les envoyés de Charlemagne. C'est une nouvelle grande ville, avec un rempart à cinq portes, de nombreux bains, des caravansérails et des marchés, une mosquée semblable à celle de Sāmarrā, un hippodrome *(maydān)*. Bien qu'abandonnée par la cour en 877, la ville reste peuplée.

Nouvelle ville en 876-877 : Raqqāda, au sud-ouest de Kairouan, d'un circuit de 24 000 coudées (soit plus de 10 km), mais avec de vastes espaces découverts, parcs, places, jardins. A la chute des Aghlabides et après la conquête de Kairouan par les Fatimides, Raqqāda est pillée par ses voisins kairouanais, jaloux de la nouvelle cité.

En 948-949, sous les Fatimides, une troisième ville annexe naît, à l'est de Kairouan : c'est Ṣabra Manṣūriyya, créée par le calife fatimide al-Manṣūr, après une révolte de Kairouan. La ville avait cinq portes dont chacune rapportait 26 000 dirhems de droit d'entrée par jour. Comme pour Sāmarrā, le pouvoir se replie ici devant le peuple d'une capitale. Ville-palais et aussi ville de commerce, Ṣabra se verra ensuite englobée à l'intérieur de l'enceinte agrandie de Kairouan et deviendra un quartier, à l'intérieur des remparts : exemple, donc, de prolifération par éclatement urbain puis colmatage, comme à Fusṭāṭ-Le Caire ou à Cordoue.

Parmi les autres fondations urbaines en Ifrīqiya il faut mentionner Tunis, créée après Kairouan, par abandon de la vieille cité de Carthage, devenue simple champ de ruines, et transfert sur un des anciens faubourgs, Tynès. Une main-d'œuvre égyptienne travailla à la construction de l'arsenal et de la flotte. Politiquement, Tunis relevait du domaine des Fatimides ou de leurs vassaux, Zirides ou Hammadides. A côté de Tunis, citons : Mahdiyya, fondée en 915, à l'est de Kairouan, sur la côte; Ashīr, en 935, au nord du Hodna; Alger, Miliana et Medea, en 946, et la Qalʻa des Banū Ḥammād, en 1007.

Dans le Maghreb central, Tāhert, fondée en 761, à 10 km à l'ouest de la Tiaret moderne, est la capitale des Rustémides khārijites. Elle est prise par les Fatimides en 908 et les Khārijites, chassés de Tāhert, s'enfoncent vers le sud, vers le désert-refuge. Ils fondent, au xe siècle, Sedrata, près d'Ouargla. Lors des persécutions de la fin du xe siècle et du début du xie siècle, ils se replient, une fois de plus, vers des régions de faciès désertique : les solitudes de la Chebka du Mzāb, où ils forent des puits à des centaines de mètres de profondeur. En 1077 se placent les débuts de la pentapole du Mzāb, qui témoigne, de nouveau, d'une civilisation urbaine. Autres fondations : Ténès, en 875-876; Oran, en 902-903, création d'aventuriers andalous qui organisent un marché avec les Berbères des environs : marché assez fructueux pour susciter, après le premier stade des tentes, l'édification d'une petite forteresse, puis d'une ville.

Dans le Maghreb extrême, au Maroc, on assiste, comme dans le Maghreb central, à l'effacement à peu près complet des centres romains : Volubilis, Septem (Ceuta), Tingis (Ṭanja, Tanger). En 788, à l'arrivée d'Idrīs le jeune — qui est, notons-le, un oriental, comme l'étaient les Aghlabides, les Fatimides, les Rustémides, autres grands bâtisseurs de cités — la principale agglomération est Tanger, qui commande le passage du détroit vers l'Andalousie. En 807, est créée Fès [1].

Fès illustre éminemment la réintroduction d'une civilisation urbaine de type oriental dans une société rurale berbère. Ville par ses murs, ses quartiers, ses marchés, ses industries, sa bourgeoisie (les *Fāsi)*, elle a un peuplement de double origine : des Cordouans, expulsés à la suite d'une révolte d'un faubourg de cette ville et des Kairouanais, qui naguère constituaient la milice remuante des gouverneurs de l'Ifrīqiya, et dont ceux-ci se sont débarrassés. De part et d'autre de la rivière, l'Oued Fès, s'édifient ainsi les deux moitiés de la ville : *'Adwat al-Andalus* et *'Adwat al-Qarawiyyīn*, chacune comportant sa grande mosquée, ses souks, son hôtel de la monnaie. Le charme de la ville tient, entre autres choses, à l'eau, qui y circule partout. Les canaux dérivés de l'Oued Fès et leurs ramifications pénètrent au sein de toutes les demeures, construites

1. Voir pp. 86 et suiv.

autour de leur patio verdoyant. Les rues de la ville sont dallées et, chaque jour d'été, nous dit le géographe Ibn Ḥawqal (xᵉ siècle), on lâche sur les marchés l'eau de la rivière, qui lave le sol et rafraîchit les dalles. L'eau, par ailleurs, alimente 20 bains publics et 300 moulins. Fès eut une croissance rapide : à la fin du xᵉ-début xıᵉ siècle, elle comptait environ 100 000 habitants.

De la même époque date Baṣra, dans le nord du Maroc. Seuls quelques vestiges de son enceinte ont été conservés : enceinte épaisse, construite de moellons et flanquée de tours semi-circulaires inspirées de l'Orient; ce type de tour est caractéristique de l'art abbasside, et est arrivé ici par l'intermédiaire de l'Égypte et de l'Ifrīqiya. Autres créations : Oudjda, en 994, Īglī, bâtie au ıxᵉ siècle dans le Sūs al-aqṣā et liée aux terminus des pistes transsahariennes, et, enfin, en 1077, fondée par les Almoravides arrivés du sud par les pistes du Soudan : Marrakech.

Ces jalons, trop rapidement posés, de l'histoire urbaine de l'Afrique du Nord, donnent néanmoins une idée du prodigieux renouveau de la vie citadine, de l'explosion urbaine en ces régions. Cet essor est naturellement en rapport avec l'intensification des relations qui lient le Maghreb à l'Orient, à l'Espagne et à la Sicile, et, surtout, avec l'ouverture d'un nouvel horizon commercial, celui du Soudan, du monde de l'or et des esclaves, atteint par les pistes transsahariennes. En outre, l'essor urbain est lié à une poussée démographique très forte : la Berbérie a été, durant le haut Moyen Age, un réservoir d'hommes, comme en témoignent la colonisation du Sahara par les chameliers berbères, la conquête de l'Espagne par des contingents de même origine, celle de la Sicile, sous les Aghlabides, et celle de la Syrie et de l'Égypte, sous les Fatimides.

L'Espagne est justiciable des mêmes considérations générales, à une réserve près : la liste des créations musulmanes est ici beaucoup moins longue, et l'essor urbain repose sur un développement, considérable du reste, des centres antiques, qui renaissent ainsi après leur affaissement de l'époque barbare : grandes villes de la Bétique, le pays du Baetis (Guadalquivir) : Cordoue (Corduba, Qurṭuba) et Séville (Hispalis, Ishbīliya); Cadiz (Gades, Qādis),

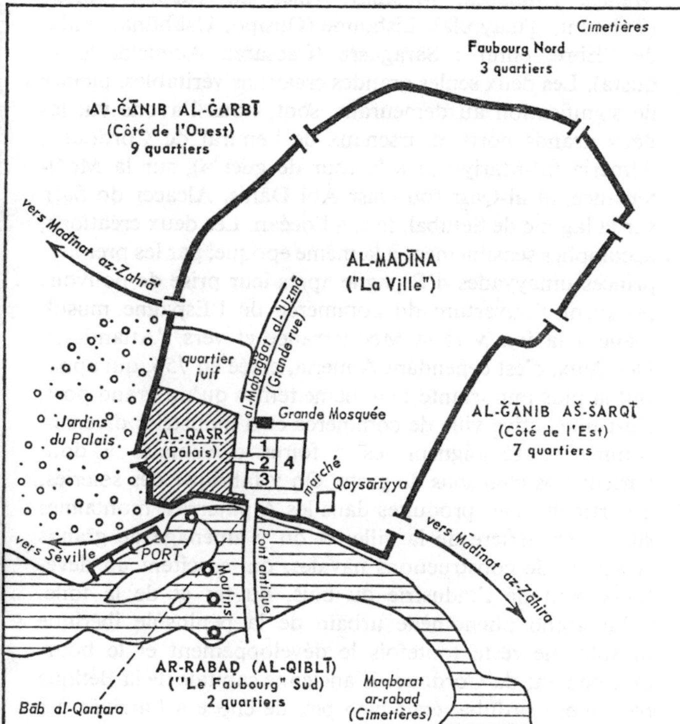
Cimetières
Faubourg Nord
3 quartiers
AL-ĞĀNIB AL-ĠARBĪ
(Côté de l'Ouest)
9 quartiers
vers Madīnat az-Zahrā'
AL-MADĪNA
("La Ville")
al-Mahaggat al-'Uzmā
(Grande rue)
quartier juif
Grande Mosquée
Jardins du Palais
AL-QAṢR
(Palais)
1
2
3
4
marché
Qaysārīyya
AL-ĞĀNIB AŠ-ŠARQĪ
(Côté de l'Est)
7 quartiers
vers Séville
PORT
Moulins
Pont antique
vers Madīnat az-Zāhira
AR-RABAḌ (AL-QIBLĪ)
("Le Faubourg" Sud)
2 quartiers
Maqbarat ar-rabaḍ
(Cimetières)
Bāb al-Qanṭara

15. — Cordoue.

Malaga (Malacca, Mālaqa); villes du Tage : Tolède (Toletum, Ṭulayṭula), Lisbonne (Olisipo, Ushbūna); villes de l'Ebre, enfin : Saragosse (Caesarea Augusta, Saraquṣṭa). Les deux seules grandes créations véritables, pleines de signification au demeurant, sont, nous l'avons vu, les deux grands ports et arsenaux de l'émirat de Cordoue : Almeria (al-Mariyya : « la tour de guet »), sur la Méditerranée, et al-Qaṣr (ou Qaṣr Abī Dānis, Alcacer do Sal), sur la lagune de Setubal, face à l'océan. Les deux créations, accomplies sensiblement à la même époque, par les premiers princes umayyades d'Espagne après leur prise de pouvoir, prouvent l'ouverture du commerce de l'Espagne musulmane à la fois vers la Méditerranée et vers l'Atlantique. Des deux, c'est cependant Almeria, créée en 756, qui apparaît la plus importante : en même temps qu'un grand port, c'est une active ville de commerce et d'industries diverses, comme en témoignent les « foires d'Aumarie » dont parlent nos chansons de geste. On y fabrique des soieries, à partir de soies produites dans les Alpujarras, montagnes situées en arrière de la ville, et on y aménage de grands chantiers de constructions navales, qui suscitent un développement de l'industrie du bois, du fer et de la toile.

Le grand phénomène urbain de la péninsule ibérique musulmane reste toutefois le développement et le bourgeonnement de Cordoue. L'ancienne capitale de la Bétique romaine, Corduba, était bien peu de chose à l'arrivée des Musulmans, au début du VIIIe siècle; la grande ville, si on peut employer cette expression à cette époque, était alors Tolède, la capitale des rois wisigoths. Mais le site de Cordoue était favorable : un pont romain y marquait la fin, en amont, de la navigation sur le Guadalquivir. En 719, le sixième gouverneur pour le compte des califes umayyades de Damas se transporte de Séville à Cordoue et fait procéder aux premiers travaux d'édilité : murailles, restauration du vieux pont romain, moulins sur une jetée, utilisant le courant du fleuve. C'est l'époque des débuts du faubourg sud, où l'on installe notamment le cimetière musulman. La croissance de la ville est ensuite très rapide : elle déborde l'enceinte vers le nord, l'est et l'ouest tandis que le faubourg poursuit son expansion vers le sud.

Le grand développement de Cordoue se situe au cours du

xe siècle et, surtout, sous les règnes d'al-Ḥakam II et de Hishām II. La ville proprement dite, la *Madīna*, au centre, a sept portes. En dehors d'elle vingt-et-un quartiers forment le faubourg *(ar-Rabaḍ)*, qui s'étend désormais dans toutes les directions : neuf quartiers à l'ouest, sept à l'est, trois au nord et deux au sud, au-delà du fleuve, dans la partie dite « de Calahorra ». L'accroissement de la population, ainsi évoqué, peut se traduire aussi par les agrandissements successifs de la fameuse mosquée de Cordoue : en 785, 'Abd ar-Raḥmān I remet en état l'ancienne mosquée; en 833, 'Abd ar-Raḥmān II ajoute neuf nouvelles travées vers le sud; en 961, al-Ḥakam II construit, vers le sud encore, onze nouvelles travées; en 977, enfin, al-

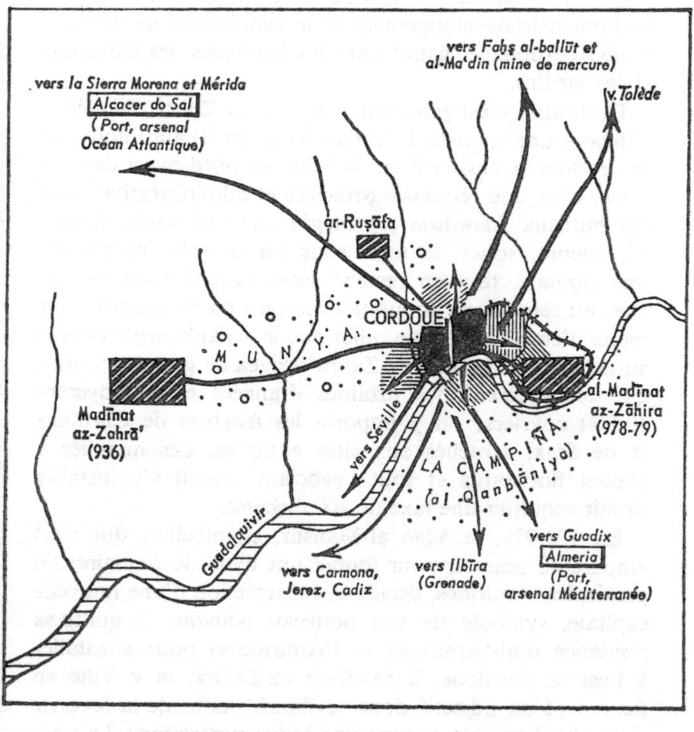

16. — Cordoue : le bourgeonnement urbain.

Manṣūr agrandit l'édifice d'un tiers, vers l'est cette fois, avec huit nouvelles nefs. Les dimensions de l'édifice nous acheminent ainsi vers une ville de 300 000 habitants environ.

Phénomène aussi typique de l'essor de Cordoue que l'extension proprement dite : le bourgeonnement. Ici aussi, les résidences califiennes hors de la ville populeuse deviennent le noyau de nouvelles villes, des centres de création par projections à la façon des palais aghlabides et fatimides de Kairouan. C'est d'abord, à 3 km environ au nord-ouest — et ce dès le règne de 'Abd ar-Raḥmān I —, ar-Ruṣāfa, qui rappelle le souvenir de la Ruṣāfa de Syrie, un temps résidence des califes umayyades de Damas. Mais ar-Ruṣāfa n'est pas la seule création des califes : dans les jardins autour de la ville s'en élèvent d'autres, qui entraînent le développement et le peuplement de la plaine *(faḥṣ)* cordouane, gagnée par les banlieues, les cimetières et les jardins.

De toutes, c'est pourtant Madīnat az-Zahrā' fondée en 936 pour une favorite d''Abd ar-Raḥmān III ainsi nommée, qui restera la plus célèbre. A 5 km au nord-ouest de Cordoue, c'est une résidence princière et administrative, siège des bureaux *(dawāwīn)*, protégée par une garde slave : ici, encore, souci de tenir sous un contrôle permanent une capitale, tout en restant assez éloigné pour ne pas être, au sein d'une population de plus en plus dense, à la merci d'émeutes comme celles que le « Faubourg » connut au IXe siècle. Madīnat az-Zahrā' exigea de grands travaux, qui demandèrent des dizaines d'années et employèrent 10 000 ouvriers; on y importa les marbres de Carthage et de Sfax, arrachés aux sites antiques. Les marchés y étaient florissants et tout négociant venant s'y installer devait acquitter une taxe de 400 dirhems.

En 978-979, le *ḥājib* al-Manṣūr, chambellan qui s'est emparé du pouvoir pour fonder une dynastie de maires du palais, les 'Amirides, décide la construction d'une nouvelle capitale, symbole de son nouveau pouvoir. Il quitte sa résidence d'al-'Āmiriyya (« l'Amiride ») pour s'installer à l'est de Cordoue, à Madīnat az-Zāhira, la « Ville en fleur » (d'un adjectif dont az-Zahrā', nom de la favorite citée plus haut, est comme une forme superlative). La nouvelle résidence devient très rapidement une agglomération qui se soude à Cordoue et le nom de Madīnat az-Zāhira désigne l'ensemble des faubourgs orientaux de la capitale.

Auréole de faubourgs, éclatement urbain et colmatage, le rythme urbain de Cordoue est, on le voit, intense : ville, faubourgs et villes adventices de Madīnat az-Zahrā' et Madīnat az-Zāhira constituent une véritable région urbaine, un « Grand Cordoue » abritant environ un demi-million d'âmes, chiffre considérable alors en Occident; Paris, de loin la plus grande ville du monde chrétien d'Occident, n'aura encore que 200 à 300 000 habitants au XIVe siècle.

Reste la Sicile où Palerme offre, comme le remarquent fort justement les voyageurs musulmans, les mêmes formes de croissance que Cordoue. Au centre, la partie ancienne, le « vieux palais » (al-Qaṣr al-qadīm, « Cassaro vecchio »), auréolé de faubourgs nouveaux. D'après Ibn Ḥawqal, qui écrit au Xe siècle, le Qaṣr al-qadīm, qu'entourait une muraille de pierre à neuf portes, abritait la grande mosquée, le marché principal et les résidences des riches négociants. Tout autour on distinguait quatre quartiers : Khāliṣa (« la Blanche » ou « la Pure »), la cité princière et administrative, gardée par un mur à quatre portes et renfermant le palais, les bureaux, l'arsenal et les jardins, plus tard résidence des rois normands; le quartier des *Ṣaqāliba*, ensuite, le plus considérable, peuplé, comme son nom l'indiquait, d'esclaves slaves, abritant le port de commerce et ses quais, dépourvu de muraille, avec une large façade maritime; puis le quartier dit de la mosquée d'Ibn Ṣiqlāb, fort étendu lui aussi, se prolongeant vers la campagne par des jardins, des moulins tournant sur les ruisseaux : toute une banlieue jardinée *(faḥṣ)* pour la nourriture de la ville; enfin, le quartier « Neuf » *(al-Jadīd)*, dont le nom seul témoigne de l'extension de l'agglomération.

D'intéressantes indications sur Palerme nous sont fournies par le moine Théodose [1] qui, fait prisonnier lors de la chute de Syracuse en 878, y fut emmené captif. Il nous donne une bonne idée de ce que pouvait être le grouillement

1. Lettre éditée par C. ZURETTI dans *Centenario della nascita di Michele Amari*. Palerme, 1910, pp. 167-173 et par M. AMARI, *Descr. de Palerme*, Introd., pp. 7-8.

humain d'une grande ville musulmane : « Ville très renommée et très peuplée, nous dit-il, qui possède une immense population d'indigènes et d'étrangers. On aurait dit que toute la race des Sarrasins y avait afflué. De l'est à l'ouest, du nord à la mer, la ville ne suffisait plus au nombre de ses nouveaux habitants. On commençait alors à construire des maisons en dehors de ses murailles, ainsi se formèrent tout près d'elle, plusieurs autres villes non moins florissantes et non moins bien entourées de murailles ».

***

Telle est, en pleine expansion, d'un bout à l'autre de l'Empire, la ville musulmane. Il nous faut voir comment l'on y travaille, quelles formes y revêt l'activité des hommes et quels bouillonnements sociaux en résultent.

Chapitre VII

L'ORGANISATION DU TRAVAIL ET LES MOUVEMENTS SOCIAUX

Deux faits majeurs encadrent la vie et l'évolution sociales dans les villes : l'afflux d'or et l'augmentation de la circulation monétaire, d'une part, l'accélération du rythme urbain et le développement de la consommation qui en résulte, d'autre part. La multiplication des moyens de paiement, la frappe intense des monnaies et leur circulation plus rapide, l'extension du crédit et des opérations bancaires, l'appel à la consommation né du développement des grandes métropoles, tous ces faits ont pour conséquence une accélération de l'activité commerciale, une animation de la production agricole et artisanale, une baisse de valeur des métaux précieux et une hausse de longue durée des prix, que maintient un afflux continu de métaux monétaires plus important que l'augmentation en volume de la production, malgré les progrès réalisés en ce dernier domaine.

Cette montée des prix profite à peu près uniquement à la classe marchande et aux milieux de la Cour. La concentration de la richesse dans les mains des commerçants les incite à réinvestir, à conclure des affaires de plus en plus fructueuses, tandis que les milieux palatins, par le fisc et par leurs intermédiaires banquiers, drainent une partie importante de la richesse nouvelle et affichent un luxe inouï. La prospérité de la classe marchande, dont témoigne la maison urbaine, et le luxe du centre palatin symbolisé par la résidence princière, constituent le support de la civilisation matérielle des villes et même, par le mécénat, de la civilisation tout court.

En même temps, les masses populaires s'appauvrissent, les salaires s'élevant beaucoup moins que les prix, par le jeu d'une large main-d'œuvre disponible. Ainsi, au phénomène global, celui de la hausse des prix et de la prospérité, s'ajoutent les phénomènes intermédiaires gravitant autour de la répartition inégale des profits et des intérêts entre les diverses classes.

Le rayonnement de la ville sur la campagne a pour conséquence l'éclatement de la cellule domaniale. La richesse mobilière tend à supplanter la richesse foncière. La gêne et une perte de puissance atteignent l'aristocratie locale des propriétaires fonciers. Cette désintégration de la cellule domaniale a pour corollaire un éclatement social : les révoltes du menu peuple des campagnes répondent à celles des esclaves et de la plèbe dans les villes. Tous ces mouvements sociaux, d'abord sporadiques, se fondront dans un vaste mouvement d'ensemble où se rejoindront tous les révoltés, l'esclave et le libre, le citadin et le rural : ce mouvement, dit qarmate, secouera tout le monde musulman au xe siècle et débouchera sur une nouvelle organisation du travail : les corporations.

LA CLASSE MARCHANDE ET LA COUR

Les marchands sont les seuls à profiter du décalage monétaire, ainsi que le signale déjà, dans la deuxième moitié du VIIIe siècle, le pseudo-Denys de Tell Mahrè [1]. C'est, en effet, l'activité des négociants qui est à la pointe de l'essor économique. L'esprit d'initiative en matière commerciale est traditionnel dans le monde levantin. Il se manifeste alors par l'association des capitaux et la création de sociétés commerciales et bancaires. Le commerçant-entrepreneur crée les industries, donne le travail, fournit les matières premières, avance l'argent et se charge d'écouler les produits. Il est d'esprit aventureux, se lance vers les pays lointains, gagne le Soudan où il négocie l'or contre le sel et la pacotille, à pleines charges de chameaux, et

1. *Chronique*. Ed. et trad. J. B. CHABOT. Paris, 1895, p. 168.

l'océan Indien où, comme Sindbad le marin, il procède à des trocs multiples. Les riches cargaisons arrivant à Baṣra assurent d'immenses bénéfices : le chargement d'un navire en provenance de Chine est estimé à 500 000 dinars. Dans la région des fleuves russes, ce sont les esclaves qui constituent la marchandise revendue avec le plus de bénéfice sur les marchés de l'Orient musulman. Partout, c'est la période des enrichissements rapides, et l'on assiste à un véritable essaimage de succursales commerciales le long des routes du monde connu. De là l'ascension de la classe marchande, incarnée dans le type du grand négociant — musulman, mais aussi juif ou chrétien.

Ce négociant dispose de gros capitaux, personnels ou familiaux, et il s'associe à d'autres pour constituer des maisons de commerce, fondées sur le crédit que se garantissent, de l'un à l'autre, tous les participants. Les capitaux sont continuellement réinvestis dans des entreprises de plus en plus étendues, dans la vie fiévreuse du monde des affaires, attestée par les documents hébreux de la Geniza du Vieux Caire. On connaît, par exemple, une lettre[1] d'un négociant juif de Syrie, originaire d'Afrique du Nord, si l'on en croit son surnom d'al-Maghrībī; envoyée dans les premières années du XIᵉ siècle de Jérusalem au Caire par Faramā, elle traite de l'arrivée de bateaux en Sicile et demande des informations sur un bateau espagnol, comme, en général, sur tout autre bateau arrivant à Alexandrie; l'auteur de la lettre espère des réponses prochaines de ses correspondants de Kairouan et de Tyr. Un autre document [2], du milieu du Xᵉ siècle, montre l'organisation d'une maison de commerce menée par un groupe familial. La maison-mère est à Fusṭāṭ, dirigée par le chef de famille et son fils aîné; le cadet a été chargé du comptoir d'Aden; il a fait deux voyages aux Indes, jusqu'à Ceylan et Colombo; l'oncle maternel des jeunes gens, envoyé comme agent d'affaires aux Indes, est mort là-bas.

Le grand commerçant est instruit : nous pouvons

1. R. GOTTHEIL, *Fragments from the Cairo genizah in the Freer Collection*. New York, 1927, pp. 116-129, nº XXVII.
2. *Ibidem*, pp. 44-57, nº IX.

l'imaginer au milieu de ses livres de comptes, de sa correspondance, de ses billets de crédit. Il existe, du reste, des traités techniques dont les destinataires explicites sont souvent des fonctionnaires, mais dont le contenu témoigne d'une culture pratique propre aux hommes d'affaires et faite pour eux. Abu l-Wafā' (940-997), d'origine persane et qui vécut au Khurāsān et à Bagdad, écrit un livre d'arithmétique de vulgarisation « sur ce qui est nécessaire aux scribes et aux préfets en matière de science du calcul ». Par ailleurs, ces commerçants connaissent l'art du code et des messages secrets. Ils s'initient aux chiffres indiens (que nous appelons « arabes »), fondés sur neuf signes et le zéro; dès le milieu du IXe siècle, ce système apparaît dans les traités scientifiques, puis passe des milieux savants aux milieux commerciaux. A cette instruction pratique, le grand négociant joint d'ailleurs souvent une réelle culture : il se pique volontiers d'érudition religieuse et de poésie. Dans l'Espagne du début du XIe siècle, le frère du poète Ibn al-Labbāna composait aussi, mais il ne faisait pas de la poésie son gagne-pain, car il était marchand. Le poète Abū Bakr Ibn 'Abd al-'Azīz, en revanche, ayant reçu une forte somme d'argent pour une de ses œuvres, s'établit à Almeria et s'y livra à un négoce fructueux.

Le grand négociant joue un rôle de mécène et de bienfaiteur par ses aumônes et son aide aux pauvres de la communauté; il participe de ses finances à l'embellissement des édifices du culte (mosquées, synagogues ou églises) et aux fondations pieuses — ce dernier mot recouvrant aussi, en Islam, les créations d'intérêt public, écoles ou fontaines par exemple. Le marchand offre le gîte et le couvert aux étudiants, aux professeurs, il héberge les pèlerins en déplacement. Les riches commerçants des communautés juives d'Alexandrie et du Caire rachètent leurs coreligionnaires, capturés par les corsaires musulmans, pour 33 dinars et un tiers par homme, prix pratiqué dans tout le bassin méditerranéen, sorte d'« assurance personnelle » pour tout marchand en voyage.

Le négociant vit largement, dans son riche hôtel urbain, au milieu d'une troupe d'esclaves et de familiers, de ses collections de livres, de souvenirs de voyage et de bibelots rares. Son rang social, élevé, est celui d'un personnage important : de riches marchands soupçonnés de collusion dans une rébellion, par exemple, sont arrêtés, mais reçus à la table du gouverneur. Ces gens ont parfois accès aux conseils du gouvernement; le type du *jahbādh*, du grand banquier officiel, en relations avec la Cour, qui prête au Calife et aux grands personnages, fournit un exemple privilégié de ces rapports. Mais il en est d'autres : fournisseurs du palais, notamment en marchandises précieuses, ou fermiers des impôts. Des banquiers juifs de la cour perçoivent le produit de l'impôt d'al-Ahwāz, le réemploient immédiatement dans leurs grosses affaires de sucre ou d'étoffes et donnent au Calife des billets à ordre à tirer sur leur avoir dans les maisons de Bagdad. Ces *jahbādh (s)* assurent ainsi la mobilité des fonds par une série de jeux d'écriture entre les provinces et le trésor califal.

A la limite de cette ascension, les marchands peuvent avoir une véritable position officielle et accéder au vizirat, c'est-à-dire au contrôle des finances de l'État. Personnages très haut placés, très influents, ils connaissent parfois aussi de brusques disgrâces, chutes retentissantes accompagnées de la confiscation de leurs biens et qui viennent mettre un terme à leur carrière. Un exemple célèbre en sera donné, dans le cadre du Caire, au début du règne du Fatimide al-Mustanṣir (1036-1094). Les frères Tustārī, de l'Ahwāz, banquiers juifs et négociants en objets précieux de l'océan Indien et de la Chine, avaient procuré au calife aẓ-Ẓāhir (1021-1036) une belle esclave soudanaise. Celle-ci donna naissance au futur calife al-Mustanṣir et, après la mort d'aẓ-Ẓāhir, gouverna l'Égypte pendant la minorité de son fils avec le concours de ses anciens maîtres. Le « règne » des frères Tustārī dura douze années (1036-1048) et ne fut interrompu que par le vizir, d'origine juive lui aussi, mais converti. Poussé au pouvoir grâce à eux, il les fera assassiner par la garde turque; la reine-mère *(al-Wālida)* vengera leur mort et, neuf mois plus tard, le vizir sera exécuté à son tour...

Exemple éclatant, mais non pas isolé. Bien d'autres illustreraient en effet la richesse et le pouvoir de cette classe de très grands marchands, gens influents mêlés aux intrigues de la Cour et constituant un lien entre le milieu palatin et les milieux riches de la ville. Avec les scribes de l'administration et de la Cour, ce sont eux les principaux agents de la vie économique du monde musulman, le support et le véhicule de sa très brillante civilisation, du VIIIe au XIe siècle.

LE PETIT PEUPLE DES VILLES ET DES CAMPAGNES

Le centre économique de la ville, c'est le marché, le souk *(sūq)*, avec sa petite population traditionnelle : artisans, main-d'œuvre libre ou esclave, crieurs, portefaix. Ses moyens d'existence devenant de plus en plus précaires, cette population sera de plus en plus turbulente, et les émeutes la secoueront fréquemment.

A la campagne vivent les petits propriétaires ruinés et les journaliers misérables. Les riches usuriers de la ville les évincent de leurs terres en investissant en biens-fonds une partie des gros bénéfices que leur procure le commerce; la ville accroît, d'année en année, son influence sur la campagne. Les populations rurales sont par ailleurs écrasées par les impôts dont le taux croît avec la baisse du pouvoir d'achat de la monnaie et dont la rentrée est strictement exigée par l'administration paperassière du grand empire centralisé. Un tableau détaillé de cette misère du monde rural nous est fourni, pour la Haute-Mésopotamie et la Syrie, par les sources chrétiennes (nestoriennes et jacobites), chroniques syriaques des IXe et Xe siècles et papyrus d'Égypte. Il n'existe plus alors de salut que dans la fuite hors du village : des fugitifs, des déracinés errent un peu partout, cherchant à se soustraire au fisc et à leurs créanciers urbains, glissant peu à peu au brigandage.

Les troubles deviennent la plaie des campagnes. Le gouvernement lutte contre ces désordres, par souci d'assurer la stabilité, de récupérer de la matière imposable, de rendre des terres à la culture. En Égypte, on crée un bureau spécial pour rechercher les fugitifs et l'on institue un passeport obligatoire : pour les personnes de qualité, un cachet imprimé sur un document; pour les pauvres hères, un sceau apposé à même le bras ou la main, ou encore une marque de plomb, suspendue au cou.

Cette misère du menu peuple des villes et des campagnes explique l'existence sporadique de mouvements sociaux, teintés d'éléments magico-religieux orientaux et de messianisme, d'attente fervente et préparée du Mahdī [1]. Ces mouvements agitent trois milieux sociaux différents : les paysans, les esclaves, la plèbe urbaine.

Chez les paysans, on assiste au réveil des vieilles tendances iraniennes à l'égalitarisme agraire, celles qui, sous les Sassanides déjà, vers la fin du ve siècle, avaient inspiré le mouvement mazdékite, lié socialement aussi à la poussée de l'économie et à l'essor du mouvement urbain. Aux VIIIe et IXe siècles, l'Iran et la Mésopotamie sont le théâtre de révoltes dirigées par de prétendus prophètes qui se réclament des idées de Mazdak, notamment Sunbadh le Mage (754-755) et Ustādhasīs (766-769), tous deux inspirateurs et chefs de mouvements où se mêlent les rancœurs suscitées par l'assassinat d'Abū Muslim, l'apôtre du mouvement abbasside-ʿalide à ses débuts. Plus tard, en 774-775, on signale une révolte en Arménie, née des exactions fiscales et de la misère; ensuite, le mouvement du « Prophète voilé », al-Muqannaʿ, dans le Khurāsān, en 777-780; puis, l'agitation des Bātinites du Jurjān, c'est-à-dire des pays de la corne sud-est de la Caspienne, qui, en 782-783, voit les succès de la secte des « Étendards rouges ». Vers 800, sous Hārūn ar-Rashīd, le mouvement khurramite, dans le Khurāsān, débouche sur la grande révolte de Bābek (816-838), la plus grave de toutes.

Rassemblant les revendications sociales et religieuses antérieures, Bābek commence à soulever les populations de l'Azerbaïdjan. A partir d'une forteresse montagnarde, d'où il assure son commandement et où il peut régulièrement refaire ses forces, il lance son mouvement toujours plus loin, vers l'Arménie à l'ouest, le Khurāsān à l'est, l'Iraq au sud. Contaminant ainsi tout l'Iran et une partie de la Mésopotamie, il pille les caravanes, gêne le commerce et immobilise plusieurs armées de mercenaires turcs envoyées contre lui. Finalement, sa forteresse prise et détruite, il est capturé et livré au calife al-Muʿtasim, qui lui fait infliger

1. Le mot signifie « Celui qui est guidé », d'où « l'Inspiré de Dieu ».

un supplice dont le raffinement est à la hauteur des craintes qu'il avait suscitées : promené dans Bagdad, pieds et mains coupés, sur un éléphant, avec un écriteau énumérant ses crimes, il est cousu dans une peau de bœuf fraîche, les deux cornes au niveau des oreilles, afin que la tête soit progressivement comprimée par la peau qui se dessèche, et attaché ainsi au gibet jusqu'à la mort.

Autre grand mouvement paysan : la révolte des Zoṭṭs de Basse-Mésopotamie, sous le règne d'al-Ma'mūn (813-833). Ces Zoṭṭs, Djatt ou Tziganes, sont des Indiens originaires du Bas-Indus déportés dans les pays marécageux de la Mésopotamie inférieure, où, dans un paysage d'eaux et de roseaux, ils se livrent à l'élevage du buffle. Écrasés de misère, ils se révoltent : c'est la protestation des parias, bientôt rejoints par des groupes d'esclaves fugitifs. Réduits, ils seront déportés vers les frontières byzantines, la Syrie du nord et les marécages de l'Oronte, d'où ils gagneront l'Anatolie, puis les Balkans et la Bohême.

Chez les esclaves, le premier mouvement notable est de 770, date à laquelle la main-d'œuvre noire des plantations et des mines se révolte. Mais c'est surtout en 868 que ces mêmes populations noires, en Basse-Mésopotamie cette fois, entrent en rébellion et se réfugient dans les marais de l'Euphrate inférieur — là où les Zoṭṭs s'étaient soulevés trente ans plus tôt —, sous la conduite d'un Persan qui prend le titre de *Ṣāḥib az-Zanj* (« Maître des Zanj »); on l'appellera le « Coquin » *(al-Khabith)*. Il se dit descendant de 'Alī et gagné aux théories mazdékites. A la tête de ses troupes, il tient tête au califat pendant une quinzaine d'années, jusqu'en 883, causant de terribles ravages. Aux esclaves révoltés se joignent de nouveaux fugitifs. Ils réussissent à surprendre, à piller et à ravager les riches villes du golfe Persique et de la Basse-Mésopotamie : Ubulla, Ahwāz, Baṣra, Wāsiṭ. Les habitants en sont massacrés, le trafic commercial entre Bagdad et le golfe Persique paralysé. Les troupes califales sont tenues en échec par les difficultés du terrain autant que par la fougue des insurgés; finalement, le frère du calife, al-Muwaffaq, prend en main la répression et bloque peu à peu les Zanj dans un coin de la région marécageuse. Après avoir soutenu un long siège dans leur dernière forteresse, les chefs du mouvement et leurs compagnons sont capturés et mis à mort.

La plèbe urbaine, enfin, qui connaît, s'il est possible, une misère plus grande encore que celle des campagnes, est agitée presque sans arrêt. A Bagdad par exemple, pendant les troubles provoqués par la succession de Hārūn ar-Rashīd disputée entre ses deux fils, le peuple misérable se rend un moment maître de la ville : c'est la « Révolte des nus ». Sous le règne d'al-Ma'mūn (813-833), les artisans coptes du delta égyptien se soulèvent : véritable insurrection sociale, dans une région d'industries textiles de luxe, réparties en de multiples ateliers, dans une série de petites villes. Ici aussi, le mouvement s'amplifie, prend appui sur une région de marécage : les marais du Delta et plus précisément du lac Bushtūm. La situation est finalement jugée assez grave pour nécessiter l'envoi de troupes et la venue du calife en personne. Les vaincus sont déportés par milliers et vendus comme esclaves en Syrie et en Mésopotamie. Ce transfert d'hommes entraînera celui de certaines techniques égyptiennes de tissage. Les anciens révoltés seront, en outre, employés contre les Zoṭṭs, à cause de leur expérience du combat dans les marais.

Ainsi se font jour, aux VIIIe et IXe siècles, des soulèvements paysans brochant sur le vieil égalitarisme iranien, des révoltes serviles, des insurrections urbaines. Le Xe siècle va fondre ces mouvements désordonnés, aberrants, hétérogènes, en un vaste soulèvement homogène : le Qarmatisme, qui se confondra à ses débuts, avec le mouvement fatimide et s'étendra de l'Iran et du golfe Persique, jusqu'à l'Égypte et à l'Afrique du Nord, avec des ramifications jusqu'en Espagne. Tout le monde musulman s'en trouvera secoué.

Le Qarmatisme, c'est, d'abord, le début d'une organisation nouvelle du monde du travail, celle des corporations : corporations de métier, à contenu social et à caractère initiatique, qui se différencient profondément des *ministeria* du Bas-Empire et de l'Empire byzantin. Le *ministerium* (ou *collegium*) du Bas-Empire est une organisation étatique, une réunion d'artisans contrôlée par des agents de l'État. Byzance avait repris ce genre d'institution avec les *somata* (ou « corps »), et les Sassanides également.

Après les conquêtes musulmanes, le système s'était maintenu et le gouverneur et ses agents assuraient le contrôle des marchés et la surveillance des artisans. Au Xᵉ siècle, tout change : la corporation, en son nouveau modèle, n'est plus un organisme officiel, bien plus elle est parfois en lutte avec le pouvoir. C'est désormais une association étroite, véritablement une confrérie, avec des rites d'initiation, des serments secrets, des chefs élus (que l'on nomme « maîtres »), des conseils composés de ces chefs et une doctrine, aussi bien mystique que sociale.

Dès ses origines, le mouvement qarmate est ainsi à la fois social, mystique et politique. Sa doctrine, très syncrétiste, élaborée dans le creuset du monde musulman, rassemble un peu d'Islam 'alide, de tendances hérétiques, de néo-platonisme, de manichéisme, de mazdékisme et d'égalitarisme à la Bābek. Issu des milieux artisanaux et commerciaux, le qarmatisme repose sur une organisation secrète, avec degrés d'initiation et émissaires secrets, chargés de préparer la venue de l' « Imam caché », le Mahdī, ainsi que sur une organisation inter-confessionnelle touchant les Chrétiens, les Juifs, les Mazdéens et les hérétiques. Rassemblant par ailleurs les tendances protestataires de ces IXᵉ-Xᵉ siècles qui correspondent à un moment d'extrême développement commercial, industriel et urbain, regroupant en un mouvement d'ensemble les grèves, les crises sociales et les révoltes, le qarmatisme développe une doctrine originale insistant sur la liberté individuelle, le rejet de la loi formelle de l'Islam et l'affirmation du caractère relatif de tout système de relations humaines.

Sur le plan politique et temporel, le mouvement aboutit, au Xᵉ siècle, au califat fatimide, dont le pouvoir ou la doctrine gagnent, depuis l'Ifrīqiya et la Sicile, l'Égypte, la Syrie et l'Arabie occidentale, et, d'autre part, à l'installation d'un pouvoir qarmate sur les pays du golfe Persique : Arabie orientale, Basse-Mésopotamie, côte iranienne. Sur le plan social et spirituel, le qarmatisme propose un nouveau modèle de confrérie islamique, qui apparaît au cours du Xᵉ siècle, d'abord dans des zones contrôlées par les Fatimides et les Qarmates, et qui a gardé certains de ses traits essentiels dans le monde musulman jusqu'à nos jours.

Il est malheureusement difficile d'étudier en profondeur l'histoire d'un mouvement aussi secret, méfiant pour toute archive, préférant l'information et l'initiation orales. Autre difficulté : le caractère allusif et symbolique de la littérature qarmate, dans la mesure où nous pouvons en juger par ce qui est parvenu jusqu'à nous. Un fait est du moins certain : c'est l'intérêt porté par les auteurs de la secte aux classes artisanales et au monde du travail en général, à ses techniques et à son organisation. Ils exaltent la noblesse du métier manuel.

Dans les pays sunnites, non fatimides et non qarmates, les corporations sont persécutées ou, au mieux, étroitement surveillées, soumises à mille restrictions qui perpétuent un classique état de défiance de la part du pouvoir, défiance à peine amendée par quelques modifications apportées dans l'esprit ou le rituel sous l'influence des nouvelles corporations qarmates. Dans les pays fatimides, au contraire, les corporations jouissent d'une grande prospérité; elles sont reconnues par l'État. Peu après la fondation du Caire (970), l'une d'entre elle devait connaître un grand succès : celle des maîtres et étudiants de l'Université al-Azhar (inaugurée en 972). On a par là une preuve de l'importance accordée par la théorie qarmate à l'instruction et à l'enseignement, importance que confirme par ailleurs, une encyclopédie célèbre, *Les Épîtres des Frères de la Sincérité*, où se lit assez bien ce souci d'honorer globalement le travail, intellectuel ou manuel. Florissant, donc, dans l'Égypte fatimide, le mouvement qarmate concourt à l'essor industriel et commercial du pays, où il trouve d'ailleurs son compte : par lui, en effet, il se propage en mer Rouge et dans l'océan Indien. Il sera bridé, en Égypte du moins, par le sunnite Saladin qui, en 1171, prive immédiatement les corporations de leurs privilèges.

L'inter-confessionalisme des corporations fait ici la différence fondamentale avec l'Occident. Il nous rappelle que l'Orient est synonyme de cosmopolitisme, d'ouverture, de mélange et de syncrétisme, tandis que l'Occident est endogame, fermé. Dans les corporations orientales, Juifs, Chrétiens et Musulmans sont admis à égalité; dans certaines, même, les non-Musulmans sont majoritaires, notamment chez les orfèvres, les négociants en métaux précieux et les banquiers, où les Juifs tiennent un rôle considérable. La plupart des médecins sont chrétiens ou juifs.

***

On conclura en liant, une fois de plus, au brusque essor économique du monde musulman et aux tensions sociales qui en résultent l'éclosion de ce nouveau mouvement corporatif. Parmi ses caractéristiques : rites d'initiation, solidarité de confrérie, serment, chefs élus, doctrine mystique et sociale, c'est sans doute sur la dernière qu'il faut le plus insister. C'est elle qui distingue la confrérie musulmane des organisations antérieures, — *collegia* du Bas-Empire romain, *somata* byzantins, associations de métiers de la Perse sassanide, — toutes d'origine officielle, étatique, simples réunions d'artisans étroitement surveillées par les fonctionnaires impériaux et soumises à un règlement édicté par le pouvoir.

Ces nouvelles corporations musulmanes ne sont toutefois pas exemptes de survivances de modèles anciens. Ce sont, au contraire, ces survivances orientales, refondues dans un nouveau syncrétisme, qui distinguent, on l'a dit, la corporation musulmane du Xe siècle de la corporation occidentale des XIe et XIIe siècles; cette dernière, certes, reprendra plusieurs traits des corporations orientales, mais en les adaptant à un milieu différent, endogame et, par certains côtés, encore rural. On notera, enfin, l'importance des mouvements hétérodoxes aux origines des corporations musulmanes, mouvements qu'on rapprochera des Patarins de l'Italie du XIe siècle ou des Albigeois du Bassin Aquitain, animés, tout comme les Qarmates, à la fois par des préoccupations religieuses, économiques et mystico-sociales. Et l'on ne s'étonnera pas de retrouver, chez ces Patarins comme chez ces Albigeois, des éléments orientaux et manichéens, puisque l'Italie du nord comme l'Aquitaine se trouvent situées au débouché des routes du grand commerce qui reliaient l'Orient à l'Occident.

TROISIEME PARTIE

DYNAMIQUE DES ÉCHANGES

Chapitre VIII

PRODUCTIONS ET OBJETS DE COMMERCE

Le principal caractère du climat économique dans lequel se développe la production du monde musulman est le développement de l'appel de la consommation; consommation courante, née des grandes agglomérations urbaines, aux besoins de plus en plus exigeants, soit en quantité soit en qualité, à cause de l'augmentation du niveau de vie; mais aussi consommation de luxe, née de la demande des centres palatins et des couches riches de la population.

Il convient d'établir tout d'abord une géographie des productions qui aboutisse à une liste nettement localisée des objets de commerce. Au terme de cette enquête, la carte établie ne sera pas un simple énoncé de ces productions : elle mettra aussi en lumière une série de problèmes. L'étude de chaque secteur de production, en fonction des centres d'appel de la consommation, permettra de distinguer les productions consommées sur place de celles qui sont exportées plus ou moins loin, autrement dit des objets de commerce. On pourra évaluer ainsi l'évolution des besoins, de la forme et de la force de l'appel des grands centres aux divers moments de leur histoire : création, développement, essor, déclin.

Ce à quoi l'on vise, en définitive, c'est à une géographie des productions qui soit dynamique dans l'espace (problèmes d'approvisionnement) et dans le temps (problème des variétés de l'appel de la consommation). L'étude des productions par grands groupes de produits sera la première esquisse d'un dessin des lignes de force du réseau commercial, sous le contrôle des données de géographie physique ou humaine. Nous étudierons ainsi les plantes alimentaires, les produits de l'élevage, le bois et les produits de la forêt, les métaux et les armes, les textiles et tissus, les produits de la pierre et de la terre, les produits de la mer, les supports de l'écriture : papyrus, parchemin et papier, les produits médicinaux, les esclaves.

LES PLANTES ALIMENTAIRES

L'alimentation des peuples sédentaires orientaux et méditerranéens est essentiellement végétarienne. Elle repose sur les céréales (farines, pains, bouillies et pâtes diverses), sur l'olivier, dont l'huile fournit par excellence la matière grasse de la cuisine, sur les légumes et les fruits, notamment le raisin, qui donne aussi le vin, spécifique de l'Antiquité méditerranéenne, sur le dattier, base de l'alimentation des habitants des oasis. Cette nourriture végétarienne, assez fade par elle-même, suppose l'emploi de condiments et d'épices.

L'alimentation des peuples nomades d'Asie centrale, d'Iran, d'Arabie et du Sahara repose, au contraire sur les produits des troupeaux, viandes et laitages; la matière grasse de la cuisine est ici la graisse ou le beurre.

L'étude des usages et régimes alimentaires, aspect important, parce que moteur, de l'histoire économique, doit s'accompagner de l'examen des transports de plantes. Les vieilles cultures du bassin méditerranéen sont surtout des cultures en terre sèche : céréales (blé, orge) olivier, vigne. Les nouvelles cultures qui y sont importées sont toutes des cultures irriguées : riz, canne à sucre, oranger, dattier, tout comme les plantes industrielles : coton ou indigo. L'introduction de ces nouvelles cultures, tropicales et subtropicales, est naturellement liée à l'extension des zones irriguées et au progrès des techniques. Ce transport des cultures a été permis, ou du moins intensifié, par la création même du monde musulman, qui, par la soudure des aires océan Indien-Méditerranée, mit en contact deux zones à produits complémentaires. Dès lors, les grandes routes commerciales, qui servent à l'échange des produits, servent aussi aux transports des cultures : l'étude des moments où ces derniers s'opèrent, des routes qu'ils suivent, de l'extension progressive qu'ils connaissent, de l'enrichissement du paysage végétal qu'ils entraînent, est un chapitre essentiel de l'histoire économique.

L'appel de la consommation est dominé par le besoin des grands centres en produits alimentaires. Le fait est fondamental, dans ses causes et dans ses conséquences. Il entraîne, notamment, le développement des cultures maraîchères aux environs de la grande ville, par création d'une banlieue jardinée *(faḥṣ)*. Autre fait à noter : certaines cultures se rencontrent dans des régions où les conditions physiques ne sont pas favorables, où l'on se contente, donc, de produits de moindre qualité pourvu qu'on les ait sous la main. C'est ce qui eut lieu en Occident, où la vigne fut cultivée dans le nord de la France et de l'Europe bien au-delà de sa limite « naturelle ». Dans le monde musulman, les exemples sont nombreux : canne à sucre dans le nord de l'Espagne, coton dans certaines régions de l'Afrique du Nord, vignes des monastères de la Haute-Égypte, transportées là pour les besoins du culte. Mais, à côté de ces produits, il en est d'autres, spécialités de renommée mondiale, qui, grâce au développement du grand commerce, sont exportés dans des régions où ils viennent parfaitement : les voyageurs et les géographes font ainsi mention de « produits bien connus, exportés partout ». Citons la datte du Jarīd (Djerid), la noix de Tebessa, les figues et les raisins secs de Malaga, les prunes et confitures de Damas.

Les céréales, blé et orge surtout, sont de vieilles cultures méditerranéennes. La production prend appui sur trois grandes régions, les traditionnels « greniers » de l'Antiquité. L'Égypte d'abord, pays à forte densité de population, donc gros pays consommateur, a cependant d'énormes excédents exportables : c'est l'« annone », dirigée successivement vers Rome, puis Constantinople, puis La Mecque, Médine et Damas. Le commerce des grains constitue un des postes les plus importants des exportations égyptiennes, par caravanes, vers les oasis de Libye et du Sahara oriental et vers la Nubie, ou par bateaux, vers la Cyrénaïque, les ports arabes de la mer Rouge, Aden et le golfe Persique, Oman, le Baḥrayn, Baṣra, point d'où le blé gagne Bagdad. La Syrie, elle, exporte par caravanes vers l'Arabie intérieure et, par le coude de l'Euphrate, vers la Mésopotamie, sous la forme de sacs de farine chargés sur des barques qui descendent vers Bagdad et les autres villes de l'Iraq. Ainsi, une fois de plus, nous trouvons, avec le blé venu d'Égypte après circum navigation de l'Arabie et avec la farine de Syrie, descendue sur l'Euphrate et le Nahr ʻĪsā, Bagdad au centre d'un grand commerce de matières pondéreuses. Dernier grenier à blé : l'Afrique du Nord, Ifrīqiya en tête, notamment par les régions de plaine de la Medjerda; Béjà expédie chaque jour, vers Kairouan et Tunis, mille charges de chameaux de céréales. Mais on trouve aussi le blé et l'orge au Maghreb central et occidental, dans les régions de Constantine et de Sétif, sur la côte atlantique et dans les hautes plaines du Maroc. Ce blé d'Afrique du Nord s'exporte par bateaux vers l'Espagne et la Sicile, et, par caravanes, vers Sijilmāsa, le Sahara occidental et le Soudan; les caravaniers berbères seront à l'origine de l'introduction, dans le Sahel soudanais, entre les xe et xie siècles, de la culture irriguée du blé en saison sèche.

En sens inverse, le sorgho, céréale de l'Afrique noire, pousse vers le nord, vers la Nubie et la Haute-Égypte, les oasis libyques et la Cyrénaïque, le Tell algérien, en quelques points, et le sud du Maroc.

Le riz, la grande céréale asiatique, se répand à cette époque dans le bassin méditerranéen, depuis l'Inde et la Basse-Mésopotamie, où il était déjà connu avant l'ère chrétienne. De la Basse-Mésopotamie, il a gagné tous les points favorables que lui offrait la Méditerranée musulmane : régions chaudes, de sol bas, marécageux ou irrigué. Il pousse, par exemple, dans la dépression du Ghor *(Ghawr)*, c'est-à-dire sur les bords de la mer Morte et du Jourdain, dans le Fayyūm et les oasis égyptiennes, dans le sud marocain *(as-Sūs al-aqṣā)*, par irrigation, et surtout dans le sud de l'Espagne, où la plaine du Guadalquivir et les huertas de la région de Valence assurent une importante production. Ainsi, aux anciennes céréales cultivées dans la Méditerranée romaine, le monde musulman est venu ajouter le sorgho, venu du sud, et le riz, venu de l'est.

Autre base de l'alimentation : l'olivier, l'arbre méditerranéen par excellence puisque son aire d'extension correspond à celle du climat méditerranéen lui-même. Les grands centres de production et d'exportation d'huile sont nombreux. L'Ifrīqiya d'abord, est, avec le Sahel tunisien, « la forêt d'oliviers » : superbe parure héritée de l'époque romaine et qui subsistera jusqu'aux dévastations du XIe siècle. Sfax est le grand port d'exportation — « le port de l'huile », comme dit Ibn Hawqal — : vers l'Égypte, pays sans olivier, vers la Sicile, l'Italie, Byzance et le Maghreb central. La Syrie, pour sa part, connaît l'olivier depuis le sud de la Palestine jusqu'à la région d'Antioche.

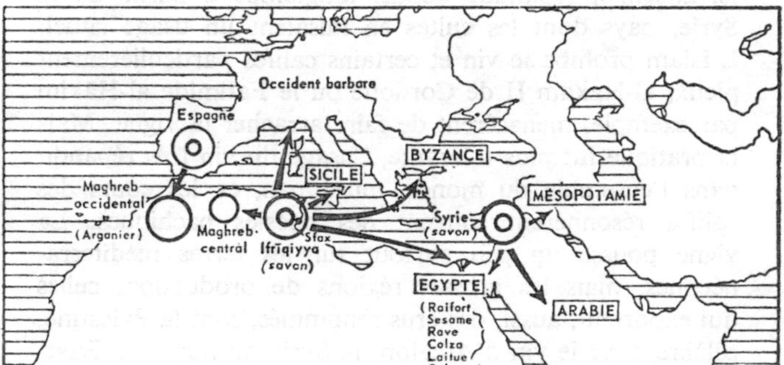

17. — Commerce de l'huile d'olive dans la Méditerranée musulmane.

Gros pays exportateur, elle livre, par caravanes, son huile à l'Égypte et à l'Arabie, et, par le coude de l'Euphrate, à la Mésopotamie. L'Espagne exporte vers le Maghreb occidental l'huile de la région du Guadalquivir, surtout de l'Aljarafe *(ash-Sharaf)*, au nord-est de Séville. Le Maghreb occidental voit du reste, chez lui, l'olivier gagner peu à peu, dans les régions de Fès et de Meknès (dite « Meknès des oliviers »), où il remplace de plus en plus l'arganier. Dans le Maghreb central, les massifs de Kabylie arrivent au stade des grosses productions, mais pour une consommation encore locale. Quant à l'Égypte, qui ne relève pas du climat méditerranéen et ne connaît pas l'olivier, elle fait appel, pour son huile, à la Syrie et à l'Ifrīqiya, ou consomme des produits locaux : huile de raifort, de sésame, de rave, de colza, de graine de laitue, de colocasie, de lin, de ricin. On n'aura garde d'oublier, pour conclure sur l'olivier, qu'il alimente les industries dérivées de l'huile : savons et huiles de toilette, qui sont le support des parfums. Ici encore, les grands centres de fabrication et d'exportation sont la Syrie et l'Ifrīqiya.

Comme l'olivier, la vigne est une vieille culture méditerranéenne, répandue depuis longtemps à partir de la Syrie, pays dont les cultes en faisaient un usage rituel. L'Islam prohiba le vin et certains califes particulièrement pieux, al-Ḥakam II de Cordoue ou le Fatimide al-Ḥākim par exemple, menacèrent de faire arracher la vigne. Mais la pratique fut plus tolérante, l'usage du vin très répandu dans l'ensemble du monde musulman, et les cours des califes résonnèrent souvent des poésies bachiques. La vigne pousse un peu partout sur les terres méditerranéennes, mais les grosses régions de production, celles qui exportent, aussi, des crus renommés, sont la Palestine, célèbre pour le vin d'Ascalon, la Syrie du nord, où Bayt-Rās (Chalybonis) était connue depuis l'Antiquité, le delta du Nil avec les vins de Damiette et de Maryūṭ, le Sahel d'Ifrīqiya et, enfin, le sud de l'Espagne : Malaga, Priego, Jerez, ce dernier cru obtenu à partir de plants apportés de Shīrāz, en Perse. Ce palmarès du vin, donné complaisamment par les auteurs musulmans, atteste que la culture de la vigne reste appréciée en dépit des réserves coraniques, et la situation ne changera, en ce domaine, que lorsque, au XIe siècle, l'Islam changera de visage. Les mêmes pays déjà cités fournissent par ailleurs une grosse production de raisins secs : Damas et Hébron en Syrie-Palestine, Esné en Haute-Égypte, Malaga en Espagne.

Le palmier-dattier est l'arbre de la Mésopotamie du golfe Persique, son pays d'origine et sa région privilégiée. Avant les conquêtes musulmanes, il avait déjà gagné la Syrie du sud, l'Égypte et le sud tunisien. La conquête en accroît l'extension : vers la Syrie du nord, la Cilicie notamment (palmeraies de Malaṭya et de 'Ayn Zarba), vers l'Espagne (Elche, Jaen) et surtout vers le Sahara occidental, où l'extension de l'élevage du chameau, celle des forages de puits et celle de la culture du palmier sont liées et constituent les facteurs essentiels de la colonisation du désert. Les grandes régions de production et d'exportation des dattes sont les rivages du golfe Persique, le sud tunisien et algérien : al-Jarīd, « le pays des dattes », et la région de Biskra, le Zāb.

La canne à sucre fut introduite depuis l'Inde dans la Mésopotamie sassanide (Susiane) sous Chosroès I Anouchirvan (531-579). La Susiane ou Khūzistān devint un très grand centre de plantations, le gros fournisseur de tout l'Orient musulman. On y observe déjà l'association de la plantation de la canne et de la main-d'œuvre servile, fournie par les Noirs importés de la côte orientale d'Afrique. La culture de la canne se répandit ensuite, à partir de la Susiane, dans le bassin méditerranéen à l'époque musulmane : en Égypte, dès la fin du VIIIe siècle, toute la partie la plus riche du sol était plantée en canne à sucre. De là, la culture gagne la Syrie, le Maroc du sud (région de l'oued Sūs), la côte méridionale de l'Espagne, la vallée de l'Ebre, la Sicile. Mais l'Égypte reste le grand centre méditerranéen de production et d'exportation du sucre. Elle en consomme d'ailleurs, à la cour des Fatimides du moins, des quantités énormes : aux fêtes, les arbres étaient couverts de figurines de sucre, ce qui témoigne d'un grand progrès dans la fabrication. Sucreries, confiseries, pâtisseries, confitures sont célèbres : les dernières sont un des postes-clés des exportations de Damas, et les « desserts » sont, ne l'oublions pas, d'origine orientale. Une partie du sucre fabriqué gagne Byzance et l'Occident : la première mention d'arrivage de *sukkar (zucchero)* à Venise est datée de 996.

Les légumes et les fruits, enfin, sont en production croissante dans la ceinture de cultures développée autour des grandes villes, par des procédés de plus en plus perfectionnés d'irrigation dont l'Espagne offre un modèle avec ses huertas du Levante. C'est alors que se répandent en Méditerranée l'artichaut, l'épinard, l'échalote, la banane, les cédrats, les citrons et oranges. L'oranger est introduit en Syrie, venant de Mésopotamie, en 943, puis il est signalé vers 970 en Sicile et dans le sud marocain; à la fin du xe siècle, il est aussi à Malaga et dans la Vega de Grenade; en 1047, on le trouve en Égypte, sur les terrasses des maisons, en caisses composant des orangeraies; en 1068, il est en Cyrénaïque. Ainsi se constitue le jardin méditerranéen, jardin-oasis, avec ses rigoles d'irrigation, ses légumes et ses arbres fruitiers typiques. Il est tout différent du jardin antique, déjà enrichi, à l'époque hellénistique, de la carotte, de la cerise, de la pêche et de l'abricot. Plus tard, ce même jardin méditerranéen recevra le nouvel apport des plantes américaines : haricot, tomate, pomme de terre, maïs, figuier de Barbarie.

Au total, on le voit, les VIIIe-XIe siècles constituent une étape importante dans l'histoire des cultures alimentaires, tant par l'introduction d'espèces nouvelles que par le développement des techniques de culture.

L'ÉLEVAGE

Il faut naturellement distnguer l'élevage sédentaire, qui utilise l'animal à des besoins domestiques, de l'élevage nomade, qui revêt une importance beaucoup plus grande en raison des destinations de l'animal : alimentation (viande, graisse, beurre, laitages), mais aussi fourniture de matières premières industrielles : laine et cuir, et utilisation comme moteur : la bête de somme — cheval, chameau, mulet ou âne — étant à la base de la caravane (pers. *kārvān*; l'arabe dit *qāfila*), longue file d'animaux transporteurs qui tissent le réseau des routes commerciales terrestres; sans oublier, enfin, l'énergie fournie par l'animal pour le fonctionnement des machines hydrauliques employées pour l'irrigation *(norias)* [1].

Le monde musulman a vu se développer les techniques d'appropriation de l'animal, notamment les techniques équestres, sous l'influence des civilisations d'Asie centrale :

1. G. S. Colin, « La noria marocaine et les machines hydrauliques dans le monde arabe », *Hespéris*, XIV, 1932, pp. 22 et suiv.

étriers, harnachement, collier d'attelage, jeux de polo *(cawgān)*, « carrousel ». Les incidences économiques, sociales et culturelles des techniques d'élevage et d'appropriation des animaux sont énormes. D'où l'importance de l'étude des zones d'élevage, de leur extension, de leur prolifération, du transfert des espèces animales.

Le chameau a deux grands centres de dispersion : l'Asie centrale, d'abord, pays du chameau à deux bosses, dit de Bactriane, soit de la région des deux grands fleuves de l'Oxus et de l'Amu-Darya; l'Arabie, ensuite, et plus particulièrement son centre, les hauts pâturages du Najd, « la mère des chameaux », pays du dromadaire à une bosse. Entre les VIIIe et XIe siècles, les principales régions d'élevage du chameau sont : d'une part, l'Asie centrale, l'Iran et la Mésopotamie, d'autre part, l'Arabie (Najd, Oman, Hadramaut, Hedjaz), puis l'Éthiopie et la Nubie, qui offrent, chez les Bedjas notamment, des faciès désertiques de type arabique, enfin les oasis du Sahara occidental. L'aire du chameau gagne ensuite en extension, vers la Syrie du nord, l'Asie Mineure, les steppes ponto-caspiennes de la Russie du sud, l'Espagne et le Soudan. Les techniques de sélection et de croisement se multiplient, comme dans les grands troupeaux de la Seguiet al-Hamra, donnant le porteur fort et lent aussi bien que la monture rapide pour le transport de nouvelles.

Le cheval est connu sous quatre races principales. Le cheval turco-mongol de l'Asie centrale est petit, de formes épaisses et ramassées, robuste, résistant et sobre; c'est lui qui forme la cavalerie des grandes invasions asiatiques. Sa race s'étend à la fois vers l'est (Chine du nord) et l'ouest (steppes de l'Europe orientale et centrale). Le cheval iranien est grand et robuste; il peut soutenir un cavalier protégé d'une lourde armure, l'*iswār* (pl. *asāwira*-pers. *asvar*, « cataphractaire »); l'exportation de cette race est très active : elle gagne l'Inde par le golfe Persique, et les marchands de chevaux iraniens seront à l'origine de la cavalerie mahratte. Le cheval barbe, c'est-à-dire berbère, est de Numidie, plus exactement des hauts plateaux et de la bordure du Sahara. C'est un animal assez petit, très vigoureux et résistant. Depuis l'Antiquité, les chevaux de tous les pays de la Méditerranée occidentale ont été progressivement imprégnés de sang barbe, notamment en Italie, en Espagne et dans le sud de la Gaule. La conquête de l'Espagne et de la Sicile par des troupes où l'élément berbère prédomine renforcera ce mouvement qui donnera naissance au cheval andalou ou « genet » d'Espagne, dont le nom (esp. *jinete*) renvoie aux Zanāta, grande confédération de cavaliers nomades berbères des hauts plateaux maghrébins. Une dernière race de cheval, enfin, la race syrienne, née, dès l'époque romaine par croisement d'étalons barbes importés en Syrie du nord avec des chevaux iraniens et que nourrissaient les pâturages d'hiver du désert steppique *(Bādiyat ash-Shām)*, s'étendit à l'époque musulmane, vers le Najd, région des hauts pâturages de l'Arabie centrale. Le pur-sang arabe est un parfait cheval de selle, aux formes fines, plein de feu et rapide. Il s'exporte vers l'est par le golfe Persique, mêlé aux chevaux iraniens qui gagnent l'Inde et, vers l'ouest, en Méditerranée. L'Égypte devient terre de rencontre du cheval syro-arabe et du cheval d'Afrique du Nord : sa cavalerie sera redoutable aux Mongols comme aux Croisés.

A ce développement de l'élevage correspond celui des techniques, illustré par une abondante littérature hippologique et hippiatrique. La classification minutieuse des qualités et défauts du cheval, de ses maladies, de ses allures, de ses robes, donnera toute une terminologie et maintes méthodes qui passeront dans l'empire byzantin et dans l'Occident chrétien, comme en font foi plusieurs mots de notre vocabulaire, *alezan* par exemple.

Une question importante, liée à l'élevage du cheval, est celle de l'extension des plantes nécessaires à sa nourriture, orge et luzerne entre autres. Les steppes et les bordures des déserts fournissent des pâturages naturels, mais, dans les régions exploitées, de culture intensive et de jardinage, il est nécessaire de créer des pâturages artificiels par prairies irriguées : la luzerne, venue de Perse, s'étend en Mésopotamie, en Égypte et en Espagne et, d'autre part, vers la Chine à partir de l'Asie centrale.

Le mouton est utilisé pour l'alimentation du nomade et surtout pour la laine; il est donc naturel que l'extension et les progrès de son élevage soient liés à ceux de l'industrie de la laine. L'Angleterre des XIIe-XIIIe siècles offrira le même phénomène, les gros troupeaux des monastères anglais fournissant la matière première à l'industrie drapière flamande.

Le monde musulman, à l'époque qui nous intéresse, est le seul producteur de laine, si l'on veut bien ne prendre en compte qu'une production massive et de qualité. Au premier plan, « le pays du mouton », c'est-à-dire les Hauts Plateaux de l'Afrique du Nord, éleveurs d'un mouton à laine exceptionnelle, abondante, fine et frisée. Acclimaté en Espagne par les Berbères passés en ce pays, ce mouton y porte, nous l'avons vu, le nom de *merino*, soit du nom des Banū Marīn, tribu nomade berbère du Maghreb occidental, soit de l'arabe *marin* : « doux, mœlleux, souple ».

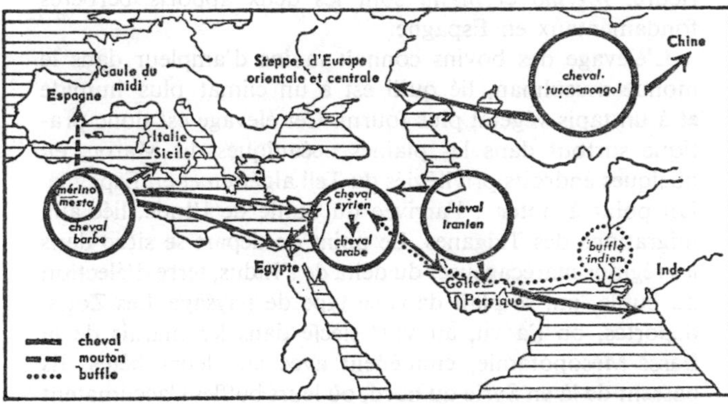

18. — Transferts et acclimatation d'espèces animales dans le monde musulman (VIIIe-XIe siècles).

L'Espagne, en même temps que la race, reçoit les pratiques d'élevage du mouton propres aux Berbères d'Afrique du Nord, pratiques communautaires pour l'élevage en grand dans lequel le troupeau de la communauté est confié, pour la transhumance, à un berger en chef entouré d'aides, tous spécialistes connaissant les bons pâturages d'été des régions montagneuses. L'Espagne possède, sur ce plan, une organisation exceptionnelle, origine de la *mesta*, institution pastorale qui durera dans le pays jusqu'au XXe siècle, avec ses privilèges, ses routes propres, ses pâturages et sa juridiction. Les termes de technique pastorale, en castillan, valencien ou portugais, sont souvent d'origine arabe : *mesta* vient de *mashtā*, *mostrenco* (sans maître connu) de *mushtarak*, *alganame* (berger principal) d'*al-ghannam*. Dès l'époque musulmane (VIIIe-XIe siècles) apparaissent en certains points des réunions, des associations de bergers et de propriétaires de troupeaux : des mestas locales. C'est donc en cette période que se prépare l'organisation générale de la *mesta*, laquelle prendra corps avec le XIIe siècle et la Reconquista, l'Espagne redevenue chrétienne ne faisant, on le voit, que développer, sur ce point comme sur de nombreux autres, une institution musulmane antérieure. *Merino* et *mesta* sont les deux apports berbères fondamentaux en Espagne.

L'élevage des bovins connaît moins d'ampleur dans le monde musulman, lié qu'il est à un climat plus humide et à un tapis végétal plus fourni. Cet élevage est donc pratiqué surtout dans les plaines océaniques du Maroc, en quelques endroits privilégiés du Tell algérien et en Espagne. Un point à noter : l'arrivée du buffle de l'Inde, liée aux migrations des Tziganes. Le point de départ se situe dans les régions marécageuses du delta de l'Indus, terre d'élection du buffle, qui se plaît dans ce type de paysage. Les Zoṭṭs, déportés, on l'a vu, au VIIIe siècle dans les marais de la Basse-Mésopotamie, emmènent avec eux leurs bêtes. Ils passent de là en Syrie du nord, où leurs buffles s'acclimatent dans les marais de l'Oronte.

Au total, donc, extension et amélioration de l'élevage. Les inconvénients sont nombreux : destruction des cultures et des forêts, notamment par les bergers qui les incendient afin de créer de nouveaux pâturages, dégradation des sols, ravages causés aux jeunes pousses : les abus de la *mesta* ruineront une grande partie de l'Espagne. Les forêts sont fragiles, soumises à de pareils traitements et sans parler des conditions climatiques; en Méditerranée et dans tout l'Orient musulman elles sont à leur limite naturelle, qui confine à une steppe tendant de plus en plus au désert. Le problème des abus de l'élevage en soulève, on le voit, un autre, d'importance considérable : celui de la forêt.

LE BOIS ET LES PRODUITS DE LA FORÊT [1]

Les zones de forêts véritables sont très limitées dans le monde musulman. Les forêts des rivages sud de la Caspienne sont le prolongement vers l'est de la forêt pontique, qui va ainsi de la côte nord de l'Asie Mineure jusqu'à la côte sud de la Caspienne (massif de l'Elburz). Les forêts de la Syrie du nord, de la même façon, prolongent la forêt bordière du plateau d'Anatolie, qui gagne ainsi, depuis la côte sud d'Asie Mineure, l'Anti-Taurus et le Liban. Encore quelques forêts en Sicile, au Maghreb et en Espagne, et c'est tout; en arrière de ces taches boisées, c'est l'absence de toute forêt : Mésopotamie, Arabie, Palestine, Égypte, Cyrénaïque, Tripolitaine, Ifrīqiya, Sahara.

En dehors du monde musulman, les forêts les plus proches se trouvent surtout, d'abord, sur les côtes nord de la Méditerranée : forêts de l'Occident barbare (Apennins, Alpes, Istrie, Dalmatie) et de l'Empire byzantin (Balkans et Asie Mineure). Bien loin vers l'est, par-delà une immense zone de steppes et de déserts et la vaste étendue maritime de l'océan Indien, ce sont les forêts de la côte occidentale de l'Inde, avec, notamment. le teck du Malabar.

Les anciennes ressources forestières de l'Orient et de la Méditerranée méridionale ont été depuis longtemps usées, exploitées intensivement par les vieilles civilisations de Mésopotamie, de Phénicie et d'Égypte. Elles ont fourni la matière des foyers d'industrie, des constructions urbaines et, surtout, des constructions navales, notamment celles de la marine phénicienne. Il y eut alors des destructions irréparables, qu'aggravèrent encore les exploitations sans ménagement auxquelles se livrèrent les Romains. Le Liban, exemple célèbre, était un gros fournisseur de cèdre à toutes les marines de la Méditerranée orientale. Dès le haut Moyen Age, il n'exporte plus de bois et l'on sait ce qu'il en est aujourd'hui : d'une des plus belles parures forestières du monde, il ne reste que quelques rares spécimens.

1. Cf. M. Lombard, « Arsenaux et bois de marine dans la Méditerranée musulmane (VIIe-XIe siècles) » dans *Le Navire et l'Économie maritime du Moyen âge au* XVIIIe *siècle*. Deuxième colloque international d'Histoire maritime. Paris, 1958, pp. 53-106, carte; « Un problème cartographié. Le bois dans la Méditerranée musulmane (VIIe-XIe siècles) », *Annales E.S.C.*, XIV, 1959, pp. 234-254, 4 cartes.

Aux VIIIe-XIe siècles cependant, le manteau forestier était moins dégradé que de nos jours. Citons, comme exemple de ce maintien relatif, le Jabal Anṣāriyya (Montagne des Alaouites) qui, aux Xe et XIe siècles, connut une grosse exploitation de bois destiné à l'exportation, alors qu'il est aujourd'hui à peu près complètement pelé.

La question de la forêt est d'autant plus pressante pour l'Empire musulman que la demande en bois augmente dans d'énormes proportions avec les nouveaux besoins. Besoins, d'abord, en combustible pour les industries : vieilles industries méditerranéennes de la métallurgie et de la verrerie ou industries nouvelles, comme celle du sucre de canne. Les Antilles, au XVIIIe siècle, connaîtront une pareille déforestation pour les nécessités de l'industrie du sucre. Besoins, ensuite, en bois de construction pour les grands chantiers de villes en pleine croissance et pour l'irrigation, car le bois est indispensable aux machines élévatoires et au cuvelage des puits. Besoins en bois de marine : pour les flottes de commerce, en plein essor grâce au développement des relations commerciales, sur mer et sur voies d'eau (batellerie du Nil), et aussi pour les flottes de guerre, engagées avec Byzance dans une longue lutte pour la domination de la mer. Du fait de la transformation des techniques maritimes, les navires, plus grands, avec leurs longues antennes pour voiles latines, exigent des pièces plus longues, et donc des arbres plus gros. Besoins, enfin, en bois d'ébénisterie, que stimule le luxe envahissant; le Musée du Caire présente, de ces bois sculptés, ciselés, marquetés, quelques spécimens splendides. On notera à ce propos que le bois est assemblé par petites pièces. Il constitue une matière précieuse dont on cherche à utiliser les moindres morceaux. Conséquence paradoxale : les techniques sont ici plus évoluées que dans les pays du bois, fournisseurs de grosses grumes; on fera appel au XIVe siècle, à des ouvriers maures d'Espagne pour les plafonds *artesonados* du palais des Papes d'Avignon.

La demande en bois était donc très forte, surtout en Mésopotamie, en Égypte et en Ifrīqiya, pays gros consommateurs, mais aussi régions dépourvues de ressources forestières propres. L'Égypte est particulièrement remarquable à ce double point de vue. Pays sans forêt, elle possède en revanche des industries développées, qui exigent beaucoup de combustible, celle du sucre entre autres, des irrigations avec machines hydrauliques, de grandes villes, surtout le nouveau Caire fatimide, qui font un large appel au bois de construction pour le bâtiment et l'ébénisterie, et, enfin, une flotte très importante, fluviale et maritime, avec deux façades à garder : Méditerranée et mer Rouge.

Pour résoudre le problème du bois, on dispose alors de trois moyens. Tout d'abord, on organise strictement les maigres ressources locales : dans l'Égypte fatimide, chaque pièce de bois susceptible d'être utilisée dans les constructions navales est réservée aux arsenaux de l'État; on entretient, par ailleurs, les forêts domaniales, avec toute une organisation créée pour surveiller et contrôler les coupes.

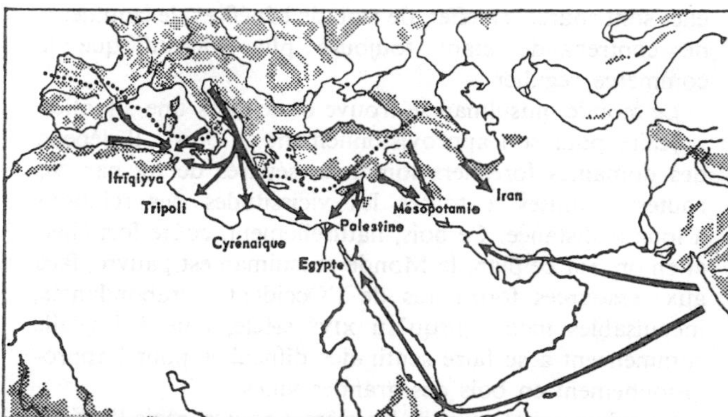

19. — Approvisionnement en bois du monde musulman.

D'autre part, des attaques lancées par les navires syriens ou égyptiens contre les côtes byzantines d'Anatolie et de Dalmatie ont pour but de « faire du bois » : cyprès, pin, sapin. Enfin et surtout, on fait appel au commerce, en important du bois depuis les pays forestiers plus ou moins lointains. Le bois d'Arménie descend ainsi, par flottage sur le Tigre, jusqu'à Bagdad. De l'Inde vient le teck *(sāj)*, qui gagne la Mésopotamie par le golfe Persique et l'Égypte par la mer Rouge et le canal de l'Émir des Croyants, voie par laquelle il arrive, dans sa longueur naturelle, à l'entrepôt du bois *(Sāḥil al-khashabāt)*. L'Occident barbare envoie ses pins, sapins, mélèzes de l'Apennin, des Alpes et de l'Istrie, par l'intermédiaire d'Amalfi et de Venise. Comme celui des armes, le trafic du bois de marine, au moins sous sa forme de longues pièces, est alors sévèrement prohibé par les empereurs byzantins en lutte avec l'Islam pour l'hégémonie navale dans le bassin oriental de la Méditerranée; en 971, Constantinople fait brûler trois vaisseaux vénitiens chargés de bois, dont deux allaient partir pour Mahdiyya, en Ifrīqiya, et un pour Tripoli. Mais ces prohibitions ne sont pas plus respectées par les marchands vénitiens que celles qui portent sur les armes; elles sont source, en effet, de trop de bénéfices, le commerce de contrebande étant toujours plus lucratif que le commerce régulier.

Le monde musulman se trouve donc dans une situation précaire pour son approvisionnement en bois : il dépend des domaines forestiers lointains, séparés de lui par des routes soumises à toutes les vicissitudes des relations à longue distance. Ce bois, naturellement, coûte fort cher, et en or. Sur ce plan, le Monde musulman est pauvre, face aux ressources forestières de l'Occident, surabondantes, inépuisables même jusqu'au XIVe siècle, date à laquelle commencent à se faire sentir des difficultés pour l'approvisionnement en bois des grandes villes.

Le même appel, suivant les mêmes routes, règle l'arrivée des autres produits de la forêt : goudron, produits de la cueillette (miel) et surtout de la chasse (fourrures).

LES MÉTAUX

L'insuffisance du bois a entraîné une limitation de l'industrie métallurgique dans le monde musulman. Le bois ou le charbon de bois, combustibles nécessaires au traitement du minerai, sont requis en masse par des procédés antiques, qui engloutissent des forêts entières : 150 m³ de charbon de bois sont nécessaires pour l'obtention de 10 kg seulement de fer affiné. La métallurgie des vieilles civilisations orientales est une mangeuse de forêts.

Autre limitation plus radicale encore : le manque relatif de métaux dans le monde musulman. Pauvreté qui tient d'abord à celle même des sols; l'Orient abrite peu de grandes régions métallifères. A cela se joint l'épuisement des filons d'accès facile par une exploitation sans ménagement, remontant parfois à des millénaires. Enfin, il faut songer aux insuffisances de la technique du traitement des minerais, qui laisse perdre en scories une part importante du métal.

Ici encore, le commerce lointain pallie, au moins en partie, ces insuffisances : dans les domaines périphériques du monde musulman, navires et caravanes vont chercher, parfois très loin, les matières premières (or, fer, étain) ou les produits fabriqués (épées, ustensiles de cuivre). Les pays fournisseurs, centres miniers ou métallurgistes, sont le Caucase, l'Oural, l'Altaï, l'Inde, l'Afrique noire et l'Occident barbare. Les bases métalliques de la vie économique et de la civilisation musulmanes sont fragiles : elles dépendent, une fois de plus, de l'étranger et du grand commerce lointain.

En ce qui concerne, d'abord, les métaux précieux, or et argent, bases de l'orfèvrerie, nous avons déjà noté, à propos des régions minières approvisionnant les ateliers monétaires, que le domaine musulman ne renfermait que très peu de gisements d'or : en Arabie et en Arménie, auxquels il faut ajouter des laveries de sables aurifères dans le Kirmān et en Espagne (Tage). Mais. on l'a vu aussi, d'énormes réserves d'or ont été remises en circulation avec les conquêtes musulmanes, et, surtout, l'or a afflué, drainé par le commerce, des pays extérieurs au Monde musulman, au nord, à l'est et au sud. L'or d'Asie vient du Caucase, de l'Oural, de l'Altaï, du Tibet et du Turkestan; mais l'or d'Afrique est plus abondant. Trois grandes masses aurifères se dessinent dans ce continent : entre le Nil et la mer Rouge, le pays de Nubie-Éthiopie; l'Afrique orientale, ensuite, où l'or est acheminé par portage, depuis les champs d'extraction de l'intérieur exploités par les Noirs jusqu'aux comptoirs établis par les Musulmans sur la côte, entre autres Sufālat adh-dhahab (Sofala, peut-être l'Ophir de l'Antiquité) et, plus au nord, les comptoirs du pays des Zanj ; enfin, en Afrique occidentale, le Soudan (Sénégal, Niger et « Côte de l'Or »), dont l'or est acheminé par caravanes berbères à travers le Sahara vers le Maghreb.

Tout cet or est à la base de la frappe du dinar et d'un travail d'orfèvrerie très important : les ateliers palatins et urbains, les marchés des orfèvres sont partout très actifs, l'or circulant beaucoup, toujours fondu et refondu, comme en témoigne l'inventaire des palais fāṭimides, dont très peu d'objets nous sont parvenus.

L'argent est le plus souvent extrait de mines de plomb argentifère, un traitement le séparant ensuite du plomb. Les deux régions principales où le monde musulman a puisé pour ses besoins en métal blanc sont la large bande argentifère de l'Iran du nord (depuis le Caucase jusqu'au Tien-chan), avec la grande mine de Benjhīr, au nord de Kābul, et l'Espagne musulmane exploitée si intensivement qu'il n'y reste plus aujourd'hui que des filons de plomb. L'argent, qui alimente une orfèvrerie importante et la frappe des dirhems, est importé en grandes quantités en Égypte, pays dépourvu de ressources propres en ce métal et qui le tient presque en aussi haute estime que l'or, comme en font foi, dans les mosquées du Caire, les bandeaux d'argent repoussé, avec inscriptions.

Le monde musulman est très peu riche en fer. L'exploitation se fait, la plupart du temps, à partir de dépôts superficiels plus ou moins oxydés, mais se prêtant facilement à l'extraction. Ces gisements, depuis longtemps connus, se situent au Liban, en Afrique du Nord et en Espagne, notamment à « Constantine du Fer », à l'ouest de Cordoue, sur le rebord de la Sierra Morena. Ici encore, le Monde musulman doit faire appel aux contrées voisines ou lointaines. Au Caucase, par exemple, il demande son minerai et ses spécialistes, héritiers d'une des plus vieilles traditions de la métallurgie : les vallées du Daghestan sont spécialisées dans la fabrication des cuirasses et des cottes de mailles. Mais, en tout premier lieu, il s'adresse à l'Inde et à l'Occident barbare, pays qui connaissent des procédés spéciaux de production de l'acier et fabriquent des épées renommées et très recherchées.

En Inde s'est opéré un des plus grands progrès de la métallurgie du fer : c'est là, en effet, qu'on a découvert, aux alentours de l'ère chrétienne, l'acier au creuset ou acier fondu. Le procédé donne, par sphéroïdisation des molécules, un acier supérieur, à macrostructure caractéristique, avec dessins imprégnés dans la masse de l'acier et visibles sur la lame des épées. La Méditerranée importa cet acier remarquable dès l'époque romaine : c'était le *ferrum sericum* (du « pays des Sères », peut-être le royaume dravidien des Cheras du Dekkan central et méridional). Cet appel s'intensifie à l'époque musulmane : l'acier de l'Inde sera connu sous le nom de *hindawānī* ou encore de *hindī* (avec l'article : *al-hindī*, d'où l'espagnol *alinde* : miroir en acier poli). L'acier, prêt à être travaillé, gagne Damas et les autres grands centres de fabrication d'armes : Tolède notamment. Mais il est, tout aussi bien, importé de l'Inde directement sous la forme d'épées, qui sont proverbiales dans toute la littérature arabe pour leur force, leur tranchant et leur flexibilité.

Il est à noter, du reste, que cet acier fabriqué dans l'Inde méridionale est fait à partir d'un minerai en provenance de la côte orientale d'Afrique, du pays des Zanj, minerai jugé supérieur à celui des Indes pour l'acier au creuset. Ce minerai, grossièrement extrait par les Noirs, est expédié dans l'Inde par les marchands musulmans, puis transformé en acier indien et expédié dans le monde musulman sous sa forme brute d'acier ou sous celle d'épées. L'itinéraire, reconstitué d'après une mosaïque de sources orientales, nous permet d'apprécier l'importance de ce commerce d'objets pondéreux et de la spécialisation des centres de mise en œuvre, sur les circuits menant de la matière brute à la matière affinée et au produit fini.

L'Occident barbare, de son côté, abrite de nombreux gisements de fer, sous la forme de dépôts superficiels de fer pisolithique, les « ferrières ». Les Alpes orientales du Tyrol et de Styrie, le *Noricum* de l'époque romaine, étaient alors connues comme un centre très actif de fabrication d'armes. Il faut citer encore les pays de la Moselle et de la Meuse, les pays rhénans, ceux de la Champagne, autour de Nogenten-Bassigny, et les Pyrénées orientales. Toutes ces régions étaient riches en forêts et disposaient donc en même temps de réserves de combustible. Ainsi s'explique-t-on que la sidérurgie fut très développée dans la Gaule romaine et dans les Alpes orientales du Norique.

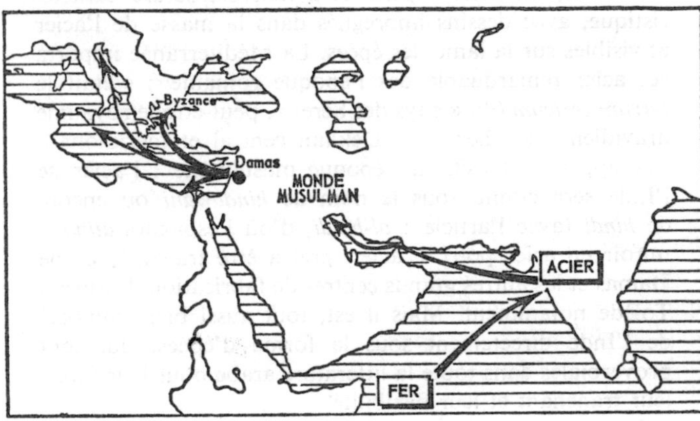

20. — Circulation du fer d'Afrique orientale et de l'acier de l'Inde.

Fait essentiel, les Barbares ne font pas disparaître cette industrie, trop heureux de pouvoir compléter leur armement. Ils apportent, du reste, de nouvelles et remarquables techniques, produisant des lames supérieures aux lames trempées gallo-romaines, en particulier la technique du faux Damas : on fabrique de minces baguettes de métal, de différentes natures, les unes en fer doux, les autres en fer dur, aciéré; puis une fois entremêlées suivant des combinaisons diverses, elles sont soudées, aplaties, forgées et reforgées, donnant un aspect définitif assez semblable au vrai Damas. Mais cet aspect est obtenu par corroyages successifs, tandis que le vrai Damas est, lui, obtenu dans la masse même de l'acier par refroidissement après fusion au creuset.

Dans les deux cas, du reste, les qualités des armes sont

presque identiques et reposent sur un mélange de parties plus dures et de parties moins dures : d'où la solidité, la résistance et le tranchant en même temps que la souplesse et la flexibilité. Ces armes ont pu être étudiées grâce aux trouvailles archéologiques, notamment celles qui ont été faites dans les cimetières mérovingiens; les tombes carolingiennes sont plus décevantes, l'usage d'enterrer le guerrier avec ses armes disparaissant au IXe siècle. Mais les épées carolingiennes se retrouvent en Scandinavie et dans la région des fleuves russes, où cette pratique funéraire se maintient jusqu'au XIe siècle.

De toute façon, il reste, pour nous parler des épées occidentales, des textes abondants, en provenance de l'empire carolingien et ottonien, ou du monde musulman. Les épées de *Firanja*, des « Francs », c'est-à-dire de l'Occident barbare, sont célèbres. Le monde musulman les importe en grand nombre, par l'intermédiaire du *Bilād aṣ-Ṣaqāliba* ou pays des Slaves, et de l'*Andalus*, c'est-à-dire de l'Espagne musulmane. L'importation se fait, vers l'Orient musulman, par la voie des fleuves russes et de la Caspienne, et, vers la Méditerranée musulmane, par celle du couloir rhodanien ou par Venise, spécialiste, on l'a vu, du commerce de contrebande, et qui enfreint, sur les armes comme sur les bois, l'interdiction des *basileis* de vendre aux Musulmans.

Restent le cuivre et l'étain. Le monde musulman est mieux placé pour la production du cuivre que pour celle du fer. Les principaux gisements sont fournis par l'Asie centrale, la Haute Mésopotamie avec la mine d'Arghana, le Maroc du sud et l'Espagne. Si l'étain est un produit lointain, apporté par grand commerce, depuis les Iles Britanniques et la Péninsule malaise, l'oxyde de zinc ou tutie *(tūtiyā)*, en revanche, est fourni par l'Arménie et l'Afrique du Nord. L'industrie du cuivre, du bronze et du laiton est florissante : l'artisan-marchand du cuivre se rencontre dans tous les souks des grandes villes musulmanes.

Sa pauvreté en métaux — le cuivre excepté — oblige le monde musulman à un gros commerce d'importation. Sa civilisation en expansion est avide de métaux utiles pour ses besoins quotidiens et de métaux précieux pour sa monnaie et son luxe. En face s'étend un Occident barbare riche en minerais et aussi en forêts qui fournissent le combustible nécessaire à leur traitement. Avec ces richesses minières à peine entamées, l'Occident fait figure de pays neuf, face à de vieux pays aux ressources naturelles très usées.

LES TISSUS

La civilisation musulmane est une civilisation du textile. Textile pour l'habillement, sans doute, mais, plus encore peut-être, pour l'ameublement. Le mobilier oriental et méditerranéen, en effet, est placé sous le signe du tapis, la pièce la plus importante, parfois unique, du mobilier domestique. Le tissu sert au vêtement, à la décoration intérieure, mais aussi aux tentes, aux drapeaux. Partout, des ateliers travaillent à produire des pièces remarquables : étoffes de lin d'une extrême finesse, mousseline de laine ou de coton, soie brochée d'or. Les ateliers *(ṭirāz)* sont chargés de fournir des tissus précieux pour les besoins de la Cour, tissus de prestige destinés à rehausser le faste des cérémonies. Ils sont, du reste, considérés comme une réserve d'argent, et le mot de *khizāna*, désigne aussi bien le trésor que la garde-robe. C'est en tissus, très souvent, qu'on traduit cadeaux, salaires, récompenses : la robe d'honneur, brodée au nom du souverain, est ainsi à l'origine de la livrée du prince, et toute une hiérarchie s'établit par le degré de somptuosité de ces vêtements officiels. On retrouve là un vieil usage des monarchies orientales, sassanides ou byzantines, passé dans les cours musulmanes, particulièrement dans celle des Abbassides, soucieuse de retrouver, par son cérémonial et son étiquette, les usages iraniens de la vieille monarchie. Comme pour les produits alimentaires, les vieux textiles très anciennement utilisés peuvent être opposés aux nouveaux. La production des premiers est comme stabilisée, recule même, devant la concurrence des seconds.

Les vieux textiles sont la laine, déjà envisagée à propos du mouton, fournie par l'Asie centrale, l'Arménie, l'Afrique du Nord et l'Espagne, et le lin. Ce dernier pousse surtout en Égypte, où sa culture est pratiquée dans tout le Delta et en plusieurs points de la vallée du Nil. Le sol égyptien, terre profonde d'alluvions, lui convient parfaitement, et l'eau, nécessaire pour le rouissage, est fournie en abondance par les canaux et les lagunes. Les filasses donnent un produit excellent, permettant la fabrication d'étoffes d'une très grande finesse *(qaṣab, sharb, dabīqī)*. Les mêmes conditions de production se retrouvent en Haute Mésopotamie et surtout en Susiane, sans parler de quelques régions dont le manque d'eau limite l'étendue, en Syrie, en Afrique du Nord et en Espagne. En Haute-Mésopotamie, toutefois, le lin va céder la place au coton, et, en Susiane, à la canne à sucre, plantes qui réclament les mêmes conditions physiques et humaines : sol profond, eau, main-d'œuvre abondante. Le lin ne se maintiendra comme grand textile qu'en Égypte, où la canne à sucre s'implantera, mais pas le coton, du moins à cette époque.

Le coton, textile nouveau, est originaire de l'Inde : introduit en Mésopotamie dès le VIIe siècle de l'ère chrétienne, il occupe, à l'époque musulmane, de grands champs en Haute Mésopotamie, dans la région du Grand Khābūr, la région de Ḥarrān, entre le coude de l'Euphrate et le Tigre. La première mention de coton en Turkestan, sur la route bouddhiste joignant l'Inde à la Chine par les passes de l'Hindu-Kush et de l'Asie centrale, est du VIe siècle; au siècle suivant, celui où se construit le monde musulman, la culture du coton *(al-quṭn*, esp. *algodón)* pénètre en Méditerranée : on le trouve d'abord en Syrie du nord, depuis le coude de l'Euphrate jusque vers Alep, ensemble qui est la continuation naturelle des cultures de la région du Grand Khābūr; puis le coton gagne, d'une part, le Ghor (Ghawr), le fossé tectonique de la mer Morte, où il trouve des terres basses, humides et chaudes, puis l'oasis de Damas, et, d'autre part, la Cilicie, où on le trouve dans la plaine alluvionnaire deltaïque, colmatée entre le Taurus et les reliefs syriens. La Syrie est ainsi, au Moyen Age, un gros producteur de coton, mais ce textile ne réussit pas à s'implanter en Égypte, où le lin, textile traditionnel et donnant des produits remarquables, tient des positions extrêmement solides. L'Égypte du Moyen Age doit faire appel aux cotonnades de l'Inde et de Syrie. Enfin, le coton gagne l'Afrique du Nord, surtout le sud tunisien (Djerid) et le Maroc (haute vallée de l'Oumm er-Rebia, plaine de Tadla, et, par irrigation, jusqu'au Sūs al-aqṣā), l'Espagne (basse vallée du Guadalquivir), la Sicile (environs de Palerme), et plus tard Chypre, où le coton se développera sous les Lusignan, et la Crète à l'époque vénitienne.

Deuxième textile nouveau : la soie dont la production repose sur la culture du mûrier et l'élève du ver à soie. La sériciculture est pratiquée d'abord en Chine, en Asie centrale, sur les bords de la Caspienne et en Arménie. Au VIe siècle, le ver à soie est introduit subrepticement dans l'empire byzantin, en Syrie du nord : c'est l'histoire du moine nestorien d'Asie centrale transportant la précieuse marchandise dans l'intérieur du roseau qui lui sert de bâton de voyage et l'anecdote est révélatrice de la coupure économique entre les mondes sassanide et byzantin. De la même façon que les cultures de coton de Haute Mésopotamie ne passent qu'avec la constitution du monde musulman, l'élevage du ver à soie attendra, pour se répandre, que s'institue un vaste domaine économiquement unifié. Il est du reste curieux de noter, à propos du cheminement des productions et des techniques, que c'est au VIe siècle, au moment où la Méditerranée reçoit le ver à soie depuis le Turkestan, que ce dernier pays reçoit le coton depuis l'Inde.

Avec les conquêtes musulmanes, la sériciculture s'étend dans toutes les régions méditerranéennes où elle est possible, sollicitée par le développement du luxe textile, qui suscite un gros appel de consommation de soieries. Au nombre des régions productrices : la Syrie du sud, Chypre, le sud tunisien (région de Gabès), surtout l'Espagne du sud-est et la Sicile. Dans la région des Alpujarras et autour de Jaen, la soie est introduite par les Syriens de Qinnasrīn, centre séricicole de la Syrie du nord, qui viennent s'établir dans ces régions au VIIIe siècle. La production de la soie devient une des grandes originalités de l'Espagne musulmane dans l'Occident européen. Quant à la soie de Sicile, lorsque l'île repassera dans le domaine de l'Occident chrétien — et alors seulement — elle gagnera l'Italie du sud et du nord.

Ainsi se développe largement la production de la soie

dans tout le monde musulman. A l'époque sassanide, les importations de soie chinoise étaient destinées aux ateliers iraniens et, peut-être, transitaient de là vers Byzance. A l'époque musulmane au contraire, très vite, il n'y eut plus d'importation de soie grège de Chine. L'importation des soieries, spécialité chinoise, se maintient, elle, à son niveau habituel. Le monde musulman ne manufacture d'ailleurs pas dans ses ateliers toute la soie qu'il produit. Il en exporte de grosses quantités vers Byzance. L'importante industrie byzantine des soieries dépend entièrement de la fourniture de la matière première musulmane, et cela malgré la production de soie du Péloponnèse, si tant est que celle-ci, attestée pour la première fois au XIIe siècle, ait commencé dès le Xe.

Les matières tinctoriales les plus utilisées sont l'indigo, le kermès et le safran. L'indigo, pour les teintures en bleu, a été introduit, depuis l'Inde et la Mésopotamie, vers les régions chaudes, basses et irriguées du Ghor de Syrie, des oasis libyques, des Chotts du Djerid et du Hodna et du Sūs al-aqṣā; sa culture a fait partout reculer celle de la guède ou pastel. Le kermès ou « graine » d'écarlate, insecte parasite du chêne vert utilisé pour la teinture en rouge (arabe *qirmiz*, *qirmizī*, d'où : cramoisi), est traité en Arménie et en Espagne; il est en concurrence avec le *baqqam* ou bois de brésil, venu de l'Inde, mais tous deux font reculer la garance et la pourpre (murex de Phénicie). Le safran pour la teinture en jaune, est la plus prisée et la plus courante des teintures orientales. Couleur du soleil, couleur des souverains sassanides, elle est employée pour les vêtements, mais aussi pour les papiers teints et les documents officiels, sous l'influence de la Chine où le jaune est la couleur impériale. La culture du safran, que la cuisine utilise, de son côté, comme condiment, connaît une énorme extension dans tout le monde musulman.

La multiplication des matières premières textiles et tinctoriales entraîne les progrès et la diffusion des techniques de fabrication : métiers à basse et à haute lisse, métier à pédale, d'origine chinoise, procédé du tapis à points noués (Asie centrale), du *sūsanjird* brodé à l'aiguille (Perse), du procédé « gobelin » tissé (Égypte). Les produits les plus célèbres sont imités : tapis *Irminī* (d'Arménie) en

Espagne, à Assiout (Haute Égypte), à Ṭarṭūs (Syrie), l'étoffe *jurjānī* (du nom du Jurjan) à Almeria (Espagne), l'*iṣfahānī* à Antioche, le *dabīqī* (de Dabīq, ville du delta égyptien) en Espagne, le *'attābī* de Bagdad à Almeria, le *ṣiqillī* (c'est-à-dire « sicilien ») en Égypte, en Haute Mésopotamie et en Espagne. Partout, on constate le brassage des techniques, partout les grands centres s'affirment par la variété de leurs productions et par la renommée mondiale de leurs tissus.

Chaque grande ville a sa spécialité textile et chaque centre textile son tissu à lui, qui, indépendamment des autres étoffes qu'il fabrique, lui assure sa spécificité sur le marché international. Certaines régions sont de véritables zones textiles, où villes et villages sont adonnés à ce travail. La commercialisation des produits suppose l'existence de marchands avançant la matière première et se chargeant de l'écoulement de la fabrication. Les tissus portent, inscrits dans leurs lisières, le nom de la ville d'où ils proviennent. On connaît ainsi Fasā, dans le Fārs, célèbre pour ses brocarts, son *washy*, étoffe de soie épaisse et moirée mise à la mode à la cour par le calife al-Mu'taṣim, ses tapis de laine précieux, ses couvertures de *khazz* (bourre de soie), avec dessin à pois réservé au calife, son *sūsanjird* (broderie à l'aiguille, en relief), meilleur que celui de Qurqūb, parce que plus solide : la broderie repose ici sur un tissu de laine, tandis qu'à Qurqūb, elle est faite sur soie. Fasā fournit des étoffes mélangées laine et soie, des soies pures *(ḥarīr)*, partout recherchées. La région du Fārs-Khūzistān abrite, enfin, à Qurqūb même, un atelier officiel, travaillant uniquement pour les besoins du calife et de sa cour. Elle compose un grand ensemble textile, gros producteur de tissu précieux ou de qualité courante, exportés par les ports de Baṣra et de Sīrāf.

Autre exemple de grosse production : le Delta égyptien, centre de tissage d'étoffes de luxe ou ordinaires, le plus important sans contredit de la Méditerranée. La région exporte vers l'Orient musulman, l'océan Indien, la Syrie, l'Empire byzantin, l'Occident musulman et les ports italiens. La matière première de l'industrie textile est ici le lin, produit sur place, mais avec entrelacement de soie, importée de Syrie, ou de fils d'or. La variété des produits est, ici encore, très grande, allant de l'étoffe extrêmement fine, le *sharb*, jusqu'aux lourdes tentures brodées d'or. Une série de petites villes manufacturières — plus d'une vingtaine — ayant chacune son *ṭirāz* et des villages qui travaillent dans sa dépendance, conduisent ainsi la production textile égyptienne. Parmi les plus importantes, Damiette, Dabīq, Damīra, surtout Tinnīs, au milieu du lac qui portait alors son nom (auj. Menzaleh). Ravitaillée par barques, vivant sur de grosses pêcheries de poissons, dans un paysage semi-aquatique, Tinnīs avait à profusion l'eau nécessaire au rouissage du lin, et l'humidité des lieux permettait le travail de torsion des fibres textiles fines. Cinq mille métiers à tisser fabriquent chaque année le voile de la Ka'ba. Les centres du Delta sont spécialisés, les uns dans le tissage d'étoffes blanches, d'autres dans le blanchiment des filasses, le foulage des draps, le catissage de la toile, le lustrage des soieries (avec la gomme du Soudan), la teinture ou le brochage des fils d'or. Tous ces produits s'exportent au loin, en même temps que les techniques dont ils procèdent, et les imitations surgiront un peu partout : le *qaṣab* et le *dabīqī*, par exemple, se retrouveront dans les ateliers de Mésopotamie et du Fārs. Par la variété de ses productions, le monde musulman prend ainsi place, aux côtés de la Chine et de Byzance, parmi les gros pays producteurs et exportateurs de tissus de luxe.

LES PRODUITS DE LA PIERRE ET DE LA TERRE

Sauf pour de petites pièces, chapiteaux, plaques décorées en bas-relief, cuves d'ablution comme celle de Madīnat az-Zahrā', on ne travaille plus la pierre. La construction courante, en effet, est de brique, pour les murs, mais aussi pour les voûtes, à cause du manque de bois; à Fusṭāṭ, on dut réquisitionner les troncs de palmier pour la construction du plafond du palais gouvernemental *(Dār al-imāra)*. Dans les mosquées, on réemployait les colonnes de marbre des monuments antiques. Carthage, par exemple, fut une carrière pour les villes nouvelles de Kairouan et de Tunis, et ses colonnes, avec celles de Sfax, serviront aussi à Madīnat az-Zahrā'. Quant aux murs, ils sont faits en général de brique et revêtus à l'intérieur d'un riche placage destiné à masquer la pauvreté du matériau : plâtre sculpté, refouillé, ciselé, peint et doré, comme à Sāmarrā, dans les maisons Tulunides d'Égypte et, en Afrique du Nord à Sedrata, mais surtout carreaux de faïence décorée, fruit de techniques mésopotamiennes et iraniennes, connues déjà dans les palais achéménides et sassanides et qui se répandront dans toute la Méditerranée musulmane : c'est le *zulayj* (esp. *azulejo*). Une réserve, cependant : le domaine byzantin restera fidèle à la décoration somptueuse de mosaïque faite de cubes de verre doré et de pâtes colorées. C'est à des artistes byzantins que les Umayyades de Damas, puis de Cordoue, font appel pour la décoration de leurs grandes mosquées; ces artistes forment sur place des élèves qui perpétueront les techniques de la mosaïque byzantine dans le monde musulman.

Autre industrie de la terre : la céramique. La civilisation musulmane nous a laissé des séries splendides de plats, de vases, d'aquamaniles. Ici aussi, comme pour les plaques de revêtement, on retrouve les techniques et les décors de la Mésopotamie et de l'Iran sassanides; mais il faut leur ajouter, pour la céramique, des influences chinoises venues soit par les routes de l'Asie centrale, par le jalon de Rayy, jusqu'à Sāmarrā où a été retrouvée de la porcelaine chinoise, soit par les routes de l'océan Indien et de la mer Rouge jusqu'à Fusṭāṭ-Le Caire où les fouilles en ont également mis à jour. Les noms de *ṣīnī* (porcelaine) et *ṣīniya* (plat de porcelaine) sont dérivés du nom même de la Chine : *aṣ-Ṣin*. Les techniques de la céramique sont remarquables, particulièrement celle de la céramique lustrée, dont l'éclat est dû aux reflets d'or donnés par un alliage métallique posé sur la pâte avant la cuisson. Les grands centres sont Rayy (Rhagès), en Iran, Sāmarrā, au IXe siècle, l'Égypte, aux IXe et Xe siècles, l'Afrique du Nord et l'Espagne du Xe siècle, avec Madīnat az-Zahrā', qui sera relayée, au XIIe siècle, par Catalayud. Tradition persistante : aux XIIIe et XIVe siècles, les grands plats de céramique dorée « hispano-moresques » seront à l'origine des majoliques de la Renaissance italienne.

Le verre est une vieille industrie méditerranéenne connue

depuis l'Antiquité dans les villes phéniciennes de Tyr et de Sidon, et à Alexandrie, où se trouve un sable excellent pour la vitrification. La Syrie et l'Égypte restent les grands centres de production à l'époque musulmane, tant au niveau des produits courants qu'à celui des produits de grand luxe. Un nouveau centre apparaît toutefois avec l'Iran, qui exporte en quantité les verres *'irāqī*, dont parlent les documents espagnols chrétiens des xe et xie siècles. Ces verres de grand luxe, d'Égypte, de Syrie ou d'Iraq, colorés, dorés, émaillés, filés, travaillés au tour, gravés, sont exportés vers la Chine qui, en retour, expédie sa porcelaine. A l'époque des Croisades, les guerriers occidentaux rafleront les verres de couleur syriens, qu'ils croiront taillés dans des pierres précieuses. Quant aux Vénitiens, ils importeront de Tyr tous les débris de verre cassé, les pièces mal venues, afin de les refondre chez eux. Ainsi naîtra l'industrie du verre à Venise (verreries de Murano). Un autre centre verrier est créé dans l'Andalousie musulmane. Au ixe siècle, 'Abbas ibn Firnās aurait découvert le procédé de la fabrication du cristal artificiel, par dosage des éléments entrant dans la fabrication du verre et adjonction de plomb.

En ce qui concerne, enfin, les pierres précieuses, on peut dire que les Musulmans ont alors le monopole de ce commerce. Les émeraudes *(smaragdos, zumurrud)* du désert arabique de Haute Égypte seront, jusqu'à la découverte de l'Amérique, les seules connues. Le Pamir donne, au pays de Badakhshān. un rubis célèbre, le rubis *balakhsh*, d'où viendra notre « rubis balais ». Le diamant est fourni par l'Inde et par Ceylan et le cristal de roche par le Maghreb et l'Espagne. Partout s'écrivent des traités sur les pierres précieuses, dont dériveront les lapidaires du Moyen Age occidental, traitant des pierres et de leurs propriétés magiques. Le travail des pierres précieuses, pierres dures, est parfaitement au point : taille des facettes et gravure sont remarquables. Nous pouvons en juger par les intailles, les camées et les superbes pièces de cristal de roche : grandes aiguières, bassins ou boules provenant notamment de l'Égypte fatimide, que l'on peut admirer au Louvre, au Trésor de Saint-Marc à Venise ou dans d'autres musées d'Europe. Les techniques de la glyptique, conservées et développées dans le monde musulman, ont disparu de l'Occident barbare, où elles ne seront réintroduites que plus tard.

LES PRODUITS DE LA MER

En Orient, sur de vastes étendues de côtes : mer Rouge, Arabie du sud, golfe Persique, le poisson constitue la base de la nourriture des populations. En Méditerranée, la pêche revêt une importance moins grande, les eaux poissonneuses étant réduites en raison de la faible étendue de la plate-forme continentale, qui laisse tout de suite la place aux grands fonds. La pêche n'est possible qu'en quelques points : lagunes du delta du Nil, plate-forme du détroit de Sicile et de la côte orientale de Tunisie, zone du détroit de Gibraltar, sans oublier, pour l'Océan, l'avancée de la plate-forme sur la côte atlantique du Maroc. En tous ces points vivent, pratiquant d'anciennes techniques de pêche, des populations maritimes. Enfin, la pêche au thon se fait lors des grandes migrations annuelles de cet animal. On la pratique soit au harpon, comme de nos jours encore dans le détroit de Sicile, soit plutôt à la madrague, ensemble de filets fixes où l'on dirige les bandes de thons. Ces filets sont appelés *tonnaria* de nos jours en Sicile. Le mot « madrague » vient de *maḍraba* (plur. *maḍārib*), « nasse en forme de bouteille au goulot étroit ».

Le sel, autre élément essentiel de la nourriture, mais aussi de l'industrie, alimentaire (salaisons) ou autre (tissus et cuirs), est recueilli par salines, sur les côtes, ou extrait, sous forme de sel gemme, dans l'intérieur des terres. Il alimente un gros commerce vers le pays des Noirs, le Soudan : les caravanes chargent le sel à Taghāza, oasis du nord du Sahara (Taūdeni), pour aller l'échanger sur les bords du Sénégal et du Niger, contre l'or et les esclaves.

La mer livre aussi des matières très précieuses : corail, perles, écaille de tortue et ambre gris. Le corail rouge est spécifique de la Méditerranée; on le pêche à Marsā l'Kharaz, « le port aux breloques » (La Calle, à l'est de Bône). On l'exporte en quantités énormes vers le golfe Persique, qui ne fournit pas le corail rouge, et vers l'Inde, où l'on en fait des bijoux, amulettes et porte-bonheur très recherchés :

le corail rouge est un gros poste des exportations des maisons de commerce juives de Fusṭāṭ-Le Caire vers l'océan Indien. Les perles, elles, viennent de l'océan Indien : les grosses pêcheries du golfe Persique alimentent une exportation soutenue vers les villes du monde musulman. Corail et perles supposent toute une organisation commerciale des pêcheries, des flottilles importantes, le contrôle de la pêche par les marchands et courtiers entrepreneurs, la surveillance et les taxes de l'État. L'écaille de tortue provient surtout de la côte orientale d'Afrique, qui l'expédie à Fusṭāṭ-Le Caire, où des artisans sont spécialisés dans la fabrication d'objets en écaille. L'ambre gris, concrétion qui se forme dans le tube digestif du cachalot, se trouve sur les côtes de l'océan Indien et de l'océan Atlantique : les morceaux rejetés sont recueillis, plus précisément, sur les côtes d'Arabie, d'Afrique orientale et occidentale et sur la côte atlantique de la péninsule ibérique. L'ambre fournit un parfum et un support de parfums, dans le cas de parfums mélangés.

Ainsi, maîtres du commerce des pierres précieuses, les Musulmans le sont aussi des différents produits précieux tirés de la mer.

LES SUPPORTS DE L'ÉCRITURE

Le monde antique connaissait, pour l'écriture, deux matières très appréciées : le papyrus d'Égypte et le parchemin. Le papyrus s'obtenait à partir de lamelles d'écorce disposées en couches horizontales et verticales successives, comprimées pour donner une feuille encollée ensuite à l'amidon. Le parchemin est fait de peau de mouton amincie et polie. D'abord préparé en Asie Mineure (« parchemin » vient de *Pergamon*, Pergame), il fut ensuite utilisé par les Séleucides, tandis que les Lagides continuaient à employer le papyrus. Dans l'Empire romain et byzantin le papyrus d'Égypte était de règle pour les documents officiels, comme une sorte de papier timbré, avec protocole spécial sous forme d'en-tête; le parchemin, en revanche, était la caractéristique de la monarchie parthe, séleucide, puis sassanide.

Le califat umayyade employait le papyrus dans toutes les chancelleries : au VIIIe siècle, il remplaça les protocoles en grec par un protocole en arabe, poursuivant en cela une politique dont la création d'une monnaie de type musulman et l'introduction de la langue arabe dans les bureaux sont d'autres exemples. Les Abbassides, plus sensibles aux usages perses, et leurs vizirs iraniens, les Barmécides, remplacèrent le papyrus par le parchemin, dans les bureaux de leur nouvelle capitale, Bagdad, où règnaient, au milieu du VIIIe siècle, tant d'autres usages persans.

A la fin du VIIIe siècle, tournant capital : Ja'far, vizir de Hārūn ar-Rashīd et petit-fils du promoteur de la précédente réforme, Khālid ibn Barmak, introduit l'usage du papier dans les bureaux officiels. Les raisons de cette réforme, données par les auteurs arabes, tiennent au coût moins élevé de cette matière et, surtout, à l'impossibilité de gratter ou laver le papier sans laisser de traces, ce que permettaient papyrus et parchemin : on avait, avec le papier, un véritable document authentique.

D'où venait ce papier? La Chine connaissait, dès le Ier siècle, le papier de lin et de chanvre. Les plus anciens documents sur papier connus sont des manuscrits des IIe-IIIe siècles, provenant du Turkestan oriental, zone d'influence jusqu'au VIIIe siècle, et conservés au British Museum. La fabrication du papier passe ainsi de la Chine vers l'Asie centrale. L'empire sassanide, s'il ne le fabrique pas, connaît du moins le papier, qu'il importe de Chine. En 751, par leur victoire sur les Chinois, aux bords de la rivière Talas, les armées de l'Islam ouvrent l'Asie centrale à l'influence du monde musulman, influence qui va s'étendre jusqu'au Turkestan. L'anecdote selon laquelle des prisonniers chinois auraient introduit la fabrication du papier à Samarqand, où se situaient de vastes cultures de lin et de chanvre, recouvre une réalité historique : le passage du Turkestan dans l'orbite politico-économique du monde musulman, passage qui facilite la migration vers l'ouest des techniques chinoises. Il n'est pas sans intérêt de noter, à propos du vizir Ja'far, créateur de la première fabrique de papier à Bagdad, en 794 ou 795, que son propre frère était, précisément à la même date, gouverneur de Samarqand.

Le papier se répand ainsi, aux IXe-Xe siècles, dans tout le monde musulman. On trouve des fabriques réputées en

Syrie, où la culture du chanvre rencontre des conditions favorables, en Sicile, en Andalousie, où Játiva (Saetabis, Shāṭiba) fabrique le *shāṭibī*, dont le nom est encore donné, au Maroc, à une sorte de papier épais. L'Égypte elle-même abandonne peu à peu la préparation du papyrus : un Coran sur papier s'y trouve déjà au xe siècle. Les documents des xe-xie siècles ne sont plus guère écrits sur papyrus, dont on ne conserve que le nom : « papier ». Les chancelleries papale et byzantine, qui, par tradition, l'avaient utilisé jusque-là, l'abandonnent à la fin du xe siècle. Les premiers documents occidentaux sur papier qui aient été conservés remontent au début du xiie siècle. Il s'agit alors d'un papier d'importation acheté aux fabriques d'Espagne et de Sicile : Byzance, de son côté, se procure le sien en Syrie ou en Égypte. Ce n'est qu'au xiiie siècle que les techniques elles-mêmes passeront en Occident et que des fabriques de papier s'installeront en Italie et dans le sud-ouest de la France.

LES PRODUITS MÉDICINAUX

Le développement de ce qu'on a appelé la médecine « judéo-arabe » s'opère en réalité sur le vieux fond de la médecine grecque, traduite en syriaque, araméen ou arabe, autrement dit passée dans le domaine sémitique. C'est sur ces données grecques que travaillent médecins juifs, chrétiens et musulmans, encore qu'ils y joignent les apports de l'Orient ancien, de l'école iranienne de Junday-Shāpūr notamment (au Khūzistān) et de l'Inde. Le circuit de la médecine grecque, comme celui de la pensée grecque en général, se confond avec le circuit des œuvres d'Aristote : passées de Grèce en Syrie, les œuvres médicales sont traduites en syriaque, en araméen ou en arabe, puis transplantées dans les grands centres de Bagdad, du Caire, de Cordoue, où les Juifs d'Espagne les traduisent en latin, forme sous laquelle elles gagnent les centres de l'Occident chrétien : Salerne, dès le ixe siècle, puis Montpellier. Aux viiie-xie siècles Byzance constitue un îlot archaïque, en retard du point de vue médical. Les contacts sont plus intimes et plus anciens entre l'Orient et l'Occident latin par la Méditerranée occidentale musulmane que par échanges directs avec Byzance : Siméon Seth, en 1075, sera le premier à parler de sucre à Byzance et à citer les remèdes usités par les Arabes. Ces derniers, sauf exception, ne viennent d'ailleurs à la médecine qu'au xe siècle. Ce furent les Chrétiens nestoriens qui continuèrent longtemps à diriger l'école de Junday-Shāpūr. L'influence de la science indienne, en faveur déjà à la cour sassanide, grandit sous les Abbassides à partir de 750. Des observations nouvelles enrichirent la *materia medicinae*. C'est ainsi que le sucre des plantations du Khūzistān fut étudié à Junday-Shāpūr et que son importance devint capitale dans la pharmacopée orientale pour élaborer les drogues et les rendre absorbables.

La diffusion des traités de médecine ainsi que la multiplicité des centres médicaux, hôpitaux et pharmacies, dans le monde musulman expliquent l'enrichissement de la matière médicinale, drogues et médicaments. Les études chimico-pharmaceutiques aboutissent, d'autre part, à la fabrication d'articles de luxe : huile de rose, de violette, de giroflée, onguents et pommades, fards et parfums, boissons rafraîchissantes et sirops. Le commerce des drogues et des ingrédients de toilette revêt alors une importance considérable, qu'il s'agisse de produits d'origine minérale : alun d'Égypte, borax d'Arménie et d'Égypte, soufre de Sicile, pierres judaïques, terre de Barca ou de Maghām, près de Tolède, ou d'origine animale : castoreum de Bulghār, bezoar de Perse ou des pays de la frontière de la Chine, thériaque de Jérusalem, faite des corps écrasés de serpents, ou encore de produits d'origine végétale : le chanvre et l'opium sont très utilisés dans le monde musulman en inhalations et en fumigations; ce sont des plantes narcotiques employées aussi en magie. On recherche également la gomme-résine du styrax (benjoin de Syrie), le baume de Judée, la menthe, la rhubarbe, le myrobolan de Transjordanie, la casse, le ricin d'Égypte, etc.

Le vin lui-même est considéré comme un remède. On le boit parfumé d'épices. Le sucre remplace le miel dans la fabrication d'électuaires où interviennent des mélanges de poudres et d'extraits médicamenteux. Des fables courent sur l'origine de ces drogues lointaines, de composition incertaine : sur le « tabachir », par exemple, qui proviendrait de la gomme blanchâtre exsudée par un bambou poussant en Chine et sur la côte de Malabar et que l'on réduit en cendre. Le tabachir fut considéré comme une panacée jusqu'au XVIIe siècle. C'est une des denrées les plus cotées à Alexandrie, à Pise et à Venise, une des marchandises les plus marchandes du Moyen Age. D'innombrables plantes médicinales, des simples, dont certaines sont encore employées, sont activement recherchées, cueillies et exportées, mais aussi importées depuis l'Inde, la Chine, l'Insulinde ou l'Afrique orientale. Le commerce des drogues revêt alors une importance considérable et concourt au développement des échanges à longue distance ainsi qu'à la modification des mœurs : c'est à cette époque que l'opium d'Iran gagne l'Asie centrale et l'Extrême-Orient.

LES ESCLAVES

A la suite des grandes civilisations de l'Antiquité et de l'Empire byzantin, le monde musulman est une civilisation esclavagiste. La force motrice, l'énergie, est alors demandée en grande partie aux muscles de l'esclave, que ce soit dans les grosses équipes qui travaillent aux plantations et dans les mines, où la main-d'œuvre est entièrement servile, ou dans les villes, où le travail servile côtoie le travail libre.

Songeons aussi à l'esclavage domestique : femmes et eunuques du harem, serviteurs, chanteurs, musiciennes des palais des souverains ou des grands personnages. Le harem de 'Abd ar-Rahmān III (912-961) à Cordoue comptait 6 300 femmes; le palais fātimide du Caire 12 000. La *sitara* ou « orchestre de chambre » est un élément essentiel du grand luxe et il existe des écoles spéciales, à Bagdad, à Médine, à Cordoue, pour l'instruction des musiciens et des danseurs, que l'on exerce aussi à la littérature, à la poésie, à la grammaire. Les esclaves ainsi éduqués atteignent parfois des prix astronomiques et certains acquièrent une grande renommée; tel fut le cas de Ishrāq as-Suwaidā', la jolie petite noire qui était célèbre, dans l'Espagne du Xe siècle, pour ses connaissances en grammaire et en prosodie.

Enfin, dernière forme, mais non la moindre, de l'esclavage : l'esclavage militaire. Les gardes du corps sont, pour l'essentiel, serviles; témoin le corps des Mamelūks qui, sous les Ṭulūnides d'Égypte, au IXe siècle, à Fusṭāṭ, est composé de 24 000 Turcs et de 40 000 Noirs. Les Umayyades d'Espagne possèdent, de leur côté, au Xe siècle, à Cordoue, 10 000 Slaves. Cette garde d'esclaves, commandée par des officiers choisis parmi les affranchis, a toujours joué un rôle de premier plan; Ibn Ṭūlūn était le fils d'un esclave turc affranchi; Abū l-Misk Kāfūr, maître de l'Égypte (966-968), était un eunuque noir.

Comme les affranchis de l'Empire romain et les eunuques de Byzance, les anciens esclaves tiennent parfois les premiers rôles dans le monde musulman : rôle politique et militaire que double celui qui est joué, mais en masse, par l'énorme bétail humain des esclaves, présents dans la vie politique, militaire, mais aussi économique et sociale. On a vu les graves secousses qu'avait provoquées la révolte des Zanj de Basse Mésopotamie.

Le trafic des esclaves est donc un commerce de première importance. Or, on ne peut en trouver à l'intérieur du monde musulman : la phase des conquêtes terminée, il n'y a plus de place, à l'intérieur des frontières, que pour des Musulmans ou des sujets protégés *(dhimmī)*, juifs, chrétiens ou zoroastriens, qui, les uns comme les autres, ne peuvent être réduits en esclavage, à de rares exceptions près, comme celle qui vit emmener en servitude les Coptes révoltés du Delta. Il faut donc s'approvisionner au dehors, dans des pays voisins ou lointains, au moyen de la razzia ou de l'achat, opérés auprès de sociétés plus débiles, encore inorganiques et qui ne peuvent guère se défendre.

Il existe ainsi trois grandes zones de chasse à l'esclave, trois humanités traquées, trois grands réservoirs : d'abord, le *Bilād aṣ-Ṣaqāliba*, le « pays des esclaves » par excellence *(ṣaqlab*, esclave), le pays des forêts de l'Europe centrale et orientale; puis le *Bilād al-Atrāk*, le pays des Turcs ou Turkistān, c'est-à-dire les steppes de l'Asie centrale; enfin, le *Bilād as-Sūdān*, le pays des Noirs, de la savane et de la bordure de la forêt africaine.

Aux VIIIe-XIe siècles, les Slaves occupent à l'ouest les

régions où ils se sont avancés à la suite des migrations germaniques vers l'Occident (IIIe-IVe siècles); ils s'étendent jusqu'à l'Elbe, la Saale, les Alpes orientales, l'Istrie, la Dalmatie, les Balkans et même le Péloponnèse, où, après le VIe siècle, ils ont été repoussés. A l'est, la limite est à peu près celle de la grande forêt nordique : haut Dniepr, haut Don, haute Volga, avec quelques avancées dans la plaine, où les Polianes s'opposent aux Drevlianes. En arrière du pays slave s'étendent, vers la Baltique, les peuplades finnoises, englobées elles aussi, par les géographes arabes, dans le terme de *Ṣaqāliba*. Dans les steppes de la Russie du sud et du Danube vivent des peuples turco-mongols : Khazars, Bulghārs, Magyars. Les Slaves mènent une vie forestière et fluviale, faite de pêche, de chasse et de cueillette; répartis entre des tribus sans cohésion, ils commencent toutefois, vers le Xe siècle, à se cristalliser en États dans deux régions : en Bohême et en Pologne. En outre, depuis le VIIIe siècle, la région des fleuves (Volga, Don, Dniepr) est parcourue par des Scandinaves (Varègues, Rūs) qui fondent au IXe siècle la principauté russo-scandinave de Kiev, sur le Dniepr, troisième point de cristallisation. Le commerce des Scandinaves se fait à la fois vers la mer du Nord et l'Europe occidentale — relais sur la route menant à l'Espagne, au Maghreb musulman et à la Méditerranée — vers la Caspienne et l'Orient musulman et, enfin, vers la mer Noire et Byzance. Il porte surtout sur les esclaves slaves, expédiés par la principauté esclavagiste de Kiev vers le monde musulman et vers Byzance.

Vers l'est, les esclaves transitent par le pays des Khazars, sur la basse Volga : Itil, ville sur la Caspienne, perçoit des taxes sur les esclaves, qu'elle répartit entre la voie de terre, vers Derbend et l'Arménie, centre de castration, et la voie de la Caspienne, vers le Ṭabaristān, Rayy et Bagdad. Une autre voie de transit est celle de la grande Bulgarie, par Bulghār, au confluent de la Volga et de la Kama : l'itinéraire mène, à travers la steppe, au Khwārizm, où Urgenč est également le grand marché d'esclaves de l'Asie centrale, relevant de la principauté samanide. Cette principauté, qui couvre également Samarqand et Bukhārā,cent res de castration, est un état esclavagiste, dont l'activité est attestée par le grand nombre de dirhems samanides trouvés tout au long des fleuves russes [1] où ils servaient à payer les convois d'esclaves et aussi les autres produits transitant par Bulghār : fourrures, miel, chevaux, cuirs. Du Khwārizm, enfin, les esclaves gagnaient, par l'Asie centrale, d'abord l'Iran, la Mésopotamie et, de marché en marché, tout l'Orient musulman.

Vers l'ouest, le trafic est assuré par les marchands francs et surtout les marchands juifs des pays du haut Danube et du Rhin, et aussi par ceux du couloir Meuse-Saône-Rhône. De la Bohême, où Prague est un centre de castration, les esclaves gagnent Ratisbonne; de l'autre côté, ils sont expédiés des marchés germaniques de l'Elbe et de la Saale sur Verdun, grand centre de commerce des esclaves et lieu de castration, puis par la Saône et le Rhône, sur Lyon, où opèrent les marchands juifs rādhānites dont l'existence est attestée par Ibn Khurdādhbeh, qui écrit en 847, et par les pamphlets de l'évêque de Lyon, Agobard (mort en 840) [2]. De Lyon, les esclaves passent à Arles et à Narbonne, d'où ils sont emmenés en Espagne, ou exportés par mer directement sur l'Égypte et la Syrie.

Enfin, vers le sud, c'est Venise qui est la plaque tournante de ce commerce. Elle reçoit les esclaves slaves qui arrivent du haut Danube et des pays rhénans par les cols des Alpes ou que l'on capture plus près, dans les Alpes orientales, l'Istrie ou la Dalmatie. Ils sont ensuite exportés par les marins vénitiens vers les ports du Levant méditerranéen : commerce très fructueux qui vient accroître les ressources que Venise tire déjà de la contrebande du bois et des armes.

Immense commerce, énormes bénéfices. Au xe siècle, Liutprand, à propos des marchands d'esclaves et de la « fabrication » d'eunuques à Verdun, parle d'« immensum lucrum » [3]. Une autre preuve de l'ampleur de ce trafic réside dans les chiffres de trois recensements successifs de

1. Cf. A. Markof, *Topografia kladof vostotchnykh Monet*. Saint-Pétersbourg, 1910, ainsi que les compléments donnés par R. Vasmer, depuis 1927, dans les *Trudy Numizmatcheskoj Komisij* et les *Beiträge zur Kunde Estlands*, et les nombreux articles parus en Pologne sur des trésors de monnaies arabes : Cf. R. Gupieniec, *Bibliografia numizmatyki Polskiej za lata 1945-1957*. Warszawa, 1959, 34 p. Polskie towarzystwo archeologiczne biblioteka numizmatyczna 1.
2. Mon. Germ. Hist., *Epistol.* III, pp. 183 et 185.
3. *Antapodosis*, Mon. Germ. Hist. *Scriptores*, III, p. 156.

Ṣaqāliba opérés à Cordoue sous 'Abd ar-Raḥmān III (912-961) : 3 750, 6 087 et 13 750 hommes, soit un accroissement de 10 000 esclaves pour une période d'une cinquantaine d'années, et sur un seul point du monde musulman. Au moment du démembrement du califat de Cordoue, au début du XIe siècle, des officiers slaves, anciens esclaves affranchis, prendront la tête de plusieurs de ces petits royaumes de l'époque dite des Reyes de Taifas *(Mulūk aṭ-Ṭawā'if)*, notamment du royaume de Denia et du royaume de Valence.

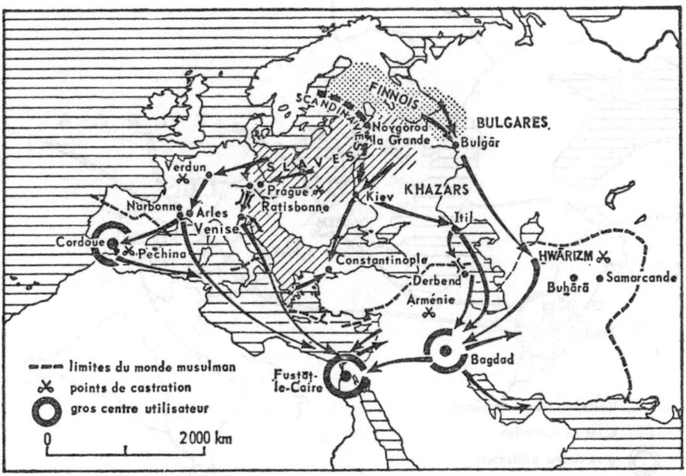

21. — Commerce des esclaves slaves.

Alors que les Slaves peuplent la forêt, les Turcs habitent les steppes de l'Asie centrale, jusqu'à la Russie du sud. Les grands points d'introduction des esclaves turcs dans le monde musulman sont, d'une part, la région qui correspond au Farghāna, au ash-Shāsh et au Mā-Warā'-an-Nahr (c'est-à-dire la Transoxiane), avec les grands marchés de Samarqand et de Bukhārā, et d'autre part, le Khwārizm, où aboutit aussi on l'a vu, une des plus grandes routes d'importation des esclaves slaves, contrôlés par la principauté esclavagiste des Sāmānides (xᵉ siècle). De ces régions, les esclaves turcs sont redistribués sur tous les marchés d'esclaves d'Iran, de Mésopotamie et des autres régions du monde musulman. Leur fonction première est de constituer les gardes princières armées (mamelūks). Le califat abbasside, né d'un mouvement parti du Khurāsān, fera opérer des achats massifs en Asie centrale; al-Mu'taṣim (833-842), notamment, constituera une milice de

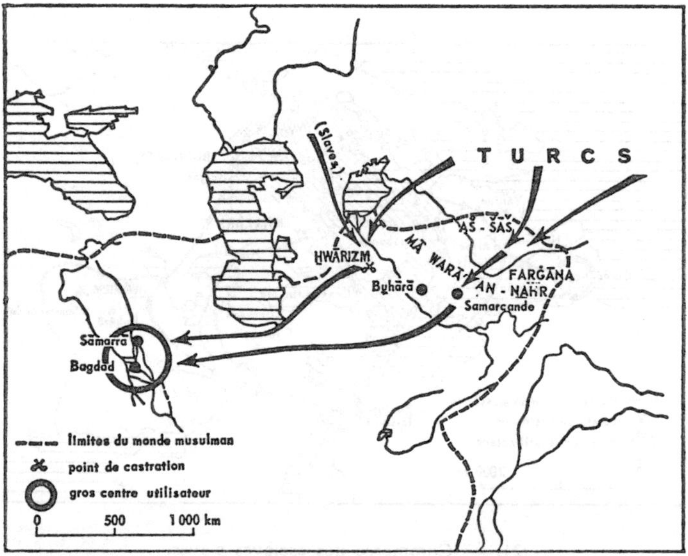

22. — Commerce des esclaves turcs.

70 000 Turcs, qui, trop nombreuse, créera des troubles dans Bagdad et l'incitera à aller s'installer à Sāmarrā. Dorénavant, l'infiltration turque sera constante. Des officiers affranchis, acquerront une grande puissance : ils deviendront généraux, chefs de la garde et même, comme Ibn Ṭūlūn en Égypte, véritables souverains. Ils font et

défont les califes : le retour du calife à Bagdad, en 892, s'explique par le souci de se libérer de la tutelle turque à laquelle il est soumis à Sāmarrā. Cette infiltration dans l'armée et l'administration facilite l'islamisation des Turcs restés en dehors des limites du califat et prépare l'Empire musulman d'après les grandes conquêtes turques du XIe siècle. A partir du milieu du XIIIe siècle, ce sera véritablement, avec les Mamelūks d'Égypte, l'apogée de ces prétoriens.

Le monde noir constitue la troisième grande source d'approvisionnement en esclaves, celle qui fournira le plus longtemps, presque jusqu'à nos jours. Plusieurs masses sont à distinguer : les Nubiens du Haut Nil s'importent par Assouan, porte d'entrée méridionale de l'Égypte et centre de castration, notamment en ses monastères chrétiens; ce sont les Barābra, parfois désignés, de nos jours encore, par le terme de « Barbarins » et réputés comme domestiques. Les Éthiopiens (Ḥabash, Abyssins), sémites, sont importés par les vallées du Nil Bleu et du Nil ou par les ports de la mer Rouge, vers l'Égypte ou l'Arabie. Les Somalis du pays de Berbera viennent, par Zayla', à Aden et au grand marché de redistribution de Zabīd, fondé au IXe siècle. Les Zanj de la côte orientale d'Afrique, c'est-à-dire les Bantous, alimentent une traite en plein développement liée à l'expansion du grand commerce musulman de l'océan Indien. Ces noirs sont pris par razzia ou achetés, contre de la pacotille, aux roitelets de l'intérieur. Ils passent des comptoirs de la côte à Socotra et à Aden, points de concentration d'où ils gagnent l'Égypte par la mer Rouge ou la Mésopotamie par le golfe Persique : on sait que l'énorme densité des esclaves noirs en Iraq débouchera en 868-883, sur la terrible révolte des Zanj. Enfin, dernière source d'approvisionnement : le Soudan occidental. Il s'agit ici de nouveaux terrains de capture mis en exploitation grâce à l'organisation du commerce transsaharien de l'or et des esclaves. Ceux-ci sont des Sarakolé (Takrūr) du Sénégal, des Soninké du Ghana, des Songhaï de Gao et des Sao du Kanem, près du Tchad. Ils sont exportés vers Nūl Lamṭa et Sijilmāsa, d'où ils gagnent le Maroc et l'Espagne, vers Ouargla et le Jarīd, à destination de l'Ifrīqiya, vers le Fezzan, la Tripolitaine et la Cyrénaïque, à destination de l'Égypte et, au-delà, de tout l'Orient musulman.

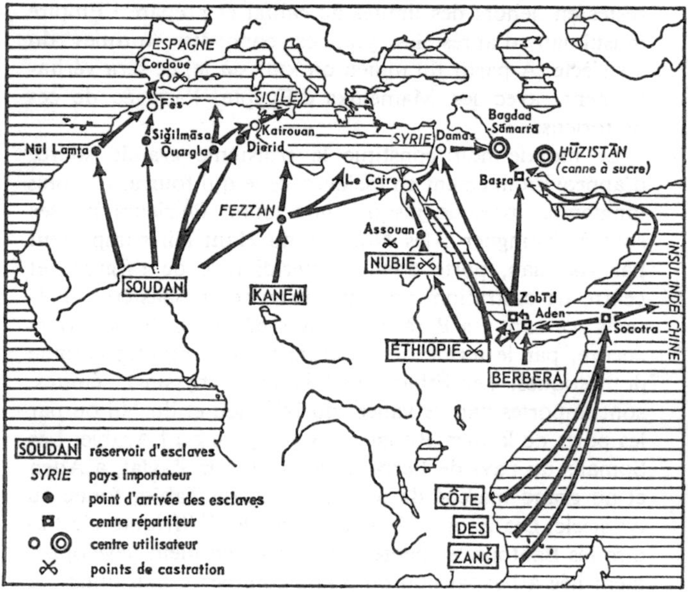

23. — Commerce des esclaves noirs.

Enfin, il faut signaler, outre les Slaves, les Turcs et les Noirs, divers autres peuples qui paient leur tribut à la servitude. Les esclaves anglo-saxons sont acheminés, à travers la Gaule, vers le couloir du Rhône, l'Italie du nord et Venise, ou directement par l'Irlande et l'Atlantique, vers les ports de l'Espagne musulmane : Lisbonne et al-Qaṣr (Alcacer do Sal). Les esclaves de l'Inde gagnent, par l'Hindu-Kush, « le tueur d'Hindous », Balkh et Samarqand. Enfin, il faut prendre en compte les prisonniers capturés par les Musulmans dans les guerres contre les Byzantins ou dans les raids contre les royaumes chrétiens de l'Espagne du nord, les captifs emmenés par les Normands lors de leurs expéditions en Europe occidentale et vendus aux Musulmans par la route des fleuves russes, et aussi les sujets lombards achetés par les marchands d'Amalfi et d'autres villes commerçantes de l'Italie du sud, qui les revendaient ensuite de l'autre côté de la mer, en Sicile, en Afrique du Nord, en Égypte.

L'esclavage est un des plus grands faits économiques du monde musulman. L'afflux d'esclaves permet les guerres et entretient l'extension du commerce jusqu'à l'Asie centrale, la grande forêt nordique, le Soudan occidental, la côte de l'Afrique orientale, les Iles Britanniques et l'Inde. Mais, à partir du XIe siècle, les sources de l'esclavage commencent à se tarir : les grandes conquêtes sont closes; les Slaves, convertis au christianisme, ne sont plus vendus aux Musulmans, cependant que les Turcs, convertis à l'islamisme, ne peuvent plus être réduits en servitude. Il ne reste plus que les Noirs : mais, ici encore, les progrès de l'Islam font reculer, de plus en plus loin, les terrains de chasse. Il s'ensuivra une crise du travail servile entraînant, comme dans le Bas-Empire romain du IVe siècle, de nouvelles formes d'organisation de la main-d'œuvre. Les invasions barbares du XIe siècle (Turcs, Hilaliens, Almoravides) suivront les routes du grand commerce esclavagiste et c'est l'ouverture de ces routes, la création de relais urbains au débouché des sociétés sauvages, réservoirs d'esclaves, qui leur auront préparé la voie.

***

La production agricole et industrielle du monde musulman aux VIIIe-XIe siècles nous apparaît donc comme présentant à la fois des signes de force et de faiblesse. La force tient, d'abord, au moment lui-même de cette histoire : les bases de l'hégémonie économique du monde musulman reposent avant tout sur l'héritage positif de très vieilles civilisations, dont il reprend en charge les techniques, en les améliorant. En même temps, il peut pallier les séquelles négatives de ces vieilles civilisations : l'existence d'un grand commerce lointain, pour l'approvisionnement en certains produits, et celle d'un actif réseau urbain, pour leur traitement, lui permet de se procurer ce qu'il ne possède pas, ou qu'il ne possède plus à cause de l'exploitation intensive dont sont responsables les civilisations précédentes, gaspilleuses de leurs ressources.

La fragilité économique du monde musulman tient précisément au manque de ressources propres, notamment en bois, en métaux, et aussi en eau : les zones d'irrigation ne sont pas indéfiniment extensibles; leur limitation freine la fourniture des bases végétariennes de l'alimentation orientale. La puissance économique de l'Islam est ainsi suspendue au maintien, à tout le moins, du réseau d'irrigation, à celui du réseau de routes, à l'afflux d'or, à l'essor urbain. On s'explique ainsi que la force tirée de la situation à un certain moment de l'histoire devienne faiblesse lorsque les conditions de large circulation ne seront plus remplies, c'est-à-dire aux XIe et XIIe siècles, sous l'effet des invasions : Turcs dans tout l'Orient, Hilaliens en Afrique du Nord, Almoravides en Espagne, Normands en Sicile, Croisés en Espagne et en Syrie.

La crise du monde musulman, qui est l'éternelle crise des vieux pays orientaux usés et envahis, est aggravée par la concurrence victorieuse des pays neufs d'Occident, lorsque ceux-ci, par suite des influences incitatrices parties justement des centres moteurs du monde musulman, peuvent mettre en exploitation leurs immenses ressources en eau, en bois et en métaux, ressources d'autant plus immenses qu'elles se confrontent à celles des vieux pays de l'Orient musulman qui se trouvent désormais presque épuisées.

CHAPITRE IX

LES ÉCHANGES DANS LE MONDE MUSULMAN

Nous avons esquissé d'abord les grandes lignes du flux monétaire et le tracé des arrivées de métal neuf, innervant le circuit général des échanges, puis le rôle redistributeur de numéraire joué par les grandes villes du monde musulman, centres consommateurs et véritables moteurs de l'économie générale; cette étude des courants-monnaie doit être complétée par une étude des grandes directions des courants-marchandises. Celle-ci nous oblige tout d'abord à parler des intermédiaires du commerce : Juifs. Chrétiens et Musulmans.

LES INTERMÉDIAIRES DU COMMERCE : LES JUIFS

Le substrat du commerce juif est une conséquence de la *diaspora*, éparpillement provoqué par le premier exil (sous Nabuchodonosor), puis par le second (après la destruction du temple de Jérusalem). Cette *diaspora* a créé des chaînes de communautés juives, installées sur toutes les routes du grand commerce, qui se trouvent ainsi correspondre avec les lignes de judaïsation. Ces routes, religieuses et commerciales à la fois, gagnent, depuis la Mésopotamie sassanide, d'une part l'Arménie, les pays du Caucase et de la Caspienne, le pays des Khazars (basse Volga et steppes ponto-caspiennes), d'autre part l'Iran, le

Khurāsān, le Khwārizm et la Transoxiane et, enfin, le golfe Persique et l'Inde (côte de Malabar).

A partir de la Syrie et de l'Égypte byzantines, les Juifs passent, d'abord, dans l'Arabie du nord et du sud-est (Yémen), en Éthiopie et dans tous les pays de la mer Rouge, mais aussi dans les oasis de la ligne des Qsours, depuis l'Égypte jusqu'au sud du Maroc, tout au long des confins nord du Sahara : ce second ensemble de déplacements exercera une profonde influence juive sur le monde arabe primitif, sur le monde érythréen des bords de la mer Rouge, sur le monde saharien, où des légendes attribuent aux Juifs l'introduction de plusieurs techniques et de grandes dominations au sud de la Jazīrat al-Maghrib.

Troisième glissement : à partir de Constantinople et de l'Asie Mineure, les Juifs gagnent la mer Noire, la Chersonèse Taurique (Crimée) et la Russie du sud, où aboutit également la ligne de judaïsation Caspienne — pays des Khazars. Enfin, depuis l'Italie et l'Espagne méridionales, zones de vieilles cités commerçantes situées traditionnellement, depuis la colonisation phénicienne, dans une orbite sémitique, zones, aussi, de passage par les détroits, les Juifs pénètrent dans l'Occident barbare : Languedoc, vallée de la Loire, Rhône, Saône, Meuse, vallée du Rhin. A l'époque mérovingienne, Grégoire de Tours parle de *Syri*, c'est-à-dire de Levantins chrétiens et de Juifs.

Les aires ainsi ébauchées vont être les théâtres du commerce juif au Moyen Age. En quelques points, les communautés juives sont plus nombreuses, plus actives. C'est d'abord l'Orient sassanide avec la Mésopotamie, terre de l'exil à Babylone, où la colonie juive est commandée par un chef politique, l'exilarque, le *Resh Galutha* ou « chef de l'exil », et d'où rayonne l'influence de chefs religieux (*geonim*, sing. *gaon*) des deux écoles théologiques de Sūrā, près d'Anbār, et de Pumbedita, un peu plus au sud, écoles d'où sortira le Talmud dit de Babylone. Dans le domaine byzantin, c'est la Palestine qui est le grand centre juif, avec l'école de Jérusalem, puis, lorsque les Juifs en furent expulsés, de Tibériade; c'est dans ce milieu que naîtra le Talmud dit de Jérusalem. L'Égypte est aussi un centre très vivant : c'est du judaïsme alexandrin qu'est sortie la Bible des Septante. Pour l'Occident barbare, enfin, on notera l'activité des communautés juives d'Espagne du sud, qui entraînera les persécutions des Wisigoths, et de celles de Sicile et d'Italie du sud, illustrées par les chroniques juives du Moyen Age : chroniques d'Oria, de Bari, de Rossano.

Ces centres sont cependant mal reliés les uns aux autres : ici encore se retrouve la cassure entre Occident barbare, aire byzantine et domaine sassanide, qui constituent autant de domaines économiques séparés. Outre qu'elles sont encore peu organisées, concurrencées par les *Syri*, les communautés juives sont l'objet de persécutions. Celles des Sassanides entraînent un glissement juif vers l'Arménie, la Caspienne et l'océan Indien. Byzance expulse les Juifs de Jérusalem, procède à des conversions forcées, après qu'ils eurent fait bon accueil aux envahisseurs perses du VIIe siècle, d'où, ici encore, émigration, vers la mer Noire et la Caspienne. A Alexandrie, l'antisémitisme sévit depuis l'Antiquité. Dans la Sicile byzantine, les Juifs veulent également échapper à la domination de Constantinople, circonscrite aux villes maritimes : ils passent en Italie. Les royaumes wisigothiques d'Occident ne sont pas plus cléments : des persécutions violentes affligent les communautés du Midi (Malaga) et de la Septimanie (Narbonne), entraînant une émigration vers le Maroc, où se renforcent ainsi les courants de judaïsation. On s'explique que ces communautés aient en général fait bon accueil aux conquérants musulmans : dans beaucoup d'endroits, notamment en Syrie et en Égypte, cela va jusqu'à une collusion ouverte, facilitant une rapide mainmise sur le pays. Quant aux Juifs espagnols émigrés au Maroc, nombre d'entre eux repasseront en Espagne à la suite des armées berbères; la garde des villes du sud de la péninsule leur sera même confiée pendant que les troupes musulmanes poursuivront leur progression vers le nord.

Dans ces communautés juives encore peu reliées les unes aux autres, commence à s'ébaucher une classe de marchands et d'artisans, fidèle à l'esprit commerçant et aux vieilles techniques mercantiles de l'Orient sémitique, ainsi qu'aux techniques artisanales : travail des métaux précieux, teinture, tannage, verrerie. Dans la description des communautés juives composée par le rabbin Benjamin de Tudèle (XIIe siècle), il sera question de marchands, de banquiers, de médecins, de teinturiers, d'orfèvres, de tanneurs et de verriers. A la veille des conquêtes musulmanes, les cadres sont préparés, les fils tendus.

Ce substrat juif pré-islamique explique, dans une certaine mesure la rapidité de la mainmise des conquérants arabes et l'expansion de la langue arabe dans les pays situés en dehors du grand bloc des parlers sémitiques constitué par l'Arabie, la Syrie et la Mésopotamie, autrement dit son expansion en Égypte, en Afrique du Nord — au moins dans les cités et les couloirs de communication placés en dehors des massifs berbérophones — et en Espagne.

Il explique surtout l'essor du commerce juif, lié à celui du grand empire musulman (VIIIe-XIe siècle). Avec l'installation d'un grand domaine économiquement unifié, un réseau cohérent et continu de communautés juives commerçantes se constitue. Les vieux judaïsmes primitifs, marginaux, plus ou moins isolés, situés en position de pionniers sur les routes du commerce, vont être soudés, rattachés aux centres en expansion du judaïsme officiel. L'Inde, le Khwārizm, le Caucase, la mer Rouge, les oasis sahariennes et l'Espagne vont prendre contact avec le rabbinisme orthodoxe, avec la Mésopotamie et son talmud *babli*, la Palestine et son talmud *yerushalmi*, l'Égypte et son centre alexandrin. Lorsque, au milieu du VIIIe siècle, les Abbassides fondent Bagdad, destinée à devenir la capitale du califat et le pôle économique de l'activité du monde musulman, les centres juifs de Basse-Mésopotamie vont établir leur prééminence religieuse et leur suprématie intellectuelle.

La principale communauté juive mésopotamienne est le quartier d'al-Karkh, centre marchand de Bagdad. Le chef de la communauté, c'est — on l'a dit — le *Resh Galutha*, l'exilarque, grand personnage de la cour du calife, qui a un rang assigné dans les cérémonies officielles. Les deux écoles de Sūrā et de Pumbedita, à proximité de Bagdad (la première est reliée à la nouvelle capitale par le Nahr Yahūdiyya, « rivière des Juifs »), sont célèbres par leurs chefs, qui, tel le *gaon* Saadia au IXe siècle, envoient leurs *responsa* à toutes les demandes des communautés de la *diaspora*. Très peu de « réponses » gaoniques émanent des écoles de Palestine; le plus grand nombre vient des écoles de Babylonie. De la même façon, c'est le Talmud *babli* qui sera adopté par les judaïsmes occidentaux d'Espagne, de Gaule et des pays rhénans. C'est enfin à l'intention des écoles de Babylonie, souvent par billet à ordre de communauté à communauté, qu'est recueilli l'argent en Orient comme en Occident. La Mésopotamie et le Khūzistān, avec son centre de Tustar, apparaissent ainsi comme la position centrale du judaïsme mondial.

Des courants divers, religieux, philosophiques et mystiques, s'y font jour, en interaction avec des courants de même ordre dans les cercles musulmans. Au rabbinisme officiel, conformiste et nanti, s'opposent l'illuminisme et le mysticisme (Kabbale). Surtout, à partir de 762, s'affirme le qaraïsme, littéralement : « la lecture », qui entend retourner à une Bible débarrassée des commentaires talmudiques. Par l'adhésion à cette réforme de vieux judaïsmes et de noyaux aberrants, se construit un second réseau de communautés qui double le réseau rabbinique : communautés encore plus soudées les unes aux autres, donc plus efficaces sur le plan économique, et soudées parce que minoritaires, rejetées du sein de l'orthodoxie et de plus en plus persécutées. Ce double filet de communautés juives, lancé à partir des centres mésopotamiens, va se révéler d'une importance capitale pour les relations commerciales.

La soudure des noyaux de judaïsme de l'Orient à l'Occident s'opère par le rabbinisme officiel à l'intérieur du domaine musulman, comme le christianisme s'était répandu dans le moule de l'Empire romain. Aux VIIIe-XIe siècles, beaucoup de grands gaons babyloniens sont originaires des pays méditerranéens, tel Saadia, d'une famille d'Afrique du Nord.

Or, dessiner le réseau des échanges intellectuels et religieux entre communautés, c'est dessiner les routes du grand commerce juif, parfois en préciser le tracé, toujours l'éclairer. La centralisation rabbinique et les relations commerciales au départ des centres moteurs de la Mésopotamie abbasside vont de pair. Ces relations se poursuivent au-delà des limites du monde musulman, par liaison, ici encore, avec les communautés lointaines, rabbiniques ou qaraïtes, du pays des Noirs, du pays des Khazars et des fleuves russes ou de l'Occident barbare.

L'organisation en communautés est l'armature de l'activité commerciale, le moule dans lequel elle s'inscrit. Cette organisation repose sur une responsabilité commune, solidarité essentielle pour la confiance en matière de transactions commerciales et d'opérations de crédit. Répondants, correspondants, associations, maisons de commerce à succursales multiples, toute cette solide organisation communautaire sera favorisée par les autorités musulmanes, qui y trouvent en effet leur compte pour le maintien de l'ordre et la perception des impôts. Le système de gouvernement à l'orientale repose, de façon générale, sur une mosaïque de communautés responsables en la personne de leurs chefs religieux. Juifs et Chrétiens habitent un quartier à part, aisément contrôlable. La communauté possède un messager par les soins duquel elle est rapidement avertie de l'arrivée, de l'importance et des chargements des caravanes, une caisse de secours, des répondants qui hébergent les voyageurs, un juge pour les affaires de négoce, un surveillant des transactions et marchés, un préposé au rachat des captifs, suivant, on l'a dit, un tarif uniforme pour tous les points de la Méditerranée.

Le commerce lié, terre-mer, est la spécialité des Juifs rādhānites [1], connus par un texte essentiel d'Ibn Khurdādhbeh (847) [2]. Le mot de Rādhānites *(Rādāniya)* semble venir de *(Nahr) Rūdanū* : le Rhône, explication plus vraisemblable que celle proposée, il y a une centaine d'années, par de Goeje et selon laquelle le mot viendrait du persan *rahdhān* : « connaisseur de routes », « guide » [3]. Ces marchands forment de nombreuses et actives communautés, réparties dans le sillon Meuse-Saône-Rhône, depuis Verdun, Saint-Jean-de-Losne et Lyon jusqu'à Arles et Narbonne,

1. Voir carte 24, pp. 232-233.
2. *Kitāb al-Masālik wa l-mamālik* (Livre des routes et des royaumes). Ed. et trad. de Goeje (BGA, VI). Leyde, 1889, pp. 114-116.
3. Sur le sens très controversé du nom de rādhānites, voir pour marchands « rhodaniens » : L. Rabinowitz, « The Routes of the Radanites », *The Jewish Quaterly Review*, 35, 1944, pp. 251-280 et *Jewish Merchant Adventurers*. Londres, 1948; pour marchands « routiers » : C. Cahen dans *Revue historique*, 205, 1951, pp. 119-120; B. Blumenkranz, *Juifs et Chrétiens dans le monde occidental* (430-1096). Paris-La Haye, 1960, pp. 13-15 et « Y a-t-il eu des radhanites? » dans *Revue des études juives*, 1964, pp. 499-506.

le grand port dont le souvenir se maintient dans le nom de famille : *Narboni*, encore très répandu chez les Juifs de la Méditerranée. Mais le texte d'Ibn Khurdādhbeh, s'il est capital, n'est pas unique : il est confirmé par d'autres références des auteurs arabes et persans, par les documents de la *Geniza* et par des chroniques juives et latines d'Occident.

Une grande partie des échanges est ainsi aux mains des Juifs et de leurs maisons de commerce, non spécialisées dans telle ou telle marchandise comme il est de règle au Moyen Age. Les Juifs achètent et vendent tous les produits avantageux : commerce des étoffes, d'abord, soieries du monde musulman, brocarts de l'empire byzantin, vendus dans l'Espagne chrétienne au xe siècle; commerce des grains en gros : d'Égypte vers la mer Rouge, le golfe Persique et Bagdad; commerce du sucre : les grandes plantations de Susiane (Khūziztān, Ahwāz) alimentent des transferts de fonds à Bagdad sur simple écriture et garantissent l'affermage des impôts de la province; commerce des épices et des drogues, en liaison avec la médecine judéo-arabe; commerce de l'or, de l'orfèvrerie, des raretés de Chine, en un mot de tout ce qui est précieux et lointain; commerce des esclaves, sur toutes les frontières du monde musulman, avec ses compléments : « fabrication » d'eunuques, instruction et éducation des esclaves; commerce, enfin, de monnaie et opérations bancaires.

L'importance de ces marchands juifs ne fait que croître, à la cour des califes abbassides, et plus encore, peut-être, chez les Fatimides d'Égypte [1] chez qui les Juifs étaient fort en honneur; témoins Jawhar (Paltiel), Juif de l'Italie du sud, conquérant de l'Égypte, et constructeur du Caire pour le calife al-Mu'izz (973-975), Jacob ibn Killīs, vizir d'al-'Azīz (975-996), et les Tustārī pendant la minorité d'al-Mustanṣir. De nombreux pamphlets sont dirigés contre les Juifs et leur rôle par trop envahissant à la cour fatimide; on accusera même la dynastie d'avoir des origines juives, si grande est la jalousie envers la richesse et l'importance des marchands banquiers et des riches communautés d'Alexandrie et du Caire.

1. J. MANN, *The Jews in Egypt and in Palestine under the Fatimid caliphs*. Oxford, 1920-1922, I, pp. 16 et suiv.

Ainsi donc, les positions commerciales acquises dès avant les conquêtes musulmanes permettent aux Juifs, lorsque se construit l'immense domaine de l'Islam, de se réserver un rôle de tout premier plan. Peu à peu, dans le commerce avec l'Occident carolingien, puis ottonien, les Juifs se substituent à leurs rivaux chrétiens, les *Syri*. Ceux-ci sont surtout les importateurs des produits de luxe orientaux vers l'Occident barbare : leurs centres sont en Orient et leurs lieux de vente en Occident. Les Juifs rādhānites sont, eux, comme le prouve le texte d'Ibn Khurdādhbeh, des exportateurs d'esclaves, de fourrures et d'épées, dont les centres sont en Occident (Rhin-Meuse-Saône-Rhône-Languedoc) et les lieux de vente dans l'Orient musulman. Le changement de sens du commerce entre l'Occident et l'Orient tient, en partie, à ce que l'immense domaine musulman est venu donner un moule idéal au réseau juif.

Au XIe siècle, le grand commerce juif passe à l'arrière-plan, supplanté en Occident par les maisons de commerce et de banque italiennes, et, en Orient, par les commerçants arméniens. Les Juifs sont peu à peu expulsés des marchés par des processus divers : associations, mariages (dans les villes d'Italie), réactions brutales, interdictions, massacres (dans les pays rhénans, lors de la première Croisade). Éliminés du grand commerce maritime par les prohibitions vénitiennes, ils ne se maintiennent plus que sur les routes de l'intérieur, qui mènent du haut Danube vers les pays slaves. Ils sont peu à peu réduits à une place secondaire dans les activités commerciales, confinés dans le rôle de boutiquiers, prêteurs, usuriers. Mais, du VIIIe au XIe siècle, ils ont dominé nettement les routes et les marchés du Vieux Monde. S'ils n'étaient pas alors, comme on va le voir, les seuls commerçants, ils étaient du moins les plus importants, partout présents.

LES INTERMÉDIAIRES DU COMMERCE : CHRÉTIENS ET MUSULMANS

Jusqu'à l'époque musulmane, les *Syri* chrétiens avaient été les maîtres du commerce Orient-Occident; peu à peu, éliminés par les Juifs du domaine maritime (Méditerranée et océan Indien), ils ne gardèrent vraiment d'importance que dans les relations continentales en Égypte, Syrie, Mésopotamie, Arménie, Iran et Asie centrale. C'est que leur commerce reposait, en ces régions, sur une chaîne de communautés jacobites et nestoriennes. On a vu plus haut le rang du *Catholicos* nestorien à la cour abbasside; les synodes se réunissent à Bagdad. Plus que tout, cependant, c'est la fonction économique des monastères qui doit être soulignée. Ils jouent le rôle de dépôts d'argent et de banques, souvent utilisés par de grands personnages pour dissimuler une fortune quelque peu frauduleusement obtenue, mais aussi d'hôtels pour les voyageurs, de débits de boisson et de vin, et, enfin, de centres de castration d'esclaves, en Arménie et en Haute-Égypte notamment. De nombreuses indications de sources coptes, syriaques et arabes permettent d'esquisser le réseau des relations commerciales de centre chrétien à centre chrétien, réseau lié aux visites pieuses et aux pélerinages. Ici aussi, donc, un climat favorable aux opérations commerciales a été créé par le caractère minoritaire et la confiance entre elles de plusieurs communautés. Le réseau ainsi tendu est toutefois limité aux routes de l'intérieur.

Une place à part doit être faite aux Arméniens [1]; leur commerce se situe en effet dans la zone de contact entre monde musulman et Empire byzantin, sur la grande route qui relie la Haute-Mésopotamie à Trébizonde. L'expansion arménienne qui se produit ensuite, rappelle, un peu, sous sa forme de coulée, de diaspora commerçante, celle des Juifs. Les Arméniens passent en Haute-Mésopotamie et, de là, à Bagdad, où ils auront une colonie importante; ils gagnent aussi l'Asie Mineure et Constantinople, où ils sont soldats, architectes, commerçants : à la fin du IXe siècle, l'empereur Basile Ier est d'origine arménienne; en Syrie du nord ou Petite Arménie, ils sont les maîtres du commerce à l'époque des Croisades, avec le port d'Ayās; ils poussent, enfin, vers l'Égypte : le vizir des Fātimides de la fin du XIe siècle, Badr al-Jamālī, est arménien; il se constitue une garde composée d'Arméniens et attire au Caire architectes et commerçants de même origine.

1. Voir carte 25 p. 235.

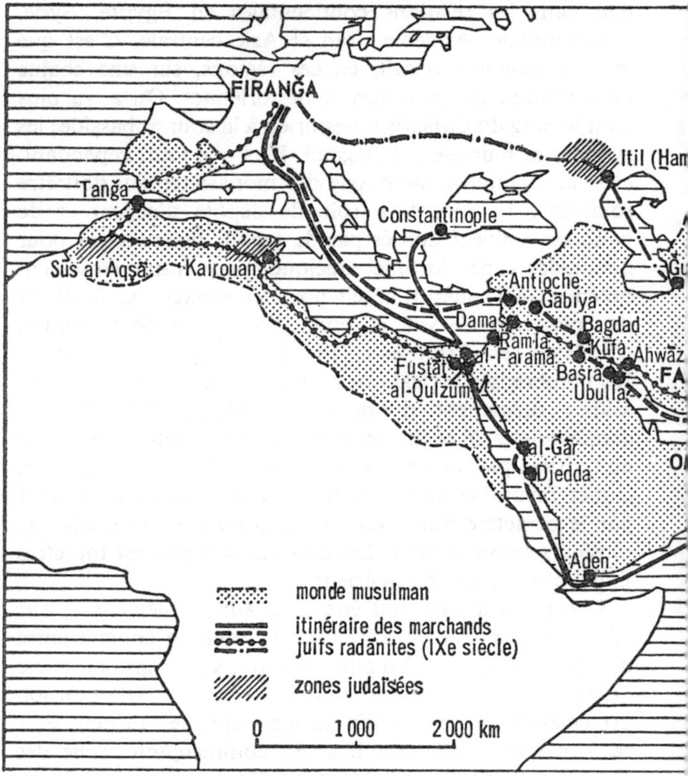

24. — Itinéraires des marchands juifs rādhānites.

Quant aux marchands musulmans, la formule qu'ils employaient dans les lettres relatives à leurs transactions [1] : « Que Dieu fasse prospérer vos affaires et celles des Musulmans », suggère leur concurrence avec des marchands d'autres confessions : Juifs ou Chrétiens.

On connaît le commerce spécifiquement musulman des grandes foires de La Mecque. qui se tiennent au moment du

1. Cf. J. DAVID-WEILL, « Papyrus arabes d'Edfou », *Bulletin de l'Institut français d'Archéologie orientale du Caire*, XXX, 1931, pp. 33-44, pl. phot.

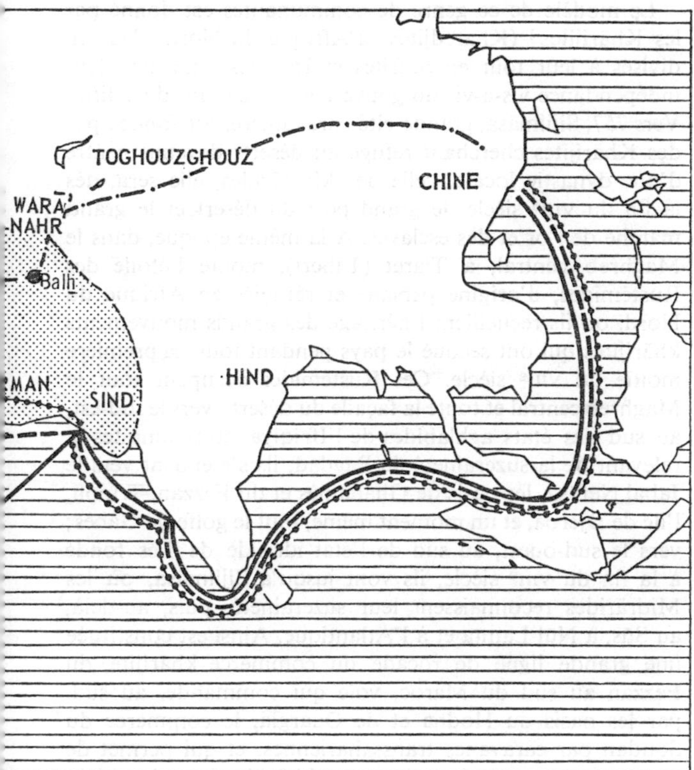

Pèlerinage *(Ḥajj)*. C'est un commerce mis sur pied pour les pèlerins, qu'il faut ravitailler par foules entières, et par les pèlerins, qui importent avec eux des marchandises et, notamment, des pierres précieuses qui alimentent les bazars des joailliers, la plus célèbre étant la turquoise dite *makkī* ou « mecquoise », parce qu'il s'en faisait de grosses ventes au moment du Pèlerinage. Toutefois, ce sont surtout, ici encore, des communautés fermées, et donc, dans le cas de l'Islam, religion officielle et triomphante, des communautés hétérodoxes, qui constituent le réseau étroit sur lequel peuvent prendre appui des relations commerciales.

Le modèle de ce genre de communautés est donné par les Khārijites[1] (Kharedjites) d'Afrique du Nord. Ceux-ci, divisés à leur tour en Ṣufrites et Ibāḍites, affirment leur indépendance vis-à-vis du gouvernement central du califat. Vers 757, Sijilmāsa, grande cité caravanière, est fondée par des Khārijites cherchant refuge au désert; devenue centre d'une dynastie locale, celle des Midrārides, elle sera, dès la fin du VIIIe siècle, le grand port du désert et le grand marché de l'or et des esclaves. A la même époque, dans le Maghreb central, à Tiaret (Tāhert), monte l'étoile des Rustémides, d'origine persane et réfugiés en Afrique du Nord, où ils recueillent l'héritage des grands mouvements khārijites qui ont secoué le pays pendant toute la première moitié du VIIIe siècle. Ces Rustémides occupent tout le Maghreb central et toute la façade du désert : vers le sud-est, au sud des états aghlabides de l'Ifrīqiya, états sunnites et relevant de la suzeraineté de Bagdad, ils s'étendent vers le Jabal Nefūsa, les oasis de Ghadāmès et du Fezzan, Tripoli, l'île de Djerba, et un moment même, tout le golfe de Gabès; vers le sud-ouest, au sud de l'état idriside de Fès fondé à la fin du VIIIe siècle, ils vont jusqu'à Sijilmāsa, où les Midrārides reconnaissent leur suzeraineté, puis, au-delà, au Sūs, à Nūl Lamṭa et à l'Atlantique. Ainsi est constituée une grande ligne de rocade du commerce khārijite, du Fezzan au sud du Maroc, voie qui commande, au sud, par les oasis du Hodna et de Ouargla, le commerce du Soudan par caravanes transsahariennes, et qui permet de pousser, au nord, le commerce khārijite jusqu'en plein cœur du Maghreb. Tāhert, surnommée « la petite Basra », capitale des Rustémides, préside à un pays rigoriste, habile et honnête en affaires, qui élève à la dimension d'un État le principe de la secte fermée, avec répondants, frères, relations de communauté à communauté — tout cela peut-être marqué, d'ailleurs, de persistantes influences venues des vieux judaïsmes berbères et sahariens.

Au début du Xe siècle, les Fātimides chiites substituent leur domination à celle des Aghlabides en Ifrīqiya. En 909, l'armée fātimide marche sur Sijilmāsa et ruine au passage la Tāhert khārijite. Le dernier des Rustémides de Tāhert

1. Voir carte 26 p. 236.

se retire vers le sud et fonde Sedrata, près d'Ouargla. Plus tard, au XIe siècle, les Khārijites persécutés s'enfoncent dans les *shebka* du Mzāb, où ils créent des puits et des villes, une fois de plus admirablement placés au terminus des routes caravanières venant du pays de l'or et des esclaves

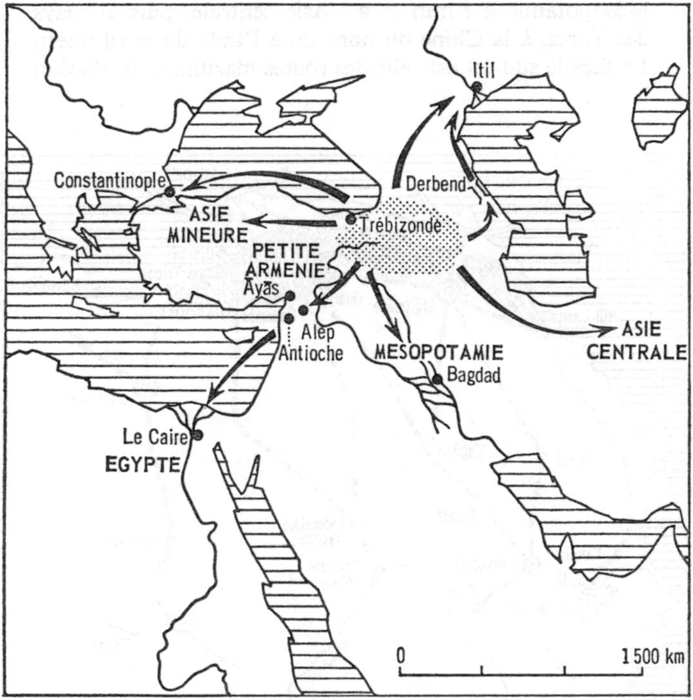

25. — Commerce arménien.

noirs. A une époque plus récente, enfin, les marchands mzābites s'infiltrent dans le Sahel, où on les trouve comme riches marchands d'étoffes, ou, dans toutes les villes d'Afrique du Nord, comme petits épiciers. Ils drainent les monnaies d'or vers le Mzāb où ils constituent de petits trésors qu'ils enterreront quand cette monnaie deviendra rare. Le Mzāb est aussi un pays mangeur d'or.

LES ÉCHANGES

Les courants d'échanges se répartissent en façades commerciales, en faisceaux de routes aboutissant aux grands centres urbains du Bilād al-Islām. La façade nord-est est celle des routes continentales des oasis, menant de la Mésopotamie à l'Iran et à l'Asie centrale, puis au pays des Turcs, à la Chine du nord ou à l'Inde du nord-ouest. La façade sud-est est celle des routes maritimes de l'océan

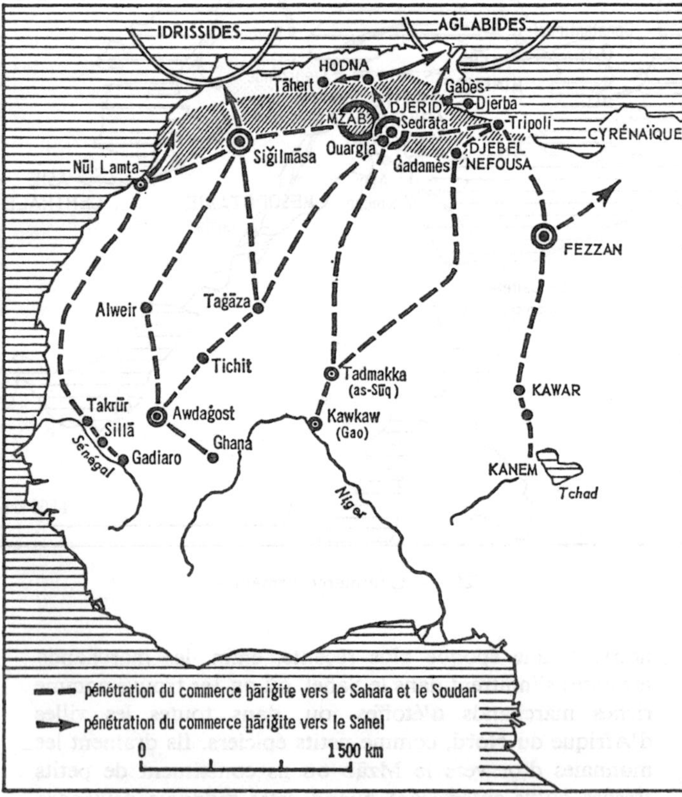

26. — Commerce des communautés khārijites.

Indien, menant depuis la Mésopotamie et le golfe Persique d'une part, depuis l'Égypte et la mer Rouge d'autre part, vers la côte occidentale de l'Inde, le Malabar, puis vers Ceylan, l'Indonésie, l'Indochine et la Chine du sud ou vers le pays des Zanj (côte orientale d'Afrique) et Madagascar. La façade sud-ouest est celle des routes caravanières du Sahara, de l'Afrique du Nord au pays des Noirs (bilād as-Sūdān). La façade nord-ouest, enfin, est celle des routes maritimes, fluviales et continentales menant, soit de la Mésopotamie et de l'Arménie aux pays de la Caspienne, des fleuves russes et, au-delà, vers les pays de la Baltique et de l'Europe centrale, soit encore des ports musulmans de la Méditerranée aux ports italiens et languedociens, soit de l'Espagne musulmane aux royaumes ibériques du nord et, au-delà, par les cols des Pyrénées, à l'Occident franc, soit, enfin, de l'Espagne musulmane, par la voie de l'Océan, vers les Iles Britanniques.

La façade nord-est [1]

Le tracé fondamental est ici l'antique « route de Chine », mais une route désormais en plein essor, animée du trafic des caravanes de chevaux et surtout de chameaux, les grands chameaux à deux bosses de Bactriane. Ces caravanes montent de la Mésopotamie sur le plateau de l'Iran, puis en gagnent la partie nord-orientale : le Khurāsān, passent l'Oxus (Amu-Darya ou Jayhūn) et arrivent en Transoxiane, le pays « d'au-delà du fleuve » *(Mā warā 'an-Nahr)*, le Shāsh et le Farghāna. Ensuite, trois voies s'offrent à elles : vers le nord-est, elles passent dans les steppes des nomades turcs; vers l'est, longeant au sud le lac Balkash, puis remontant l'Ili, ou par Kāshghar et le bassin du Tarim, elles gagnent le coude du Fleuve Jaune, traversent la steppe des Ordos puis la Grande Muraille et arrivent à la capitale de la Chine du nord : Khumdan (Hsi-ngan); vers le sud-est enfin, par les passes de l'Hindu-Kush, dont le nom rappelle les hécatombes d'esclaves indiens acheminés vers le monde musulman et morts de froid et de fatigue aux passages de ces cols, les caravanes vont de Bāmyān et Kābul à la vallée

1. Voir carte 3, pp. 48-49.

de l'Indus, soumise à la domination musulmane (région du Sind) et, au-delà, à toute l'Inde du nord (Hind).

Ainsi se dégage l'importance de trois centres : le Khurāsān (autour de Marw, Herāt, Balkh, Nīshāpūr surtout, qui, au XIe siècle, rivalise avec Bagdad) est situé à la bifurcation de la grande route de Bagdad vers l'Inde, le Khwārizm et la Chine. Le Khwārizm, second centre important, est la région du delta de l'Oxus, sur la mer d'Aral; c'est, avec de grandes villes comme Urgenč, un centre commercial de première importance, la plaque tournante du commerce avec les Turcs, l'Inde et la Chine, mais aussi une position-clé sur les routes de la Caspienne, du pays des Bulghārs (c'est-à-dire de la vallée de la Volga) et de l'Europe orientale. Enfin, troisième et dernier centre important : les oasis du Mā warā' an-Nahr, qui commandent les routes vers le pays des Turcs et la Chine.

L'importance de la région ainsi définie s'incarne dans la dynastie des Samanides (875-999), qui règne, à son apogée, sur le Khurāsān, le Khwārizm et le Mā warā' an-Nahr, donc depuis les marges turques, à l'est, jusqu'aux rivages de la Caspienne, à l'ouest. Les capitales samanides de Bukhārā et de Samarqand tiennent sous leur contrôle les routes de l'Asie centrale, et l'on a retrouvé, en grandes quantités, des monnaies samanides au long des fleuves russes, ainsi que dans les pays de la Baltique et de la mer du Nord : ces monnaies ont cours au Xe siècle, sur le marché de Mayence [1]. A noter, au passage, la concentration de numéraire aux régions-frontières du monde musulman, grandes régions importatrices : ici, la région du Khwārizm, du Khurāsān et du Mā warā' an-Nahr. Selon les trois grands axes de circulation de cette façade nord-est, arrivent les marchandises importées.

Du pays des Turcs et aussi du pays des Slaves, par Bulghār, les produits gagnent le nord de la Caspienne, puis l'ouest et le sud de la mer d'Aral (autour d'Urgenč); on importe des fourrures (fourrures de la steppe et surtout des forêts sibériennes), des esclaves (on a vu l'énorme appel

1. Le voyageur arabe at-Tartushī, originaire de Tortosa en Espagne, vit, vers 973, sur le marché de Mayence des dirhems frappés à Samarqand en 913-915. Cf. QAZWĪNĪ, *Cosmographie*. Ed. WÜSTENFELD. Göttingen, 1848, II, p. 409.

venu du califat abbasside pour les « mameluks »), des métaux enfin : fer et armes (fabrication dont les Turcs sont tenus pour experts), cuivre et ustensiles de cuivre, feutre (spécialité des nomades). En échange, le monde musulman exporte chez les Turcs quelques étoffes de soie, de la pacotille et, surtout, des pièces de monnaie.

De Chine, on importe la soie (soie de Chine et du Khotan), encore que le développement de la sériciculture dans le monde musulman ait, très vite, rendu inutile l'appel à la source. Toutefois, la soie chinoise travaillée, les soieries, seront toujours importées, en tant que spécialité de grand luxe, tout comme, d'ailleurs, les Chinois, malgré la perfection technique et la qualité artistique de leur production, continueront à réclamer au monde musulman des étoffes somptueuses : le fait nous est prouvé par les indications des sources chinoises et par l'influence de motifs irano-musulmans sur certains spécimens de soieries chinoises. La soie n'est pas, au demeurant, le seul objet de ces échanges : la Chine exporte sa porcelaine, son papier doré, ses jades. Au total, le commerce du monde musulman avec la Chine, par la voie de l'Asie centrale, se traduit par des entrées et des sorties de numéraire en apparence assez équilibrées.

De l'Inde du nord, enfin, c'est-à-dire du haut Indus, des vallées de l'Himalaya et du Tibet, on importe des esclaves hindous et tibétains, des tissus de Cachemire, en poil de chèvre, des parfums, notamment le musc du Tibet, qui est une sécrétion du daim musqué (chevrotin porte-musc). Du côté de l'Inde, comme du côté du pays des Turcs, le commerce se traduit par une fuite de numéraire musulman : or (thésaurisation indienne) et argent (nous sommes ici dans le domaine du monométallisme d'argent, de la roupie, sk. *rūpya*, « argent »).

La façade sud-est

L'horizon commercial est ici celui de l'océan Indien, zone des navigations ouest-est et est-ouest, alternativement imposées par le rythme régulier des moussons (de l'arabe *mawsim*, plur. *mawsim* : « saison », d'où le portugais *monção*). Au sud de l'équateur au contraire, c'est le domaine de l'alizé, soufflant du sud-est au nord-ouest. La limite entre le domaine des moussons et le domaine de l'alizé est ainsi celle entre la zone parcourue par la navigation et la zone inexplorée, vide.

L'océan Indien est une zone traditionnelle de circulation animée par les vieilles navigations arabes et persanes, par les marins alexandrins à partir du Iᵉʳ siècle de l'ère chrétienne, par les *prahu* malais à balancier enfin; on s'accorde pour penser que les migrations malaises à Madagascar eurent lieu à une époque relativement ancienne. Du VIIIᵉ au XIᵉ siècle, l'Océan est dominé par les marins musulmans et un fait capital se produit : le passage de la voile triangulaire du domaine de l'océan Indien dans celui de la Méditerranée, où elle prend le nom de « voile latine ». L'aire de l'océan Indien permet des échanges essentiels, notamment le passage des cultures de l'Inde vers le golfe Persique et la Syrie, d'une part, vers la côte orientale d'Afrique, le sud de l'Arabie, la mer Rouge et l'Égypte, d'autre part : l'usage du bétel est attesté par exemple au Yémen dès le IXᵉ siècle. Ainsi se réalise, par les deux routes du golfe Persique et de la mer Rouge, la soudure des deux domaines de l'océan Indien et de la Méditerranée, de leurs techniques, de leurs cultures, de leurs usages.

Cette domination musulmane de l'océan Indien comporte toutefois des nuances. Du milieu du VIIIᵉ siècle au milieu du Xᵉ, le califat abbasside, avec ses villes de Bagdad et de Baṣra et les besoins qu'elles suscitent, entraîne une prééminence du golfe Persique. A la fin du Xᵉ siècle, le califat fatimide crée une domination rivale, d'où une concurrence entre le golfe Persique et la mer Rouge. Les ports de Qulzum (Clysma) et surtout de ʻAydhāb assurent la liaison entre cette mer, d'une part, le Nil et la Méditerranée, de l'autre.

Quoi qu'il en soit, la période du VIIIᵉ au XIᵉ siècle est celle de l'expansion du commerce musulman sur toutes les côtes de l'océan Indien et sur les routes de la Chine, expansion s'appuyant sur des colonies établies un peu partout, sur un navire musulman construit en bois de teck, sur une monnaie, dont les dinars jalonnent ces routes commerciales. Sur la côte orientale de l'Afrique (pays des Zanj), des villes naissent : Mombasa, Barawa, où ont été trouvées des inscriptions coufiques du VIIIe siècle. A Zanzibar, la mosquée remonte au XIe siècle. Au-delà de ces comptoirs, les lignes d'islamisation, vers l'intérieur de l'Afrique, se situent le long des postes de portage par où les Noirs apportent les produits aux établissements de la côte. Expansion, également, sur la côte de Malabar (où l'on bâtit des mosquées et où les colonies musulmanes ont leur propre juge, le *honarman*), à Ceylan (*Sarandīb* des sources arabes), aux Iles de la Sonde (où l'islamisme ne se développera vraiment que plus tard, pour donner les millions de Musulmans de nos jours, mais où une inscription arabe de Java est déjà datée de 1082), en Indochine (où furent trouvées des inscriptions arabes des Xe-XIIe siècles), en Chine enfin, au moment de l'apogée des T'ang et des premiers empereurs Song (VIIe-XIe siècles), où les Musulmans connaissent le grand port du sud, Canton, le Khānfū des géographes arabes.

Le mécanisme du commerce en océan Indien peut se décomposer ainsi : les marchands chargent au départ de l'Égypte de la pacotille (corail, peignes d'écaille, barres de fer) ou des grains, qu'ils échangent dans les îles ou sur les côtes de l'océan Indien contre les produits de ces pays (encens, ivoire, cornes de rhinocéros, carapaces de tortues, camphre, aloès de Socotra); transportés en Chine, ces produits sont, à leur tour, échangés contre les produits précieux du pays (soie, porcelaine, curiosités, etc.) qui, rapportés en Égypte, sont écoulés sur les grands marchés méditerranéens.

Mais les marchands approvisionnent aussi directement le monde musulman en étain de Malaisie, en bois, en armes, en indigo et baqqam de l'Inde et de l'Insulinde, en pierres précieuses et en perles de Ceylan, du golfe Persique et de la mer Rouge, en ambre gris des rivages, en écaille des tortues des Mers du Sud, qui ravitaille la petite industrie des objets vendus dans un marché spécial de Fusṭāṭ. L'océan Indien, enfin, est le fournisseur principal, sinon exclusif des épices, parfums, aromates et plantes médicinales. Le commerce des drogues s'intensifie, du VIIIe au XIe siècle, en liaison avec les progrès de la médecine judéo-arabe. Alexandrie est le grand port redistributeur des épices et des drogues pour tout le bassin méditerranéen, vers Cordoue, vers l'Occident chrétien et aussi vers Byzance où Léon l'Arménien (813-820) essaiera un moment d'arrêter ce commerce : il interdit à ses sujets de se rendre en Égypte et en Syrie, offrant lui-même des plantes aromatiques « comme celles qui nous viennent des Indes ».

La façade sud-ouest

Ici aussi, continuation et essor : le monde musulman prend, en l'étendant considérablement, le relais d'un ancien courant de relations — celui qui, du IVe au VIIIe siècle, a poussé vers le sud, à travers le Sahara et en direction du Sahel nigérien, les nomades chameliers berbères. Ce fait immense, un des grands faits du haut Moyen Age, est malheureusement peu connu, dans ses détails chronologiques et ses progrès géographiques, faute de sources contemporaines des événements.

En tout cas, dès la fin du VIIIe siècle (la fondation de Sijilmāsa est de 757), le commerce du monde musulman rattache ce nouveau réseau caravanier aux anciens, ceux de l'Orient et de la Méditerranée, ouvrant aux circuits des relations générales tout l'horizon du monde soudanais, du *Bilād as-Sūdān*, « le pays des Noirs ». Le nouveau commerce, c'est celui, on l'a dit, de l'or et des esclaves noirs, mais aussi de la gomme, pour le lustrage des soieries espagnoles, et de l'ambre gris de la côte atlantique. Les routes suivies, routes de commerce, sont aussi des routes d'influences par où passent, du nord vers le sud, des anciennes civilisations orientales et méditerranéennes vers les peuples noirs, de nouvelles cultures (blé, coton), de nouveaux élevages (chameau, cheval), de nouvelles techniques et de nouvelles formes sociales (la ville, l'État).

Ces routes se répartissent en trois grands faisceaux de voies caravanières, jalonnées par des puits et des oasis de palmiers, depuis Jazīrat al-Maghrib (« l'île ou presqu'île du Maghreb ») jusqu'au Sahel (« rivage » du Sénégal et du Niger). Le premier faisceau à l'ouest est celui qui part du sud marocain *(as-Sūs al-aqṣā)*, et, au-delà, de Fès; les deux grandes portes du désert sont Nūl Lamṭa, à l'embouchure de l'oued Nūn, entre l'oued Sūs et l'oued Draa, et surtout Sijilmāsa, grande ville caravanière nouvelle dont l'importance peut se comparer à celle des antiques cités caravanières : Palmyre, Pétra, La Mecque. Située au centre de la longue palmeraie du Tafilelt (oued Ziz), Sijilmāsa a été l'enjeu de luttes entre les Rustémides et les Fatimides; elle connaît son apogée au xe siècle, époque à laquelle on trouve une colonie de Sijilmāsa à Awdaghost, grand terminus berbère du sud : les taxes sur les caravanes revenant du Soudan rapportent alors au souverain fatimide 400 000 dinars par an. Au xie siècle toutefois, Sijilmāsa sera touchée par la concurrence de Nūl Lamṭa. Des deux grands terminus du nord partent trois itinéraires : l'un suit la côte atlantique jusqu'au Sénégal (Takrūr, Sillā, Gadiaro), qu'on atteint en deux mois de marche. Les deux autres s'écartent, à partir de Sijilmāsa, l'un vers Alweir, l'autre vers Taghāza, puis convergent au grand terminus sud, Awdaghost : en relation avec le royaume de Ghana, c'est une ville double, répartie en une ville musulmane de marchands et de facteurs, et une ville peuplée de Noirs Soninké, ville impériale aux richesses fabuleuses et aux nombreux guerriers. Ces deux derniers parcours sont plus courts, mais plus chers : un mois et demi de marche [1].

Le deuxième faisceau de routes est constitué par les itinéraires qui desservent le Maghreb central : Tāhert et le sud de l'Algérie. Partant des centres de réfugiés khārijites de Ouargla, Sedrata et du Mzāb, ils mènent soit à Taghāza et Awdaghost, soit à Tadmakka (actuellement Essouk : as-Sūq), dans l'Adrar des Ifoghas, et, au-delà, à Kawkaw (Gao), en pays songhaï, également ville double sur le modèle d'Awdaghost.

Le troisième faisceau est celui des itinéraires de l'est qui dessert l'Ifrīqiya, Kairouan et le sud tunisien. Les points de départ sont ici la région du Djerid (Tozeur, Nefta, Gabès), méditerranéenne et saharienne à la fois, et de Tripolitaine-Cyrénaïque, relais sur la route de l'Égypte. De ces centres, les itinéraires mènent, soit au Niger par Ghādames et Tadmakka, soit au Kanem (lac Tchad) par le Fezzan et le Kawar.

1. Ces itinéraires ont été étudiés en détail dans une publication récente par D. et S. Robert et J. Devisse, *Tegdaoust* I. *Recherches sur Aoudaghost*, t. I. Paris (1970).

Telles sont les voies de drainage de l'or du Soudan vers le Maghreb, d'où il est redistribué dans l'ensemble du monde musulman. Les maisons de commerce maghrébines entretiennent, dans les terminus sud, tout un réseau de correspondants et de facteurs qui négocient l'or, par troc muet, avec les tribus de Noirs orpailleurs. Commerce gigantesque que celui-là : le géographe Ibn Ḥawqal (xe siècle) a vu à Awdaghost un papier commercial d'une valeur de 40 000 dinars, et plusieurs autres sources font mention de richissimes marchands adonnés au trafic soudanais.

La grosse affaire, c'est l'or en fils tressés, le *tibr.* C'est contre l'or que s'échangent les objets les plus divers : quelques productions agricoles et industrielles du Maghreb et de l'Égypte, de la pacotille aussi : menus objets fabriqués spécialement pour le trafic avec les Noirs, tout comme, plus tard, aux xviie-xixe siècles, pour les comptoirs européens de la côte d'Afrique occidentale; il existe dans la Ceuta du Moyen Age, un souk spécialisé dans la fabrication des colliers de corail, de verroterie, de coquillages et autres colifichets. Mais on emporte encore vers le sud du blé, des dattes, de petits lés d'étoffe servant à confectionner des pagnes, des ustensiles en cuivre (à rapprocher des exportations d'objets en cuivre et en laiton faites, au xvie siècle, par les Anversois à destination de l'Afrique), des cuirs (de Zawīla, de Ghadāmes, du Tafilelt, d'Āhgmāt-Marrakech), des bois résineux et du goudron (celui-ci pour rendre étanches les outres et pour soigner la gale du chameau), du takaout (gale du tamaris, produit tannant du sud du Maroc), du sel enfin, chargé surtout à Taghāza (saline de Taudeni), et dont le monde noir, qui en est privé, éprouve un énorme besoin.

Tous ces objets sont, en eux-mêmes, de peu de prix, mais ils sont valorisés par le long et pénible voyage par lequel on les transporte jusqu'aux pays qui en sont dépourvus. « Ils emportent, dit un géographe parlant des commerçants berbères, des marchandises sans valeur et rapportent l'or brut à pleines charges de chameaux. » La façade sud-ouest est donc capitale pour l'économie monétaire du monde musulman : c'est celle par où entre le flot d'or qui permet la frappe en grand et la circulation active des dinars : des ateliers monétaires (*dār as-sikka* : d'où l'ital. *Zecca*) sont installés à Sijilmāsa et à Ouargla, au débouché des routes de l'or soudanais.

La façade nord-ouest

Il faut distinguer ici trois horizons : Byzance, la région des fleuves russes et l'Occident chrétien.

Premier horizon : Byzance. De ce côté aussi, la balance commerciale du monde musulman est positive, à cette différence que l'or qui entre n'est pas de l'or brut, mais de l'or monnayé, sous la forme du *nomisma* byzantin. L'importance du trafic tient ici à la valeur de position du monde musulman qui, encadrant l'Empire byzantin à l'est et au sud, lui sert d'intermédiaire obligatoire pour les produits fins et les matières premières précieuses indispensables aux industries de luxe byzantines et tous en provenance de l'Asie et de l'Afrique.

Les contacts entre le monde musulman et Byzance sont du même ordre que ceux qu'il entretient avec la Chine : rapports entre deux domaines évolués et policés, de haute civilisation [1]. Le commerce qui lie les deux États est régi par des traités, dirigé, contrôlé : c'est un pré-mercantilisme. Il est exercé à Constantinople par des colonies de marchands syriens, qui y disposent d'une mosquée, dans leur quartier voisin de l'église suburbaine de Sainte-Irène, organisation qui rappelle celle du quartier slave de Saint-Mammas, dans les faubourgs lui aussi. Mais des colonies de marchands iraqiens, persans, arméniens (à Trébizonde notamment), bulgares, italiens servent aussi d'intermédiaires à ce commerce.

Permanent, celui-ci connaît de grandes périodes privilégiées — les foires de Trébizonde par exemple — et des centres essentiels de rencontre; Constantinople mise à part, il faut citer surtout Lamos, sur la rivière du même nom, marquant, le long des côtes d'Anatolie, la frontière

1. Cf. Constantin VII Porphyrogénète (912-959), *De Ceremoniis aulae byzantinae libri II*. Ed. et trad. A. Vogt. Paris, 1967; *De administrando imperio*. Ed. G. Moravcsik. Trad. angl. R. J. H. Jenkins. Budapest, 1949; *Le livre du Préfet*. Ed. Nicole. Genève, 1893. Trad. fr. Genève, 1894.

entre la marche musulmane de Tarse et le thème byzantin de Séleucie. Les foires de Lamos se tenaient à l'occasion des échanges de prisonniers entre Musulmans et Byzantins. Du côté byzantin, notons la présence d'acheteurs grecs spécialisés, opérant soit à Constantinople, soit à Trébizonde : les *metaxopratai* (importateurs de soie brute), les *prandiopratai* (importateurs de soieries) et les *myrepsoi* (importateurs de parfums).

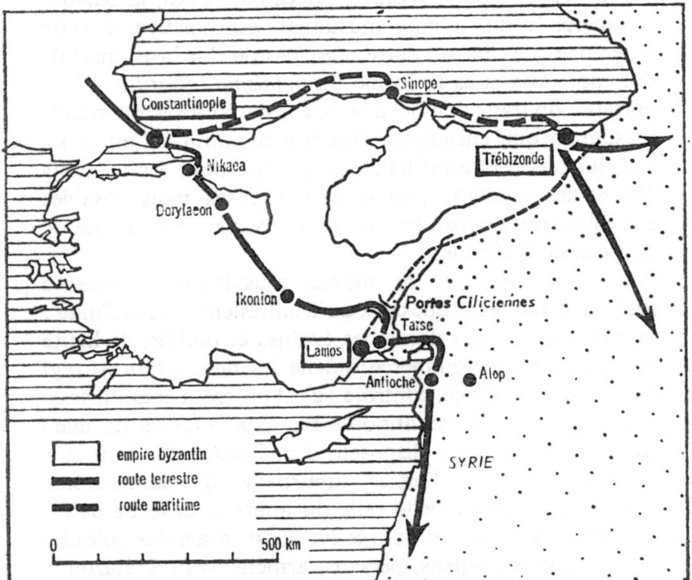

27. — Routes et centres du commerce avec Byzance.

Commerce réglementé, il garantit par exemple aux marchands musulmans l'écoulement intégral de leurs produits, quelles qu'en soient la qualité ou la quantité. Si les corporations d'acheteurs byzantins laissaient pour compte une partie des marchandises proposées par les commerçants musulmans, le préfet de la ville devait les faire porter sur le marché et leur trouver une destination convenable. Le commerce byzantin apparaît donc comme un commerce passif sur les places byzantines : commerce d'intermédiaires, qui doit maintenir sa balance des paiements entre un commerce essentiellement d'importation (du côté musulman) et un commerce essentiellement d'exportation (du côté vénitien ou amalfitain). Constantinople joue, entre l'Orient et l'Occident, un rôle de transitaire, de redistributeur et aussi de fabricant exportateur, ce dernier rôle s'exerçant à partir des produits fabriqués avec les matières premières importées du monde musulman.

Les objets de commerce intéressant le trafic byzantin sont, venant du monde musulman : la soie, les soieries, les pierres précieuses et les perles, l'ivoire, les épices, les parfums, les aromates, l'ébène, la nacre, et, dans l'autre sens, quelques étoffes de grand luxe, pour lesquelles le secret de fabrication est jalousement gardé, tels les brocarts aux reflets changeants, les *hypocalamon* (arabe *būqalamūn*). Notons encore le lin, importé de Thrace et de Macédoine, par l'intermédiaire des *othoniopratai*, et les bestiaux de l'Arménie byzantine, grand pays d'élevage, spécialisé dans le gros bétail et les moutons, et qui fournit sa laine et son ravitaillement en viande à Constantinople, tout en exportant aussi vers la Syrie du nord musulmane. Au total, le commerce de cette région se traduit par une grosse hémorragie de *nomismata* au profit du monde musulman : déficit, donc, de la balance commerciale byzantine, encore aggravé par les sommes versées à titre de tribut par les *basileis* aux califes. Mais la perte de numéraire est compensé par les achats qu'opèrent, sur le marché byzantin, les Italiens et les Slaves.

Deuxième horizon de la façade nord-ouest : la région des fleuves russes, vers laquelle regardent les pays iraniens, depuis la mer d'Aral jusqu'à la Caspienne, du Khwārizm, avec Urgenč, à l'Arrān (Transcaucasie), avec Bardha'a et Derbend (*Bāb al-abwāb*, « la porte des portes »); pays de steppes avec, en arrière-plan, les grandes forêts nordiques dont l'orée dessine plusieurs amphithéâtres sur les régions découvertes. C'est le pays des longs fleuves au cours lent, éminemment navigables, arrivant du centre de la zone forestière et débouchant sur la mer Caspienne et la mer Noire : Volga, Don, Dniepr, pendant que, vers le nord, d'autres cours d'eau, comme la Lovat, et des lacs permettent l'accès à la Baltique. Les passages sont faciles d'un bassin fluvial à un autre par *volok* ou portage. Caspienne, mer Noire et Baltique sont autant de jalons d'itinéraires osmosés, et la carte d'Idrīsī les montre jointes

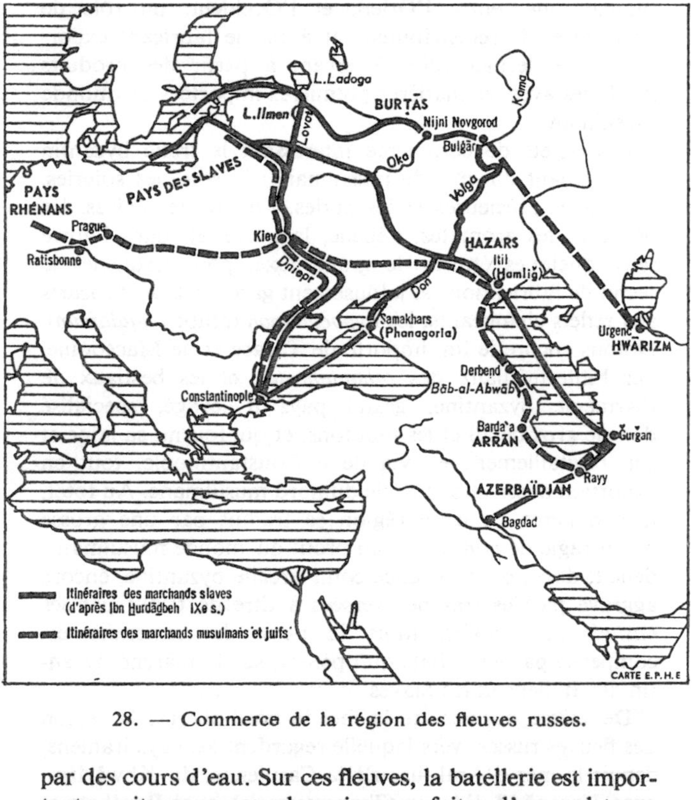

28. — Commerce de la région des fleuves russes.

par des cours d'eau. Sur ces fleuves, la batellerie est importante, soit par monoxyles, pirogues faites d'un seul tronc d'arbre, soit par grandes barques, comme celles des marchands scandinaves décrites dans les sources arabes. Ainsi s'opère la jonction entre le commerce scandinave-slave et le commerce du monde musulman, ce dernier confié ici aux vieilles populations commerçantes, iraniennes ou iranisées, du Khwārizm (Choresmie), du Jurjān (Hyrcanie) et de l'Azerbaïdjan (Atropatène).

Ibn Khurdādhbeh, au milieu du IXᵉ siècle, décrit l'itinéraire des marchands Rūs : « Les Rūs, qui appartiennent aux peuples ṣaqāliba, se rendent des régions les plus éloignées de Ṣaqlaba (Esclavonie) vers le mer Romaine (Méditerranée) et y vendent des peaux de castor et de renard noir ainsi que des épées. Le prince des Romains prélève 1/10 sur leurs marchandises... Puis, en retournant, ils vont par mer à Samakhars, la ville des Juifs (Phanagoria, sur la mer Noire), et de là retournent au pays des Slaves. Ou bien ils descendent le Tanaïs (Don), le fleuve des Slaves (Volga) et passent par Khamlij (Itil), la capitale des Khazars, où le souverain du pays prélève sur eux 1/10. Là, ils s'embarquent sur la mer de Jurjān (Caspienne) et se dirigent sur tel ou tel point de la côte qu'ils ont en vue. De Jurjān ou de Rayy (sur le site de Téhéran), ils transportent leurs marchandises à dos de chameau jusqu'à Bagdad. Là, les eunuques slaves leur servent d'interprètes. Ils prétendent être chrétiens et paient la capitation comme tels. » [1]

Ainsi nous est attestée l'arrivée de marchands russo-scandinaves jusqu'à Bagdad. Mais, en sens inverse, de nombreuses sources, dûment recoupées, prouvent la présence de marchands musulmans le long des itinéraires joignant le monde musulman au réseau des fleuves russes. Du Khwārizm, une route les mène, à travers la steppe, jusqu'à Bulghār, au confluent de la Volga et de la Kama, capitale de la grande Bulgarie, sur l'emplacement futur, à peu de choses près, de Kazan. Bulghār abrite une colonie musulmane, qui a sa mosquée et un atelier de frappe de monnaie au type et au nom des califes abbassides du IXᵉ siècle. Une autre route mène les marchands musulmans, depuis le Jurjān, l'Azerbaïdjan et l'Arrān par la Caspienne ou par la route de terre qui passe à Bardha'a et Derbend, vers la capitale Khazare, Khamlij (Itil), à l'embouchure de la Volga [2], avec, ici encore, un quartier réservé

1. *Loc. cit.* V. n. 37.

2. Le site d'Itil a souvent été identifié avec l'emplacement de l'actuelle Astrakhan, mais aucun vestige de l'ancienne capitale khazare n'a jamais été retrouvé. L. N. GUMILEV a proposé récemment d'expliquer cette disparition par l'élévation du niveau de la mer Caspienne à partir du IXᵉ siècle et par les submersions qui en furent la conséquence. Cf. S. SZYSZMAN, « Découverte de la Khazarie », *Annales E.S.C.*, 1970, p. 820 et la bibliographie donnée.

aux Musulmans, qui représentent le tiers de la population de la ville. D'Itil on gagne Bulghār en remontant la Volga, puis le pays des Burṭās, au confluent de la Volga et de l'Oka, dans la région de la future Nijni-Novgorod. Mais on peut aussi, à partir de la basse Volga, se diriger vers le Don, puis vers Kūyāfa (Kiev), où l'on prend soit la route du nord vers la Baltique, soit celle du sud vers la mer Noire et Byzance, soit celle de l'ouest qui longe les Carpathes, passe à Prague et, par le haut Danube, aboutit à ces pays rhénans où l'on trouve mention de monnaies samanides du xe siècle. Rappelons au passage que cette dernière route est celle des Juifs rādhānites qui, ainsi que nous l'avons indiqué plus haut, viennent du Rhin et du Danube à Prague, aux Carpathes, à Kiev et enfin au pays des Khazars, convertis au Judaïsme à la fin du VIIIe siècle.

Tous ces itinéraires ne sont pas seulement décrits par les sources et précisés par la géographie elle-même, ils sont jalonnés aussi par de très nombreuses trouvailles de monnaies musulmanes, du VIIe au XIe siècle, surtout des monnaies samanides du xe siècle. Il s'agit là presque uniquement de monnaies d'argent, de dirhems, témoignant d'une circulation monométallique d'argent. L'or est attesté par quelques pièces, mais surtout par les sources; il a été, la plupart du temps, transformé en bijoux, dont quelques-uns subsistent dans les musées russes et scandinaves, ou réexporté vers Constantinople pour permettre l'achat des produits de l'industrie byzantine.

Du Bilād aṣ-Ṣaqāliba, vers le monde musulman, passent les esclaves dont on fait des eunuques, les fourrures, le miel et la cire des abeilles de la forêt nordique, les épées, venues de l'Occident carolingien aux pays slaves et réexportées de là vers l'Orient musulman, les chevaux et les cuirs de Bulghār. Tous ces produits passent par le Khwārizm ou par Derbend, en direction des grandes villes d'Iran et de Mésopotamie. En échange, le monde musulman exporte quelques produits, tissus voyants, ustensiles divers, et surtout des pièces de monnaie, pièces d'argent et, à un bien moindre degré, pièces d'or. La crise de l'argent, métal monétaire, dans toute l'Asie centrale et l'Iran au XIe siècle, s'expliquera non seulement par les conditions nouvelles dues à l'expansion des Turcs seljukides et des Polovtses, mais encore, par la saignée découlant du commerce avec les fleuves russes : ici la balance commerciale du monde musulman est nettement déficitaire.

Troisième et dernier horizon de la façade nord-ouest : l'Occident. Il s'agit là des échanges qui se situent au-delà de Byzance, dont le propre réseau de relations est ainsi comme enkysté dans les grands courants issus du monde musulman. Le commerce avec les populations d'une Europe dont le niveau économique est encore arriéré, repose, cette fois, sur la demande émanant des centres urbains d'Espagne et du Maghreb. Les produits de la forêt : fourrures, bois de construction maritime, les esclaves, les métaux et les armes, dont nous venons de signaler l'exportation vers l'est, par les routes de l'Europe centrale, de la Baltique et des fleuves russes, en direction des métropoles de l'Orient, Bagdad surtout, prennent également la direction de l'ouest, par les routes de la Germanie, de la mer du Nord et de la Gaule carolingienne, jusqu'aux grandes villes de l'Occident et notamment, Cordoue. En échange des produits européens, le monde musulman fournit ses monnaies d'or ou d'argent et quelques produits de luxe — des étoffes surtout —, qui échappent à l'intermédiaire byzantin. C'est, ici encore, une façade fortement déficitaire du commerce extérieur musulman.

Les intermédiaires de ce commerce sont d'abord les Juifs, Juifs de Narbonne surtout, dont l'importante communauté se place dans la chaîne qui s'étend des pays rhénans et mosans au couloir rhodanien. Ces Juifs narbonnais se rendent en Espagne musulmane, par les cols des Pyrénées ou par mer (jusqu'à Tortosa), puis en Afrique du Nord, ou bien gagnent directement les ports de la Méditerranée orientale.

A côté d'eux, les marchands des villes maritimes italiennes jouent un rôle croissant; villes de l'Adriatique : Bari et surtout Venise, villes de la Tyrrhénienne : Salerne, Naples, Gaète et surtout Amalfi, dont les ressortissants, dès la fin du xe siècle, sont signalés sur les différentes places de commerce de la Méditerranée musulmane : Almeria, Tunis, Alexandrie, Fusṭāṭ-Le Caire, Antioche et naturellement Jérusalem où leur venue est liée au grand mouvement des pèlerinages, accompagnés de foires annuelles et de transactions importantes; en Italie, ce sont les foires de Pavie qui sont célèbres et fréquentées non seulement par les Vénitiens et par les autres Italiens, mais aussi par les gens d'outre-monts, notamment les Anglo-Saxons arrivés par les cols des Alpes, soumis aux tonlieux sur les esclaves, les épées, l'étain.

En sens inverse, les Orientaux, surtout des Juifs, s'installent dans les ports italiens et en Bas-Languedoc. Nous avons vu que Jawhar, conquérant de l'Égypte pour le calife fatimide, était un Juif de l'Italie du sud; c'est la chronique hébraïque de Rabbi Ahima'as d'Oria, ville située entre Brindisi et Tarente, qui nous l'apprend. Par ces communautés d'Orientaux sont passés les techniques marchandes et certains procédés de fabrication (travail des étoffes de luxe, teinture, cuir) qui permettront l'essor du commerce et de la production des villes italiennes à partir de la fin du XIe siècle. Ces Orientaux ont donc joué le rôle d'initiateurs avant d'être supplantés par leurs rivaux chrétiens.

Dernière route à mentionner, celle de l'océan Atlantique. Elle part de ce que les textes en arabe nomment : *Barītāniya* ou *Birtāniya*, la « Bretagne », entendant par là l'Angleterre anglo-saxonne et les pays celtiques. Depuis la « Bretagne », on gagne l'Armorique, le golfe de Gascogne et les ports musulmans de l'Océan : Lisbonne et Alcacer do Sal, où débarquent les esclaves anglo-saxons et où sont déchargés l'étain, les fourrures, les épées.

***

L'étude des différentes façades commerciales montre donc l'existence de faisceaux de routes pénétrant dans le monde musulman et se poursuivant jusqu'aux centres moteurs de l'économie : les grandes villes, reliées entre elles par tout un réseau actif de relations.

La ligne de force de ces relations est la grande route caravanière, le grand tronc qui relie l'Asie centrale, depuis Samarqand, Bukhārā et Nīshāpūr, à Rayy, puis à Bagdad, puis, par le Nahr 'Īsā, l'Euphrate et le coude du fleuve, à Alep, à Antioche et aux échelles de Syrie. Vers le sud-ouest, un embranchement mène à Damas, Ascalon,

Péluse et au delta du Nil : Alexandrie et Fustāt-Le Caire, puis, par la Cyrénaïque, à Kairouan, aux hauts plateaux du Maghreb et à Fès, aux « ports du passage » du détroit de Gibraltar et aux villes d'Andalousie : Séville et Cordoue. A ce grand tronc viennent confluer d'autres réseaux importants de routes, terrestres, fluviales ou maritimes : route des fleuves russes-Caspienne-Rayy, route de l'océan Indien-golfe Persique-Baṣra-Bagdad, route de la mer Rouge-'Aydhāb ou Qulzum-vallée du Nil-Le Caire, routes transsahariennes vers le Maghreb, routes de l'Occident chrétien vers l'Espagne et les ports de la Méditerranée musulmane.

Toutes ces routes, certes, n'ont pas été créées par les Musulmans. Dans la plupart des cas, leurs conquêtes ont recouvert des réseaux ou des tronçons de routes déjà organisés anciennement, mais brouillés, disloqués par les invasions barbares. La formation du monde musulman a soudé ou ressoudé ces aires commerciales jusque-là plus ou moins étanches. Elle a notamment rattaché aux grands circuits économiques le domaine du Sahara-Soudan, créé par l'expansion des Berbères vers le sud depuis le IVe siècle, et le domaine des fleuves russes, en voie d'organisation depuis longtemps déjà, par les éléments slaves, finnois et scandinaves. D'autre part, l'appel des grands centres de consommation du monde musulman a réveillé l'activité économique de l'Occident barbare, dont le commerce, la circulation monétaire et le mouvement urbain repartent alors sous cette incitation.

LE MOMENT ISLAMIQUE DE L'HISTOIRE DU MONDE

Nous avons dans ce qui précède considéré à plusieurs reprises le monde musulman comme scindé en trois tronçons distincts : région des isthmes, Iran et Asie centrale, Occident musulman. Scission nécessaire à la clarté de l'exposé, mais aussi partition raisonnable. Chacune des trois régions examinées correspond à un cadre géographique toujours présent et agissant, à un domaine arrivé à un stade différent d'évolution économique, à une partie différente de l'héritage des vieilles civilisations. Faut-il, sous forme de conclusion, rechercher le tracé général, le dessin de l'ensemble? Nous dirons que le monde musulman, du VIIIe au XIe siècle, n'est pas seulement le point de départ d'une longue histoire : celle des civilisations musulmanes. Il est aussi le point d'arrivée — et jusqu'à présent d'apogée — d'une histoire encore plus longue : celle des civilisations urbaines de l'Orient antique, les plus vieilles civilisations connues de l'humanité, déjà un moment regroupées dans l'empire d'Alexandre.

Contacts dans le temps, mais aussi contacts dans l'espace : par sa position centrale au cœur de l'Ancien Monde, par sa domination de la région des isthmes entre les deux grands domaines maritimes — océan Indien et Méditerranée — par sa possession de la grande route continentale, route des steppes, des déserts et des oasis qui, depuis l'Asie centrale mène à l'Afrique occidentale, le monde musulman est alors en rapport direct avec d'autres grands centres urbains et civilisés. Il entretient des échanges fructueux, d'égal à égal, avec l'Inde, la Chine et Byzance. Mais il est aussi en rapport direct avec des mondes jeunes — nomades ou forestiers — encore barbares ou barbarisés : steppes turques, régions des fleuves russes, monde noir, Occident chrétien, sur lesquels il fera sentir son rayonnement tout en leur empruntant leurs forces vives. Il est un pont entre des mondes périphériques.

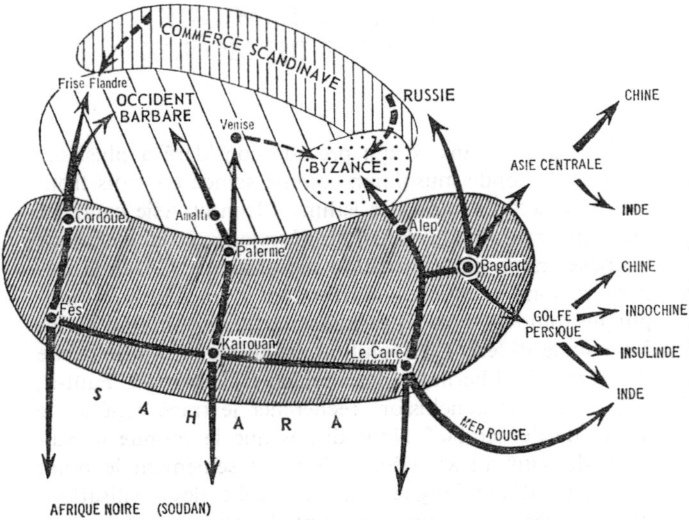

29. — Extension des relations commerciales et rayonnement économique du monde musulman (VIIIe-XIe siècles).

D'où l'importance des routes qui rendent compte de la marche, de la progression rapide ou lente, continue ou interrompue, des influences à travers cette zone de passage privilégiée que constitue le monde musulman jusqu'au XIe siècle. Diffusion vers l'ouest — Occident musulman et au-delà — des résultats acquis par les vieux pays d'Orient, modifiés et enrichis par la confrontation à l'intérieur d'une même aire spatiale, cheminement de nouvelles influences apportées par les routes du commerce lointain, depuis l'Inde, l'Asie centrale et la Chine.

D'où l'importance également du réseau urbain. De ville à ville se tendent les liens des relations économiques et culturelles. La route sert au transport d'influences urbaines. C'est le réseau des métropoles qui constitue l'armature économique, sociale, culturelle du monde musulman. Du VIIIe au XIe siècle, les points forts de ce grand axe, Bagdad, Damas, Le Caire, Kairouan, Fès, Palerme : ces grands relais sur la route qui va de Samarqand à Cordoue témoignent de l'extraordinaire unité d'une civilisation syncrétique, où circulent largement les hommes, les marchandises et les idées et qui se surimpose au vieux fond régional rural ou nomade.

D'où, enfin, l'importance de l'économie monétaire : frappe abondante de dinars due à l'afflux d'or neuf et essor du crédit qui double la circulation des espèces. Au IXe siècle, Ibn Khurdādhbeh note que le développement de la richesse et des transactions commerciales est si grand qu'on peut voir des pièces de numéraire circuler dans les plus petites bourgades, là où jusqu'alors le simple troc était seul pratiqué. Ainsi, à la zone de circulation monétaire agrandie correspond le pouvoir plus grand des villes sur les campagnes.

Mais l'économie du dinar a sa force et sa faiblesse. Elle dépend du commerce. Elle est accrochée au maintien des routes, liée à la domination du réseau de relations lointaines grâce auxquelles le monde musulman peut et doit se procurer les produits dont il manque et qui sont indispensables à son économie et à sa civilisation en expansion — or, avant tout, bois, métaux et armes, esclaves — économie et civilisation habituées à tout acheter à prix d'or et au loin. Que les relations lointaines viennent à s'affaiblir : routes détournées ou interrompues, que l'or arrive moins régulièrement et c'est la baisse du tonus général, les crises en chaîne, la régression urbaine et, dès lors, l'impossibilité de résister à la convoitise des Barbares liée à l'introduction de mercenaires dans les armées, la remontée des routes de commerce par les invasions, la dislocation de l'ensemble.

Et, de fait, dans la seconde moitié du XIe siècle, surviennent les crises, les troubles, les invasions et, avec eux, le déclin urbain et l'interruption des courants économiques : des quartiers de Bagdad et du Caire sont en ruine; Kairouan est abandonné pour Mahdiyya, la Qal'a des Banū Ḥāmmād pour Bougie; Fès est pris par les Almoravides; au califat de Cordoue démembré succèdent les Reyes de Taifas. A la rupture des routes correspond la cassure du monde musulman en un Islam turc, un Islam égyptien, un Islam maghrébin, un Islam espagnol. Les particularismes sous-jacents resurgissent et les vieux fonds, préexistants à la conquête musulmane mais refondus par elle, donnent *les* civilisations musulmanes.

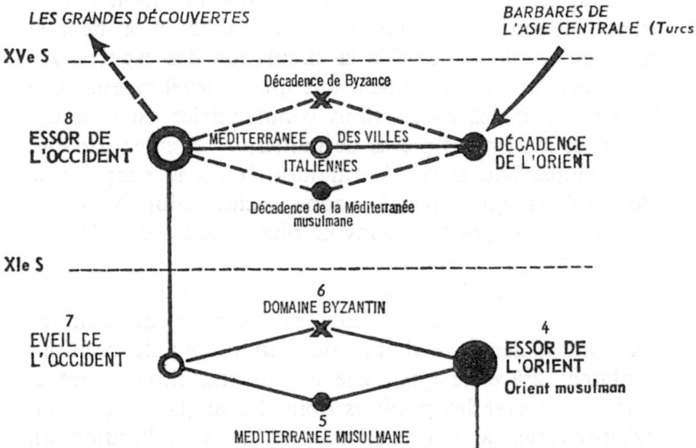

30. — Schéma du renversement des forces dans le monde du IVe au XVe siècle.

Après le XIe siècle, le centre de gravité de l'Ancien Monde bascule. Désormais, les centres moteurs et rayonnants d'une économie en expansion continue ne sont plus en Orient, dans les grandes villes du monde musulman; ils ont émigré en Occident et sont maintenant fixés dans les cités marchandes d'Italie et des Flandres et, à mi-chemin sur la grande route commerciale qui les relie, dans les foires de Champagne, où s'échangent les produits des pays nordiques et des pays méditerranéens. Avec des à-coups, des heurts, des périodes triomphales et des moments de dépression, la puissance économique, la force d'expansion matérielle, l'activité créatrice seront dès lors — et pour des siècles — le privilège de l'Europe occidentale.

Pourtant, même en son déclin économique, le monde musulman continuera longtemps encore de rayonner intellectuellement sur le monde par ses sciences, sa médecine, sa philosophie : pour la médecine notamment, il jouera un rôle important non seulement dans le mouvement de la Renaissance, mais jusqu'au XIXe siècle. Or, la plupart des grandes œuvres qui continueront ainsi à prévaloir appartiennent aux VIIIe-XIe siècles.

Entre la Chine, l'Inde, Byzance et les barbaries médiévales — turque, noire et occidentale —, de la fin des empires antiques à l'éveil des Etats modernes, la civilisation musulmane dans sa première grandeur aura été un creuset chronologique et géographique, un plan d'intersection, une immense conjoncture, un fabuleux rendez-vous.

Ce livre n'aurait pu voir le jour sans l'aide des collègues de Maurice Lombard à la VIe Section de l'École Pratique des Hautes Études : Fernand Braudel, Jacques Le Goff et André Miquel, ainsi que de Jacques Bertin et Janine Récurat du Laboratoire de Cartographie. J. Julliard, R. Letellier et P. Toubert ont bien voulu prêter leurs notes de cours pour compléter quelques lacunes du texte.

BIBLIOGRAPHIE

Il n'est pas question ici d'établir une bibliographie exhaustive des quatre premiers siècles de l'Islam, mais d'opérer un choix dicté par l'orientation du livre de Maurice Lombard, qui est économique et sociale. La documentation sur laquelle s'est appuyé l'auteur est certainement très vaste et déborde le domaine proprement islamique. Elle n'est pas toujours citée dans le corps de l'ouvrage. Il y a donc lieu de relever d'abord les sources les plus propres à éclairer le texte de Lombard, d'établir ensuite la liste des études utilisées et citées par lui, enfin de rajeunir cette liste en énumérant les travaux récents.

La présente bibliographie a été complétée et mise à jour par Hichem Djaït

I. Sources

Il va de soi que l'approfondissement de l'histoire économique du monde musulman présuppose la connaissance de la trame historique, à laquelle on accède par les grandes chroniques dont la plus importante est celle de Ṭabarī. Accessoirement, citons les *Ansāb al-Ashrāf* de Balādhurī, le *Tārikh* de Khalīfa b. Khayyāṭ, les *Akhbār Ṭiwāl* de Dīnawarī et, pour l'Occident musulman, le *Bayān al-Mughrib* d'Ibn al-'Idhārī. Pour plus d'information à ce sujet, consulter *l'Introduction à l'histoire de l'Orient musulman* par J. Sauvaget et C. Cahen, Paris, 1961, et la liste des sources utilisées par M.A. Shaban dans son *Islamic History A.D.* 600-750, Cambridge University Press, 1971.

Les sources qui touchent étroitement les thèmes abordés par Lombard relèvent de la géographie, du droit, de la généalogie. Elles sont innombrables. Il fallait donc faire un choix et aller droit vers celles qui sont les plus éclairantes pour les faits de civilisation et pour la vie économique, mais aussi vers celles qui ont un intérêt régional.

— Abū Yūsuf, *Kitāb al-Kharāj*, éd. du Caire, 1302 H, trad. fr. Fagnan, 1921.
— al-Aṣfahānī, *Kitāb al-Aghānī*, Le Caire, 1285 H.
— al-Azdī, *Tārīkh al-Mawṣil*, Le Caire, 1967.
— al-Baghdādī (Khaṭīb), *Tārīkh Baghdād*, Le Caire, 1931.
— al-Bakrī, *K.al-Masālik*, éd. trad. fr. par de Slane *Description de l'Afrique Septentrionale*, Paris, 1911-12.
— al-Bakrī, *Mu'jam-mā-Ista'jam*, Le Caire, 1945-51.
— al-Balādhurī, *Futūḥ al-Buldān*, éd. de Goeje, Leyde 1866, ou du Caire 1932.
— al-Jāḥiẓ, *K.al-Tabaṣṣur bi-l-Tijāra*, éd. H.H. 'Abd-al-Wahhāb, Beyrouth 1969, trad. fr. par Ch. Pellat, *Arabica*, 1959, VI, 1 et 3.
— al-Jāḥiẓ, *Tria Opuscula*, éd. Van Vloten, Leyde, 1903.
— al-Jāḥiẓ, *Majmū'at Rasā'il al-Jāḥiẓ*, Le Caire, 1324 H.
— Ibn Faḍlān, *Le livre d'Ibn Faḍlān*, Kharkow 1956, trad. fr. par M. Canard dans *Annales de l'Institut d'Études Orientales d'Alger*, 1959.
— Ibn al-Faqīh al-Hamadhānī, *Mukhtaṣar Kitāb al-Buldān*, in *Biblioteca Geographorum Arabicorum*, éd. de Goeje, Leyde 1885, t. V.
— Ibn Ḥawqal, *al-Masālik wa-l-Mamālik*, B.G.A., t. II ou éd. Kramers, Leyde, 1937.
— Ibn Ḥazm, *Jamharat Ansāb al-'Arab*, Le Caire, 1962.
— Ibn Khurdādhbeh, *K. al-Masālik wa-l-Mamālik*, B.G.A., t. VI, abondamment utilisé par Lombard.
— Ibn Rustah, *K. al-A'lāq al-Nafīsa*, B.G.A., t. VII, trad. fr. par G. Wiet, *Les Atours Précieux*, 1955.
— Ibn Sa'd, *K. al-Tabaqāt al-Kubrā*, éd. Sachau, 1905-1928 ou de Beyrouth, 1957.
— Ibn Sallām, *K. al-Amwāl*, Le Caire, 1353 H.
— al-Kindī, *K. Wulāt Miṣr wa Quḍātuhā*, éd. trad. angl. par R. Guest, 1912, sous le titre de *Governors and Judges of Egypt;* éd. plus récente à Beyrouth, 1959.

— Mas'ūdī, *Murūj adh-Dhahab*, éd. C. Barbier de Meynard et P. de Courteille, Paris, 1861-77, 9 volumes; éd. plus récente mais partielle de Ch. Pellat, Le Caire, 1965-73, 5 volumes.
— Muqaddasī, *Aḥsan al-Taqāsīm fī ma'rifat al-Aqālīm*, B.G.A., t. III; trad. fr. par A. Miquel, Institut français de Damas, 1963.
— Nāṣir-i Khusraw, *Sefernameh*, en persan, éd. trad. fr. par C. Schefer, Paris, 1881, sous le titre de *Relation de voyage de Nassiri Khosrau en Syrie, en Palestine, en Égypte, en Arabie et en Perse pendant les années de l'Hégire* 437-444 *(*1035-1042*)*. Il y a une traduction arabe de Yaḥiyā Khashshāb, Le Caire, 1945.
— Qudāma b. Ja'far, *K. al-Kharāj*, fragment édité et traduit par de Goeje dans B.G.A., t. VI.
— Yaḥiā b. Adam, *K. al-Kharāj*, Leyde, 1895; éd. trad. angl. plus récente de Ben Shemesh, 1958.
— Ya'qūbī, *K. al-Buldān*, B.G.A., t. VII, trad. fr. de G. Wiet, Le Caire, 1937.
— Yāqūt, *Mu'jam al-Buldān*, Leipzig, 1866-1873; et, plus récemment, Beyrouth, 1959.

II. Travaux

A. *Travaux utilisés et cités par M. Lombard.*

On remarquera que certaines de ces études ont vieilli, que d'autres restent fondamentales. M. Lombard ne fait pas état des travaux classiques de l'orientalisme, mais il s'appuie sur des études très précises qui souvent débordent le champ de l'Islam et qui, en général, sont peu connues.

— M. Amari, *Description de Palerme au milieu du Xe siècle de l'ère vulgaire par Ebn Hawcal*, Paris, 1845.
— M.C. Barbier de Meynard, « Tableau littéraire du Khorasan et de la Transoxiane au IVe siècle de l'Hégire », *Journal asiatique*, 5e série, II, 1853, et III, 1854.
— V. Barthold, *Turkestan down to the Mongol invasion*, 2e éd., Londres, 1928 (Gibb Memorial Series, New ser. V).
— B. Blumenkranz, *Juifs et Chrétiens dans le monde occidental (*430-1096*)*, Paris-La Haye, 1960.

— B. Blumenkranz, « Y a-t-il eu des radhanistes? », *Revue des Études juives*, 1964, pp. 499-506.

— C. Cahen, « Les marchands routiers », *Revue historique*, 205, 1951.

— A. Christensen, *L'Iran sous les Sassanides*, 2e éd., Copenhague-Paris, 1944.

— E. Carmoly, « Lettre au Khāgān des Khazars », dans *Itinéraires de Terre Sainte des XIIIe, XIVe, XVe, XVIe et XVIIe siècles*, Bruxelles, 1847.

— J.B. Chabot, *Chronique du Pseudo-Denys de Tell Mahré*, éd. et trad., Paris, 1895.

— G. Colin, « Un document nouveau sur l'arabe dialectal d'Occident au XIIe siècle », *Hespéris*, XII, 1931.

— G. Colin, « La noria marocaine et les machines hydrauliques dans le monde arabe », *Hespéris*, XIV, 1932.

— J. David-Weill, « Papyrus arabes d'Edfou », *Bulletin de l'Institut français d'Archéologie orientale du Caire*, XXX, 1931.

— R. Dozy, *Le calendrier de Cordoue de l'année 961*. Texte arabe et ancienne traduction latine, Leyde, 1873. Nouvelle éd. et trad. par Ch. Pellat, Leyde, 1961.

— R. Dussaud, *Topographie historique de la Syrie antique et médiévale*, Paris, 1927.

— P. Francastel, *L'Art Roman. Recueil de travaux*, Paris, 1953.

— H. Goblot, « Dans l'ancien Iran. Les techniques de l'eau et la grande histoire », *Annales E.S.C.*, 1963.

— I. Goldziher, « Mélanges judéo-arabes », XXIII, *Revue des Études juives*, L, 1905.

— R. Gottheil, *Fragments from the Cairo Genizah in the Freer Collection*, New-York, 1927, nº XX VII.

— R. Gupieniec, « Bibliografia numizmatyki Polskiej za-lata, 1945-1957, Warszawa, 1959 », *Polskie towarzystwo archeologiczne biblioteka numizmatyczna* 1.

— P.E. Hübingen, *Bedeutung und Rolle der Islam beim Übergang vom Altertum zuh Mittelalter* (Wege der Forschung, 202) Darmstadt, 1968.

— E. Lévi-Provençal, *L'Espagne musulmane au Xe siècle. Institutions et vie sociale*, Paris, 1932.

— E. Lévi-Provençal, « La fondation de Fès », *Annales de l'Institut d'études orientales d'Alger*, IV, 1938.
— T. Lewicki, « Une langue romane oubliée de l'Afrique du Nord » (en français), *Rocznik orientalistyczny*, XVII, 1953.
— A. Lézine, « Deux ribats du Sahel tunisien », *Cahiers de Tunisie*, IV, 1956.
— J. Mann, *The Jews in Egypt and in Palestine under the Fatimid Caliphs*, Oxford, 1920-1922, I.
— A. Markof, *Topografia Kladof vostotchnykh Monet*, Saint-Petersbourg, 1910.
— Marco Polo, *The Description of the World*, éd. trad. A.C. Moule et P. Pelliot, Londres, 1938, I.
— G. Moravcsik, *De administrando imperio, de Constantin VII Porphyrogénète*, trad. anglaise de Jenkins (R.J.H.) Budapest, 1949.
— H. Pirenne, *Mahomet et Charlemagne*, 4e éd., Paris-Bruxelles, 1937.
— Qazwīnī, *Cosmographie*, éd. Wüstenfeld, Göttingen, 1848, II.
— L. Rabinowitz, « The routes of the Radanites », *The Jewish Quarterly Review*, 35, 1944.
— L. Rabinowitz, *Jewish Merchant Adventurers*, Londres, 1948.
— S. Szyszman, « Découverte de la Khazarie », *Annales E.S.C.*, 1970.
— R. Vasmer, *Trudy Numizmatcheskoj Komisij*, Saint-Pétersbourg, 1910.
— A. Vogt, éd. et trad. de *De ceremoniis aulae byzantinae libri II*, de Constantin VII (Porphyrogénète), Paris, 1967.
— Zuretti, *Centenario della nascita di Michele Amari*, Palerme, 1910, pp. 167-173.

B. AUTRES TRAVAUX

L'instrument de travail indispensable est l'*Encyclopédie de l'Islam*, dont la deuxième édition est en voie de publication. Les articles en sont fort inégaux. Citons, à titre d'exemple, les articles *'Abd*, *Baghdād*, *Djizva*, *al-Kūfa*, etc. Comme manuels et ouvrages de synthèse, il y a lieu d'utiliser C. Cahen, *L'Islam des origines au début de l'Empire ottoman*, Paris, 1968; D. et J. Sourdel, *La Civilisation de l'Islam classique*, Paris, 1968; A. Miquel, *L'Islam et sa civilisation*, Paris, 1968 également. Les travaux de détail sont innnombrables. Il y en a peu qui apportent vraiment quelque chose. En voici une sélection portant surtout sur les plus récents.

— Aḥmad Ṣāliḥ al-'Alī, *L'organisation sociale et économique de Baṣra au Ier siècle de l'hégire*, (en arabe), 2° éd. Beyrouth, 1969.
— *Arabica*, numéro spécial sur Bagdad, 1962, IX, 3.
— C. E. Bosworth, *The Ghaznavids*, Edimbourg, 1963.
— C. Cahen, « Mouvements populaires et autonomisme urbain dans l'Asie musulmane du moyen âge », *Arabica*, 1958, V, 3, 1959, VI, 1 et 3.
— C. Cahen, « L'évolution de l'*iqṭā'*, du IXe au XIIIe siècle », *Annales E.S.C.*, 1953, pp. 25-52.
— C. Cahen, « Quelques problèmes concernant l'expansion économique musulmane au moyen âge », *Settimane di studio del Centro italiano di studi sull'alto Miedioevo*, Spolète, 1965, vol. 1.
— C. Cahen, « Douanes et commerce dans les ports méditerranéens de l'Égypte médiévale d'aprés le *Minhāj* d'al-Makhzūmī », *Journal of the Economic and social History of the Orient*, VII, 1964.
— M. Canard, « Le riz dans le Proche-Orient aux premiers siècles de l'Islam », *Arabica*, VI, 1959, 2.
— A. Christensen, *ouvrage cité*.
— Dennett, *Conversion and the poll-tax in early Islam*, Cambridge, Mass., 1950.
— J. Devisse et D.S. Robert, *Tegdaoust I*, *Recherches sur Aoudaghost*, t. I, Paris, 1970.
— H. Djaït, « L'Afrique arabe au VIIIe siècle (86-184 H./705-800) », *Annales E.S.C.*, 1973, 3.
— H. Djaït, « L'Islam ancien récupéré à l'histoire », *Annales E.S.C.*, 1975, 4.
— H. Djaït, « Les Yamanites à Kūfa au Ier siècle de l'hégire », *Journal of the Economic and Social History of the Orient*, 1976, XIX, 2.

— K. Janābī, *Plan de la ville de Kūfa*, (en arabe), Bagdad, 1967.

— 'A. Dūrī, *Histoire économique de l'Irak au IVe siècle de l'Hégire*, (en arabe), Bagdad, 1948.

— 'A. Dūrī, *Introduction à l'histoire de l'économie arabe*, (en arabe), Beyrouth, 1969.

— A. S. Ehrenkreutz, « Studies in the monetary history of the Near East in the middle ages. The standard of fineness of western and eastern dinars before the Crusades », *Journal of the Economic and social History of the Orient*, 1963, VI.

— R. Dussaud, *La Pénétration des Arabes en Syrie avant l'Islam*, nouvelle éd., Paris, 1955.

— S.D. Goitein, « The documents of the Cairo Geniza as a source for Mediterranean social history », *Journal of the American Oriental Society*, LXXX, 1960.

— S.D. Goitein, « The main industries of the mediterranean area as reflected in the records of the Cairo Geniza », *Journal of the Econ. and soc. Hist. of the Orient*, 1961, IV.

— S.D. Goitein, « Letters and documents on the India trade in medieval times », *Islamic Culture*, 1963, XXXVII.

— S.D. Goitein, *A Mediterranean society*, vol. I, *Economic foundations*, Berkeley and Los Angeles, 1967.

— W. Heyd, *Histoire du commerce du Levant au moyen âge*, Leipzig, 1923.

— A. Hourani et S. M. Stern, *The Islamic city*, Oxford, 1969.

— G. Hourani, *Arab Seafaring in the Indian Ocean*, Princeton, 1951.

— I. M. Lapidus, *Middle Eastern Cities*, Berkeley et Los Angeles, 1969.

— A. Laroui, *L'Histoire du Maghreb*, Paris, 1970.

— J. Lassner, *The Topography of Baghdad in the early Middle Ages*, Detroit, 1970.

— T. Lewicki, « The Ibadites in Arabia and Africa », *Cahiers d'histoire mondiale*, XIII (1), 1971.

— A. Lewis, *Naval Power and Trade in the Mediterranean, A.D. 500-1100*, Princeton, 1951.

— B. Lewis, « The Fatimides and the route to India », *Revue de la Faculté des Sciences économiques de l'Université d'Istambul*, XI, 1949-50.

— B. Lewis, « Government, society and economic life under the Abbasids and Fatimids », in *Cambridge Medieval History*, 2e éd., 1966, vol. IV.

— M. Lombard, *Espaces et réseaux du haut moyen âge*, Paris, 1972.

— M. Lombard, Études d'Économie Médiévale, t. I, *Monnaie et histoire d'Alexandre à Mahomet*, Paris, 1971; T. II, *Les Métaux dans l'Ancien Monde du Ve au XIe siècles*, Paris, 1974.

— R.S. Lopez et I.W. Raymond, *Medieval trade in the Mediterranean world*, New York and London, 1961.

— G. Makdisi, « The topography of eleventh century Bagdad : Materials and notes », *Arabica*, 1959, VI, 2 et 3.

— L. Massignon, « Explication du plan de Kūfa », *Mélanges Maspéro*, III, pp. 337-360; « Explication du plan de Baṣra » in *Westöstliche Abhandlungen R. Tschudi*, Wiesbaden, 1954, pp. 154-174. Les deux articles sont reproduits dans *Opera Minora*, Beyrouth, 1963, t. III.

— R. Mauny, *Tableau géographique de l'Ouest africain au Moyen Age*, IFAN-Dakar, 1961.

— A. Miquel, *La géographie humaine du monde musulman jusqu'au milieu du XIe siècle*, t. I, Paris-La Haye, 1967, t. II, Paris, 1975.

— C. Pellat, *Le Milieu basrien et la formation de Djāḥiẓ*, Paris, 1953.

— N. Pigulevskaja, *Les villes de l'État iranien aux époques parthe et sassanide*, Paris, 1963.

— H. Rabie, *The Financial System of Egypt*, Londres, 1972.

— J. C. Russel, *Late ancient and medieval population*, Philadelphie, 1958.

— G. Sauvaget, *Relation de la Chine et de l'Inde*, Paris, 1948.

— G. Sauvaget, *Alep*, Paris, 1941.

— M.A., Shaban, *The 'Abbāsid Revolution*, Cambridge, 1970.

— M.A. Shaban, *Islamic History A.D. 600-750. A New Interpretation*, Cambridge, 1971.
— M.A. Shaban, *Islamic History*, t. II *A.D. 750-1055*, Cambridge, 1976.
— G. Le Strange, *The Lands of the Eastern Caliphate*, Cambridge, 1930.
— A. Udovitch, *Partnership and Profit in medieval Islam*, Princeton, 1970.
— C. Vanacker, « Géographie économique de l'Afrique du Nord selon les auteurs arabes (IXe-XIIe siècle) », *Annales E.S.C.*, 1973, 3.
— E. Wirth, « Die orientalische Stadt. », *Sacculum* 26 (1975).

LISTE DES CARTES ET SCHÉMAS

TABLE DES MATIÈRES

III. — DYNAMIQUE DES ÉCHANGES

DÉJA PARUS
Collection Champs

ALAIN Idées.
ARAGON Je n'ai jamais appris à écrire ou les *Incipit*.
ARNAUD NICOLE La logique ou l'art de penser.
ASTURIAS Trois des quatre soleils.
AXLINE D' Dibs.
BADINTER L'amour en plus.
Les Remontrances de Malesherbes.
BARRACLOUGH Tendances actuelles de l'histoire.
BARTHES L'empire des signes.
BASTIDE Sociologie des maladies mentales.
BECCARIA Des délits et des peines.
BERNARD Introduction à l'étude de la médecine expérimentale.
BIARDEAU L'hindouisme. Anthropologie d'une civilisation.
BINET Les idées modernes sur les enfants.
BOIS Paysans de l'Ouest.
BONNEFOY L'arrière-pays.
BRAUDEL Écrits sur l'histoire.
La Méditerranée. L'espace et l'histoire.
La Méditerranée. Les Hommes et l'héritage.
BRILLAT-SAVARIN Physiologie du goût.
BROGLIE (de) La Physique nouvelle et les Quanta.
BROUÉ La révolution espagnole (1931-1939).
BUTOR Les mots dans la peinture.
CAILLOIS L'écriture des pierres.
CARRERE D'ENCAUSSE Lénine, la révolution et le pouvoir.
Staline, l'ordre par la terreur.
Ni paix, ni guerre.
CHAR La nuit talismanique.
CHAUNU La civilisation de l'Europe des Lumières.
CHOMSKY Réflexions sur le langage.
COHEN Structure du langage poétique.
CORBIN Les filles de noce.
Le miasme et la jonquille.
DAVY Initiation à la symbolique romane.
DERRIDA Éperons. Les styles de Nietzsche.
La vérité en peinture.
DETIENNE, VERNANT Les ruses de L'intelligence. La métis des Grecs.
DEVEREUX Ethnopsychanalyse complémentariste.
DIEHL La République de Venise.
DODDS Les Grecs et l'irrationnel.
DUBY L'économie rurale et la vie des campagnes dans l'Occident médiéval (2 tomes).
Saint-Bernard. L'art cistercien.
L'Europe au Moyen Âge.
EINSTEIN, INFELD L'évolution des idées en physique.
ÉLIADE Forgerons et alchimistes.
ELIAS La société de cour.
ERIKSON Adolescence et crise.
ESCARPIT Le littéraire et le social.
FEBVRE Philippe II et la Franche-Comté.
FERRO La révolution russe de 1917.
FINLEY Les premiers temps de la Grèce.
FOISIL Le Sire de Gouberville.
FONTANIER Les figures du discours.
FUSTEL DE COULANGES La cité antique.
GARDEN Lyon et les Lyonnais au XVIIIe siècle.
GENTIS Leçons du corps.
GERNET Anthropologie de la Grèce antique.
Droit et Institutions en Grèce antique.
GINZBURG Les batailles nocturnes.
GONCOURT La femme au XVIIIe siècle.
GOUBERT 100 000 provinciaux au XVIIe siècle.
GUILLAUME La psychologie de la forme.
GUSDORF Mythe et métaphysique.
HEGEL Esthétique. Tome I Introduction à l'esthétique. Tome II L'art symbolique. L'art classique. L'art romantique. Tome III. L'architecture. La sculpture. La peinture. La musique. Tome IV. La poésie.
JAKOBSON Langage enfantin et aphasie.
JANKÉLÉVITCH La mort.
Le pur et l'impur.
L'ironie.
L'irréversible et la nostalgie.
Le sérieux de l'intention.
Les Vertus et l'Amour (2 tomes).
L'innocence et la méchanceté.
JANOV L'amour et l'enfant.
Le cri primal.
KUHN La structure des révolutions scientifiques.
LABORIT L'homme et la ville.
LAPLANCHE Vie et mort en psychanalyse.
LAPOUGE Utopie et civilisations.
LEAKEY Les origines de l'homme.
LE CLÉZIO Haï.
LE ROY LADURIE Les paysans de Languedoc.
Histoire du climat depuis l'an mil (2 tomes).
LOMBARD L'Islam dans sa première grandeur.
LORENZ L'agression.
L'homme dans le fleuve du vivant.
MACHIAVEL Discours sur la première décade de Tite-Live.
MANDEL La crise.
MARX Le Capital. Livre I (2 tomes).
MASSOT L'arbitre et le capitaine (la responsabilité présidentielle).

MEDVEDEV **Andropov.**
MEAD EARLE **Les maîtres de la stratégie** (2 tomes)
MICHAUX **Émergences-Résurgences.**
MICHELET **Le peuple.**
La femme.
Louis XIV et la Révocation de l'Édit de Nantes.
MICHELS **Les partis politiques.**
MOSCOVICI **Essais sur l'histoire humaine de la nature.**
ORIEUX **Voltaire** (2 tomes)
PAPAIOANNOU **Marx et les marxistes.**
PAZ **Le singe grammairien.**
POINCARÉ **La science et l'hypothèse.**
PÉRONCEL-HUGOZ **Le radeau de Mahomet.**
PORCHNEV **Les soulèvements populaires en France au XVIIe siècle.**
POULET **Les métamorphoses du cercle.**
RAMNOUX **La Nuit et les enfants de la Nuit.**
RENOU **La civilisation de l'Inde ancienne d'après les textes sanskrits.**
RICARDO **Des principes de l économie politique et de l'impôt.**
RICHET **La France moderne L esprit des institutions.**
RUFFIÉ **De la biologie à la culture** (2 tomes)
Traité du vivant (2 tomes)
SCHUMPETER **Impérialisme et classes sociales.**
SCHWALLER DE LUBICZ R A **Le miracle égyptien.**
Le roi de la théocratie pharaonique
SCHWALLER DE LUBICZ Isha **Her-Bak disciple.**
Her-Bak « Pois Chiche ».
SEGALEN **Mari et femme dans la société paysanne.**
STAROBINSKI **1789. Les emblèmes de la raison.**
Portrait de l'artiste en saltimbanque.
STEINER **Martin Heidegger.**
STOETZEL **La psychologie sociale.**
STRAUSS **Droit naturel et Histoire.**
SUN TZU **L'art de la guerre.**
TAPIÉ **La France de Louis XIII et de Richelieu.**
TESTART **L'œuf transparent.**
TRIBUNAL PERMANENT DES PEUPLES **Le crime de silence. Le génocide des Arméniens.**
THIS **Naître... et sourire.**
ULMO **La pensée scientifique moderne**
VILAR **Or et monnaie dans l'histoire 1450-1920.**
WALLON **De l'acte à la pensée**

Série Champs *Contre champs*

BAZIN **Le cinéma de la cruauté**
FELLINI **par Fellini.**
PASOLINI **Écrits corsaires.**
RENOIR **Ma vie et mes films.**
TRUFFAUT **Les films de ma vie.**
KRACAUER **De Caligari à Hitler Le cinéma expressionniste allemand**

Achevé d'imprimer en août 1987
sur les presses de l'Imprimerie Bussière
à Saint-Amand (Cher)

— N° d'Édition : 11323. — N° d'Impression : 1747. —
Dépôt légal : 2e trimestre 1980

Printed in France

39,00

— N° d'édition [illegible]. — N° d'impression [illegible]. —
Dépôt légal [illegible] trimestre 198[illegible]

Printed in France